Party Systems Change of Nations in Transition

转型国家的政党制度变迁

俄罗斯与波兰的比较分析

刘敏茹 著

A Comparative Analysis of
Russia and Poland

中央编译出版社
Central Compilation & Translation Press

目录

导论 1
  第一节 选题和意义 1
    一、选题界定 1
    二、选题的理论价值和现实意义 3
  第二节 研究现状及文献综述 5
    一、国内研究现状及文献 5
    二、国外研究状况及文献 8
  第三节 创新之处与基本结构 11

第一章 政党制度及其变迁的理论建构 14
  第一节 政党制度的概念和分类 14
  第二节 政党制度的核心变量 22
    一、政党相关性变量 23
    二、制度相关性变量 27
  第三节 政党制度变迁的概念和形态 31
  第四节 政党制度变迁的解释要素 34

第二章 俄罗斯与波兰政党制度的起源及早期政党制度 36
  第一节 政党和政党制度起源 36
    一、俄国杜马议会的起源与政党雏形 36

二、波兰色姆议会的渊源与政党雏形 …………………… 40
第二节　早期政党 ……………………………………………… 42
　　一、俄国早期政党 ……………………………………… 42
　　二、波兰早期政党 ……………………………………… 49
第三节　早期政党制度 ………………………………………… 53
　　一、俄国早期政党制度 ………………………………… 54
　　二、波兰早期政党制度 ………………………………… 73

第三章　俄罗斯与波兰政党制度变迁的历史条件 …………… 81
第一节　社会主义政党制度的建立 …………………………… 81
　　一、社会主义苏联一党制的建立 ……………………… 81
　　二、社会主义波兰一党执政多党联合制度的确立 …… 83
第二节　社会主义政党制度的巩固与发展 …………………… 87
　　一、社会主义苏联一党制的巩固 ……………………… 87
　　二、社会主义波兰一党执政多党联合制度的曲折发展
　　　………………………………………………………… 89
第三节　社会主义政党制度的崩溃 …………………………… 92
　　一、社会主义苏联一党制的崩溃 ……………………… 92
　　二、社会主义波兰一党执政多党联合制度的结束 …… 93

第四章　俄罗斯与波兰政党制度变迁的进程分析：政党相关性变量
　………………………………………………………………… 96
第一节　政党相关性变量：政党数量和规模的变化 ………… 96
　　一、俄罗斯的政党数量和规模的变化 ………………… 97
　　二、波兰政党数量和规模的变化 ……………………… 107
第二节　政党相关性变量：政党意识形态分布的变动 ……… 125
　　一、俄罗斯政党意识形态分布的变动 ………………… 128
　　二、波兰政党意识形态分布的变动 …………………… 132

第三节　政党相关性变量：政党对社会渗透程度的改变 …… 136

第五章　俄罗斯与波兰政党制度变迁的进程分析：制度相关性变量
………………………………………………………………… 147
　　第一节　制度相关性变量：宪制架构的变迁 ……………… 147
　　　一、俄罗斯宪制架构的变迁 ………………………………… 151
　　　二、波兰宪制架构的变迁 …………………………………… 155
　　第二节　制度相关性变量：选举规则的变化 ……………… 159
　　　一、俄罗斯选举规则的变化 ………………………………… 161
　　　二、波兰选举规则的变化 …………………………………… 164
　　第三节　制度相关性变量：党内规章的变动 ……………… 167

第六章　俄罗斯与波兰政党制度变迁中的政党变革 …………… 172
　　第一节　主流政党的变革与发展 …………………………… 172
　　　一、俄罗斯主流政党的变革 ………………………………… 172
　　　二、波兰主流政党的变革 …………………………………… 186
　　第二节　非主流政党的变革与发展 ………………………… 198
　　　一、俄罗斯非主流政党的变革 ……………………………… 198
　　　二、波兰非主流政党的变革 ………………………………… 205

结　语 ……………………………………………………………… 212
参考文献 …………………………………………………………… 217

图表目录

图 2—1　1906—1917 年俄国国家杜马中政党意识形态分布　　/68
图 4—1　1991—2007 年波兰色姆议会选举各政党得票率分布图　　/125
图 4—2　俄罗斯政党意识形态分布变动　　/131
图 4—3　波兰政党意识形态分布变动　　/134
图 4—4　俄罗斯与波兰历届议会选举投票率比较　　/139
图 4—5　俄罗斯与波兰议会选举浮动率变化比较　　/144

表 1—1　萨托利对政党制度的分类　　/21
表 1—2　政党制度的核心变量　　/23
表 2—1　参加 1906—1917 年俄国国家杜马的主要政党或党团代表人数　　/64
表 2—2　1906—1917 年俄国国内政党规模　　/66
表 4—1　1993 年 12 月俄罗斯国家杜马选举结果　　/99
表 4—2　1995 年 12 月俄罗斯国家杜马选举结果　　/100
表 4—3　1999 年 12 月俄罗斯国家杜马选举结果　　/102
表 4—4　2003 年 12 月俄罗斯国家杜马选举结果　　/104
表 4—5　2007 年 12 月俄罗斯国家杜马选举结果　　/106
表 4—6　2011 年 12 月俄罗斯国家杜马选举结果　　/107
表 4—7　1993—2011 年俄罗斯政党数量和规模变化　　/107

表4—8	1989年6月波兰议会众议院选举结果	/109
表4—9	1991年波兰议会众议院选举结果	/111
表4—10	1991年波兰议会参议院选举结果	/112
表4—11	1993年波兰议会众议院选举结果	/114
表4—12	1993年波兰议会参议院选举结果	/114
表4—13	1997年波兰议会众议院选举结果	/116
表4—14	1997年波兰议会参议院选举结果	/117
表4—15	2001年波兰议会众议院选举结果	/118
表4—16	2001年波兰议会参议院选举结果	/119
表4—17	2005年波兰议会众议院选举结果	/120
表4—18	2005年波兰议会参议院选举结果	/121
表4—19	2007年波兰议会众议院选举结果	/122
表4—20	2007年波兰议会参议院选举结果	/123
表4—21	2011年波兰议会众议院选举结果	/123
表4—22	1989—2011年波兰政党数量和规模变化情况	/124
表4—23	1989—2011年波兰政党各类数量值变化情况	/124
表4—24	1989年以来俄罗斯历次选举的投票率	/137
表4—25	1989年以来波兰历次选举的投票率	/138
表4—26	俄罗斯政党在杜马选举中得票率变化净值（%）	/142
表4—27	俄罗斯1993年至2011年选举浮动率（%）	/143
表4—28	波兰1991年至2007年选举浮动率（%）	/143

导　论

第一节　选题和意义

20世纪80年代末，苏联东欧社会主义国家的政治制度出现急剧变化。在短时间内，苏联东欧国家都完成了从苏联社会主义模式下的一党专政到资本主义多党议会制的和平转变。从这一剧变发生到现在，历史的指针已走过了20多年时间。期间，该地区多数时间处于和平状态，但也曾裹挟有数次战乱和分裂。回顾苏联东欧社会主义国家所经历的从混乱无序到稳定有序的政治发展史，可以看出，政党制度变迁是这些国家政治转型的一条主线。实行多党制是这些国家政治制度变迁的开端，西方式多党议会民主制的引进和本土化进程，折射出这些国家近20年来政治发展的历程。为了能够更加深刻地分析和了解苏联东欧国家的政治转型，本文选取了其中较为典型的俄罗斯与波兰的政党制度变迁为研究对象，以政党制度的基本变量为基点，考察和解析俄罗斯与波兰两国政党制度的变迁与发展。

一、选题界定

（一）选题对象类型学界定——转型国家

社会转型研究是大约最近20年来国际学术界新兴的一门学科知识领域。20世纪最后四分之一世纪里，几乎在世界各地都相继出现了一股民主改革的浪潮。首先是自70年代中期开始，南部欧洲的西班牙、葡萄牙、希腊等欧洲最后几个权威主义政权发生了更迭；随即拉丁美洲前殖民地国家的军人独裁政权也相继倒台；80年代中期发生在菲律宾、韩国的政权更替则宣告了东亚地区民主化进程的开启；紧接着80年代末90年代初的东欧剧变和苏联的解体，标志着这股民主化浪潮发展到了顶峰。在发生在欧洲、拉美、东亚的制度与社会变迁中，当属原苏联东欧地区的转型最为引人注目：它们脱胎于共同的苏联制度遗产，但具有复杂多样的路径依赖，形成各不相同的战略选择，并表现出面貌各异并被制度化了的转型结果。①

以"转型"来限定本论题研究对象所涉及的时间段，即从20世纪80年代末90年代初的苏东剧变开始至今。在这段时期，俄罗斯与波兰经历着政治及经济上的一段过渡时期，这两个曾经拥有类似的政治、经济和社会经历的前社会主义国家，他们都将民主政治和自由市场经济确定为共同目标，进行改革和转型进程。

（二）选题对象——政党制度变迁

政治学研究中的"政党制度"一般是指一个国家内掌握或可能掌握国家政权的政党的地位，以及它们同其他政党与政权之间的关系。也有西方学者认为，政党制度是各政党之间以及各政党与整个政治体系之间的相互影响。② 按照普遍的逻辑观点，政党制度是一国政治制度的组成部分，政党制度是政党政治的下位概念③，因而大多数研究将一国政党制度作为解释其国内政治的变量之一进行考察。但在本研究中，政党制度是作为自变量来考察的，所以两国的政治变动、甚至东欧剧变这样的剧烈变革都被看做是政党制度演变的影响因素。

20世纪80年代开始，原苏东国家经历了剧烈的政治变动和经济滑

---

① [丹]奥勒·诺格德：《经济制度与民主改革——原苏东国家的转型比较分析》，上海世纪出版集团2007年版，第Ⅰ—Ⅱ页。
② [美]迈克尔·罗斯金等：《政治科学》，华夏出版社2001年版，第227页。
③ 王韶兴：《政党政治与政党制度论》，载《政治学研究》，2000年第4期，第25页。

坡导致的国家衰落，有的甚至发生了国家分裂和民族战争。剧变时，几乎所有的国家都选择了西方式的多党制作为政党制度转型的目标。20多年过去了，这些国家经历了怎样的政党制度转型进程，他们政党制度的变化是如何发生、新的政党制度又是如何发展的，从中可总结出转型国家政党制度发展变化的哪些规律和特征，是本文希望能够解决的问题。

二、选题的理论价值和现实意义

本文着力在理论上构建研究政党制度的理论框架。国内关于政党制度、政党体制、政党体系三个看上去相似但内涵又不尽相同的概念有许多不同表述，但这个起源于欧洲的政治现象在它的发源地只有"Party System"一个名称，那么可见，其基本内涵应是统一的。对政党制度概念的内涵和外延的讨论是本文研究政党制度的起点，也是建立政党制度研究理论框架的基础。政党制度概念的核心是政党与政党之间的相互作用，竞争与合作均属其中；政党制度的本质是一种处于变化发展中的结构，并不是固定不变的，因而可以说，政党制度是政党之间相互作用的结构，而政党所处的制度环境以及政党之间的互动关系等则是政党制度概念的外延。本文在对政党制度的研究中所关注的核心问题正是政党之间相互作用的结构以及政党所处的制度环境。通过研究可以发现，政党之间相互作用主要体现在三个基本方面，即政党的数量和规模、政党的意识形态分布和政党对社会渗透程度，同时，政党所处的制度环境也有三个基本方面，即宪制架构、选举规则以及非正式规则。以此两类六个要素为基础，本研究构建起了政党制度研究的理论架构。该理论架构具有一般性和普遍性特征，无论研究对象是政党制度发展较成熟的西方民主国家，还是处于政党急剧变动状态下的民主转型国家，亦或是一党制国家，只要是存在有政党政治的国家，对其政党制度的研究就可以适用于这一理论框架。

在此基础上，本文还试图解决另一个理论问题，即政党制度变迁。

上世纪中期，曾经有一段时间，西方学者认为政党制度已经稳定的固化为西方式民主下的政党政治模式。然而，70年代末和80年代末90年代初的两次民主化浪潮催生了大量新兴民主化国家，这些国家的政党制度大多转向了西方民主多党制度，这是与老牌西方民主国家完全不同的另一种多党制形成路径。为了描述和解释这些新兴国家的政党制度变化，需要建立起关于政党制度变迁的理论框架。通过研究，本文总结出三种政党制度变迁的形态：稳定或停滞、渐进式变迁和激进式断裂。并且，本文还通过对分析政党制度时常用的社会学路径、起源学路径、制度路径、形态学路径及空间竞争路径等不同理论路径的讨论，抽取经济、社会分化、政治结构、政治文化与观念以及国际影响因素等解释要素，从而形成分析影响转型国家政党制度变迁因素的理论切入点。

中国和苏东国家之间存在政党制度发展上存在诸多差异，如中国政治转型的起点早于苏东国家；中国采取了渐进的方式推进政治改革，而苏东国家实行激进的政治变革；中国保留了社会主义制度，苏东国家实行资本主义制度；中国政党制度是共产党领导下的多党合作制度，苏东国家的政党制度是西方式多党议会制度。但同时，中国与苏东国家均是在民主政治发展道路上探索前行的转型国家。俄罗斯与波兰现在虽然放弃了社会主义道路，但是它们并没有放弃对政治发展的追求；中国一直坚持社会主义基本制度，改革开放取得了举世瞩目的成就，但政治发展的道路还很漫长。抛开社会制度和意识形态的差异，中国和俄波两国同为转型国家，都在努力探索适合本国国情的政治发展道路，或者说都处在向民主政治跃迁的同一阶段。只是二者在摆脱苏联社会主义政治模式的方式、政治发展的路径选择以及对政治发展目标的设定上差别很大。目前，中国政治制度化水平进一步提高，政治结构和功能也进一步分化，党政关系逐步规范化。中国共产党在强调巩固执政地位的同时，注意改进党的执政方式，提高党的执政能力，整合党、政府、人大、政协等各方的权力结构。因此，俄罗斯与波兰在政治转型和完善政党制度上的教训和经验十分值得中国借鉴和学习。

第二节 研究现状及文献综述

一、国内研究现状及文献

我国理论界对于剧变前苏联东欧国家的研究比较深入，近年来，对俄罗斯问题的研究受到持续关注，研究力量较强，从历史到现实，从政党到杜马，几乎俄罗斯政党政治的各个重要方面都有研究专著。[①]但对于包括波兰在内的中东欧问题的研究（尤其是国际关系角度的研究）曾一度成为无人问津的"冷门"学科，著名学者屈指可数，相关著作也为数不多，中东欧问题的研究日渐式微。我国学术界涉及俄罗斯与中东欧国家的政党制度问题的研究成果主要有以下几类：一类是国别研究，具体论述俄罗斯[②]或中东欧国家[③]的政治状况，其中涉及政党制度；另一类是转型研究，主要探讨俄罗斯[④]或中东欧国家[⑤]的政治转型，其中也含有政党制度转型问题；还有一类是政党研究，涉及俄

[①] 涉及俄罗斯政党问题的文献数量较多，其中主要有：李永全：《俄国政党史——权力金字塔的形成》，中央编译出版社2006年版；刘淑春等：《当代俄罗斯政党》，中央编译出版社2006年版；刘显忠：《近代俄国国家杜马：设立及实践》，社会科学文献出版社2007年版。此外，李兴耕、刘淑春等人近十多年来跟踪研究俄罗斯政党问题，发表了许多及时且详尽的研究论文。例如，李兴耕：《普京执政后的俄罗斯政党制度改革》，载《当代世界与社会主义》，2001年第2期；李兴耕：《俄罗斯四大议会政党的意识形态比较研究》，载《中共天津市委党校学报》，2010年第5期；李兴耕：《统一俄罗斯党的意识形态——"俄罗斯保守主义"》，载《当代世界与社会主义》，2010年第1期；李兴耕：《公正俄罗斯党的意识形态——"21世纪新社会主义"》，载《当代世界与社会主义》，2008年第3期；等等。

[②] 研究俄罗斯政治的成果众多，其中对政党政治的研究均有所涉及。

[③] 研究中东欧国家国别政治的文献有：叶扬主编：《欧洲社会主义国家政治体制的理论与实践》，中共中央党校出版社1989年版；薛君度主编：《转轨中的中东欧》，人民出版社2002年版；朱晓中：《中东欧与欧洲一体化》，社会科学文献出版社2002年版等。

[④] 研究俄罗斯政治转型的著作最有代表性的是冯绍雷、相蓝欣主编的转型时代系列丛书中的《转型理论与俄罗斯政治改革》，上海人民出版社2005年版。

[⑤] 研究中东欧国家政治转型的文献有：高歌：《东欧国家的政治转轨》，世界知识出版社2003年版；李静杰总主编：《十年巨变——中东欧卷》，中共党史出版社2004年版。

罗斯①或中东欧国家②的政党和议会发展的历史和现状,其中对左翼政党的研究是大多数著作较为侧重的内容。最近几年,俄罗斯政党研究持续受到关注,同时,在研究者的不懈跟踪研究之下,与中东欧国家政党研究也保持了连续性,出现的新情况和新问题也能得到及时的分析和总结。③ 这些涉及俄罗斯与中东欧国家政党政治历史、发展状况、原因等方面状况的研究成果有助于大体了解东欧国家政党政治的一般现状,也为深入研究提供了基本事实材料。但也不难看出,目前国内对俄罗斯与中东欧国家政党的研究尚有可继续深入的空间:首先,现有研究成果或是聚焦于社会政治历史进程宏观层面,或者是关注某个政党或党派的微观层面,对政党制度这一中观层面的制度理论探讨较少。④ 其次,国内关于俄罗斯与中东欧政治现状研究的主要缺陷在于理论范式的缺失和分析角度的局限,研究较少注重在历史事实研究的基础上总结归纳出有关研究对象的某些规律性结论,缺乏从现象到理论的升华,从特殊到一般的抽象。对俄罗斯和中东欧国际问题的研究中存在着沿用传统范式、排斥多元范式的某些倾向,从而导致出现研究

---

① 研究俄罗斯政党的文献有:李永全:《俄国政党史——权力金字塔的形成》,中央编译出版社2006年版;刘淑春等:《当代俄罗斯政党》,中央编译出版社2006年版;刘显忠:《近代俄国国家杜马:设立及实践》,社会科学文献出版社2007年版。

② 研究中东欧国家政党的文献有:孙敬亭:《转轨与入盟——中东欧政党政治剖析》,中国文史出版社2006年版;杨元恪、陈刚主编:《1989年以来东欧、中亚政党嬗变》,中共中央党校出版社1993年版;唐君、辛昂主编:《国外政党执政镜鉴》,浙江人民出版社2005年版;王瑜:《东欧共产党——倒下的"多米诺骨牌"》,红旗出版社2005年版;张月明、姜琦:《政坛10年风云——俄罗斯与东欧国家政党研究》,上海社会科学院出版社2005年版;高歌:《东欧两国议会》,中国财政经济出版社2005年版。

③ 除上述专著类文献之外,还有一些论文类的研究成果,以及近年来个别博士论文。这类成果一般使用材料和讨论的问题较新,具有更强的现实意义。其内容分类也大致类似,在此并不一一赘述。

④ 较早曾关注中东欧后社会主义国家中观层面制度的一篇文章是孔田平:《制度变迁与经济转轨——对原苏联和东欧10年经济转轨的思考》,载《东欧中亚研究》,2001年第1期。作者从制度角度分析东欧剧变之后的经济转轨问题,他提出:中东欧的经济转轨是人类历史上最重大的制度变迁之一;是一个制度重建的过程,即以适应市场经济的制度取代适应计划经济的制度的过程。制度安排是实现经济可持续增长的最重要的因素;制度建立是一个渐进的过程;如果制度安排受到忽视,让位于自发过程和自由化市场释放出的力量,非正式的制度就要填补制度真空;必须进行司法体制的精简和改造;将中央政府的权限下放给地方政府对于转轨经济解除管制是必要的;寻求最优的制度不一定能达到预期的目的,寻求次优制度的做法不失为一种有效的制度变迁方式。该成果是对中东欧经济转轨问题进行制度性研究的探索,对将制度路径引入政治研究具有启发意义。

手段相对单一的现象。再次，我国学界有大量讨论苏联俄罗斯政党发展变化对我国的启示和借鉴意义的研究成果，相较而言，对中东欧国家的研究则比较缺乏从比较政治的视角将其与当代中国的政治发展放在一起的对比分析，这导致对中东欧政治的研究难以为中国政治转型和政党建设提供直接的理论支持，这也许是中东欧政治研究在国际关系和政治学研究领域中边缘化的原因之一。

国内对国外政党政治的研究基本呈现出明显的不平衡态势，即重实政而轻理论，重政党理论而轻政党制度理论。国内学者对国外政党制度的研究主要集中在对国外政党执政经验教训研究、中外政党及政党制度比较研究、世界政党政治和政党制度现状及发展趋势研究等领域。这些实政研究的成果较为丰富，影响也较大。同时，专门讨论与国外政党政治理论问题的研究不多，并且其中也以政党理论为主①。目前，国内关于国外政党和政党制度理论的研究成果大多是以译介基本情况为主、辅以评述性分析的论文，尚未有专著面世。②近几年，国内翻译的西方政党制度理论名著有所增多。商务印书馆、北京大学出版社和上海人民出版社先后出版了萨托利的《政党与政党体制》、阿伦·利普哈特的《民主的模式》、让·布隆代尔和毛里齐奥·科塔主编的《政党与政府》和《政党政府的性质》、阿伦·李帕特的《选举制度与政党制度》以及塞缪尔·亨廷顿的《变化社会中的政治秩序》。值得一提的是，林勋健教授为"当代西方政党研究译丛"和"西方政党政治译丛"两套丛书所做的总序是国内少见的对国外政党和政党制度理论

---

① 政党理论比较研究的主要文献有：周淑真：《政党和政党制度比较研究》，人民出版社2001年版；王长江：《政党论》，人民出版社2009年版；王长江：《政党现代化》，江苏人民出版社2004年版。

② 主要论文有：郇庆治：《西方政党体制理论：一种比较观点》，载《山东大学学报（哲学社会科学版）》，2001年第5期；张小劲：《关于比较政党研究基本路径的历史考察及其思考》，载《当代世界与社会主义》，2002年第1期；王勇兵：《西方政党变革与转型理论初探》，载《经济社会体制比较》，2004年第6期；李路曲：《当代西方政党的形态和类型评析》，载《中共天津市委党校学报》，2006年第3期；吴克峰：《中西方视域中的政党概念》，载《理论学刊》，2007年第5期；阙天舒：《政党制度化与政党体制制度化的界分——民主转型视域下的分析思考》等。2008年，吉林出版集团出版的中国台湾学者吴文程专著《政治发展与民主转型》，其中第十一章"政党体系与选举制度"介绍了政党制度的分类问题和迪韦尔热理论等西方政党制度理论的最基础原理和问题。

以及我国该领域研究状况的综述。

二、国外研究状况及文献

国外关于俄罗斯与波兰政党问题研究主要来自于俄罗斯与波兰国内学界以及欧美等国家。毋庸讳言，俄罗斯与波兰两国国内对本国政党和政党制度问题的研究程度较深。由于这两个国家政党制度变迁遵循的是西方多党制路径，因而两国国内的政党研究也大多借鉴西方国家较为成熟的政党和政党制度理论研究框架①。相比较而言，美国研究者更多关注俄罗斯政党和民主转型问题而对中东欧国家政党的关注度不及西欧国家学者。② 在英国、法国、德国和瑞典等老欧洲国家有一些研究中东欧国家能力较强的研究中心，他们的研究成果形式多样，除了正式出版的著作和发表的论文之外，他们还采用各类研究工作报告

---

① 俄罗斯国内研究俄罗斯政党的文献较多，较有代表性的有 Кабытова Н. Н., *Политические партии в российских революциях в начале XX века*. М. Наука, 2005；Коргунюк Ю. Г., *Становление партийной системы в современной России*, М: Фонд ИНДЕМ, МГПУ, 2007；Дмитрий Вячеславович Чижов, *Российские политические партии: между гражданским обществом и государством*, Москва: РОССПЭН, 2008；Галина Михайловна Михалева, *Российские партии в контексте трансформации*, Москва: URSS: ЛИБРОКОМ, 2009；*Политические партии в избирательном процессе: Российские и зарубежные сравнения*, Кубанский гос. Университет, 2008；Сморгунов Л., *Сравнительная политология: Теория и методы измерения демократии*. СПб, 1999；Степанов С. А., *Черносотенные союзы и организации*, Политические партии России: история и современность, М: РОССПЭН, 2000；等等。

② 美欧学者研究俄罗斯的代表文献有：Richard Sakwa (ed.), *Power and Policy in Putin's Russia*, London and N. Y.: Routledge, 2009; Stephen Whitefield, *Russian Citizens and Russian Democracy: Perceptions of State Governance and Democratic Practice*, 1993 – 2007, Post-Soviet Affairs, Volume 25, Number 2 / April-June 2009; Robert G. Moser, *Unexpected outcomes: electoral systems, political parties, and representation in Russia*, University of Pittsburgh Press, 2001. 美欧学者对波兰等中东欧国家的研究文献有：Sten Berglund, Jan Ake Dellenbrant, *The New Democracies in Eastern Europe: Party Systems and Political Cleavages*, England: Edward Elgar Publishing Limited, 1991; Stephen White, Judy Batt and Paul G. Lewis (eds.), *Developments in Central and East European Politics* 4, N. K.: Palgrave Macmillan, 2007; Tomáš Kostelecky, *Political Parties after Communism: Developments in East-Central Europe*, Washington: Woodrow Wilson Center Press, 2002; Patrick Moreau (eds.), *Communist and Post-Communist Parties in Europe*, Göttingen, 2008; Rozumilowicz, *Organizational structures and programmatic stances: the development of the political party system in Poland*, 1989 – 1997, UK: University of Oxford, 1999; Römmele A. *Cleavage Structure and Party Systems in East and Central Europe, Cleavages, Parties and Voters: Studies from Bulgaria, the Czech Republic, Hungary, Poland and Romania*. Westport, 1999; Richard Rose and Neil Munro, *Elections and parties in new European democracies*, Washington D. C.: CQ Press, A Division of Congressional Quarterly, 2003; Paul G. Lewis (ed.), *Party development and democratic change in post-communist Europe: the first decade*, London; Portland, OR: Frank Cass, 2001.

的形式将最新的研究成果发布出来，其中最典型的是英国苏塞克斯大学的欧洲研究中心。

俄罗斯与波兰政党制度转型的路径基本上沿着西方多党制的发展思路推进，因而讨论俄罗斯与波兰这类转型国家的政党制度需要首先对西方政党制度理论有所了解。美欧国家关于政党制度的理论兴起于20世纪初，二战后得到迅速发展。伴随着西方国家以及新兴民主国家政党政治实践的发展变化，政党制度理论研究的内容和重点也随之改变。早期，从事政党制度理论研究的西方政治学家认为政党的数量、种类以及他们相互联系的方式，影响着民主的质量和政治制度的运行。当时，政党制度理论研究大多是与政党及政党政治理论研究相结合的。1902年俄国人奥斯特罗果尔斯基发表的《民主政治与政党组织》、1911年德国人罗伯特·米歇尔斯出版的《政党论》和美国人沙特施耐德的《政党政府》一起，被认为是二战前西方政党政治研究领域内的代表作，在政治学的发展史上具有重要的学术地位。二战后，随着研究机构和人员的增多以及研究内容的扩大，西方政党制度研究逐渐成为独立的研究题域，关注重点出现分化，理论成果渐趋丰富。具体而言，西方政党制度理论主要有以下内容：（1）关于多党制的起源、影响和分类的理论。20世纪50年代开始，社会结构分化、政党制度的分类以及政党竞争不同模式的讨论成为理论研究的中心议题。以赫门斯、迪韦尔热、阿尔蒙德和纽曼为代表的政治学家们分析社会分化和选举规则对多党制起源的影响，使有关多党制的成因和结果的命题更加系统化。1951年法国学者迪韦尔热发表的《政党概论》，深入讨论了政党制度的分类、政党竞争的相互关系以及政党制度与一般政治制度之间的关系等问题，被誉为政党制度研究的"里程碑"和"百科全书"。1967年，李普塞特和罗坎主编的《政党制度与选民结盟》将理性分析方法、组织理论和统计分析等手段应用到政党制度研究当中，是行为主义学派关于政党制度研究的代表作。罗坎，达尔和达德等人也在探索不同政党制度类型与政治稳定性之间的关系方面取得了较大进展。

1976年萨托利发表的《政党和政党制度》，以有效政党数量作为基本变量，将政党竞争的方向、程度和方式作为新的变量引入政党制度的分类研究之中。他将一党制分为"一党制"、"霸权党制"和"主导党制"，在多党制中又分出"温和（有限）多党制"和"极化（极端）多党制"，这是他最主要的贡献之处所在。该研究建立的分析路径对其后大部分西方政党制度理论研究影响巨大。（2）关于政党制度的持续性和变革的理论。到20世纪70年代，由于西欧和英美国家的政党制度极为相似并在相当长时期内表现出稳定性特征，因而研究者很难从中找到能证明政党数量究竟对政党政治影响如何的可靠证据，而且此时政党制度的持续和变革问题明显突出出来，因此许多研究开始关注如何解释政党制度的存续性、政党制度适应与变革的方式、政党制度如何应对变革等问题。安杰洛·帕诺比昂科1982年出版的《政党概论：组织与权力》、列昂·爱泼斯坦同年出版的《西方民主国家的政党》、冯·拜梅1985年出版的《西方民主国家的政党》、史蒂芬·弗兰泽奇1989年出版的《技术年代的政党》等都是这段时间西方政党制度研究领域的标志性著作。（3）民主化进程中的政党制度理论。在"第三波"民主化进程中，研究者们发现新兴民主国家的政党制度具有与欧美国家完全不同的历史发展模式和不同的制度运行背景。这些新情况和新数据会导致原有政党制度研究框架内的因变量和自变量发生很大变化。例如政党数量与制度稳定性的关系等这类在对欧美研究中已经不再重要的问题，在新兴民主政体中却是影响政党制度的焦点所在。因此，20世纪90年代，西方政党制度理论研究中分化出一个新的题域，即新兴民主化国家的政党制度问题。协商民主中的政党制度、政党制度的制度化等问题都成为研究的新方向，不少政治学家在新老两种政党制度的比较研究中取得了成果。该领域较有影响力的著作有斯蒂文·沃林奈次1988年编著的《自由民主政体中的政党和政党制度、彼得·梅尔1997年发表的《政党制度的变迁：研究途径与阐释理解》、阿兰·威尔1996年发表的《政党与政党制度》、梅恩瓦林1999年出版的《反思第三波民主化中的政党制度》、库特·卢瑟1999年编写的《分裂社会中的政党精英：协商民主中的政党》。(4)一党制理论。萨托利将传统一党制细分为"一党制"、"霸权党制"和"主导党制"，之后，西方政党制度研究者们在此基础上进行了大量研究。塞缪尔·亨廷顿和克莱门特·摩尔1970年编著《现代社会中的威权政治》，详细分析了当时一党制的理论和实践。冷战结束后，原苏东国家的一党制覆灭的现实使得一党制理论研究陷入混乱。一党制的转型和变迁成为近年来研究的重点。

第三节 创新之处与基本结构

本文的理论创新之处在于，通过对国内外政党制度理论的梳理和分析，本文建立了一套研究政党制度的研究方法，即提取政党的数量和规模、政党意识形态的分布、政党对社会渗透程度三个政党相关性变量，以及宪制制度、选举规则和非正式规则三个制度相关性变量。这六个变量是在研究政党问题中经常会涉及的几个内容，但是以往的研究往往只偏重于其中某一点或某几点，而很少能将此六个变量建立起有机的内部联系。本研究在这方面的努力，不仅成为本文撰写的基础，而且为以后对其他国家政党的制度研究提供了理论架构。

同时，本文尝试将俄罗斯与波兰进行比较分析，这在现有研究中是较为少见的。从地缘上看，俄罗斯与波兰是近邻，波兰始终处在德国和俄罗斯的左右夹缝之中；从历史上看，俄罗斯曾多次参与瓜分波兰，俄罗斯最早的民族政党便成立于波兰俄占区，而波兰早期左翼政党的建立者正是来自俄国；从社会主义发展过程来看，苏联和波兰都属于社会主义阵营成员，苏联向波兰等东欧国家输出其僵化的政治模式并对其内政进行干预，波兰的社会主义政治发展过程中，几乎每十年就要受到苏联的干涉；从苏联解体和东欧剧变的过程看，苏联和波兰的转变进程是相互影响的，波兰团结工会运动启发了戈尔巴乔夫的改革新思维，戈尔巴乔夫宣布的不干涉决定又反过来推动了波兰国内剧变走向高潮；从经济改革的进程看，波兰变革成功后，在经济自由化过程中采取的休克疗法又被解体之初的俄罗斯所仿照，但俄罗斯收到了与波兰完全不同的成效，休克疗法在波兰发挥了重整经济的作用，在俄罗斯却造成经济和社会的动荡，激起人民不满情绪，亦开启了俄罗斯总统与议会的斗争，甚至影响了俄罗斯转型之初政治精英对政党选举规则的选择，进而影响了俄罗斯的政党政治格局和走向；从俄罗斯与波兰两国政治转型的现实状况来看，俄罗斯被看做是典型的威权制国家，波兰是原苏东国家中民主化转型较为成功的代表，两国在政党政治发展过程中，既有相似也有不同，俄罗斯与波兰是第三波民主化浪潮中，民主转型两种不同类型的代表。因而，对俄罗斯与波兰的政治转型进行比较分析是一个全新且很有意义的角度，这是本文尝试在内容上努力创新之处。

此外，本文在研究方法上采用问题式研究。要对两国政党制度从起源到目前一百多年时间内的发展过程进行全面的历史过程的铺陈式研究论述，是一个浩繁的工程，并且容易流于普通而很难突出关键问题。因此本文从讨论俄罗斯与波兰早期政党制度的篇章开始，就力求以政党相关性变量和制度相关性变量为主题，对从历史到现实，各个发展阶段的政党制度变迁情况加以分析。这种问题式研究为本文提供了提纲挈领之法，有利于在研究中快速发现关键节点。

本文在资料收集和梳理、选择和分析以及写作过程中始终以马克思主义的立场、观点和方法为指导原则，主要采用历史分析法、科学归纳法、全面分析法、系统分析法以及比较分析法等研究方法。

本文主要结构由四部分组成。第一部分为政党制度变迁的理论分析框架，这也是本文研究的基础。通过对国内外政党制度理论的研究和讨论，本部分提出了研究政党制度及其变迁的理论框架。第二部分主要以俄罗斯与波兰为例，历史的回顾两国政党制度变迁的起始条件，包括两国政党和政党制度的起源、早期政党、早期政党制度以及一党制的建立、巩固与结束。第三部分主要以俄罗斯与波兰为研究对象，着重使用前文所述的理论框架来研究两国政党制度变迁的进程，对三个政党相关性变量和三个制度相关性变量进行讨论。此外，本文还选取了俄罗斯与波兰政党制度变迁中出现的有代表性的政党，对其变革状况进行梳理，按照主流政党和非主流政党进行分类阐述。

当然，本文还存在一些不足之处。例如，在分析六个变量时，未能完成一个宏大而详尽的比较分析成果，主要力量集中在政党制度中政党的数量和规模、政党意识形态分布、宪政架构等变量的讨论，而对社会渗透程度和非正式规则等变量的分析尚显粗糙。同时，在对一些内容的研究过程中，借用了作者之前所从事的相关课题研究成果，从而减弱了研究内容之间原本紧密的逻辑联系。此外，在一些行文中，难免还有一些疏漏之处，难以尽如人意。

最后，本文仅仅是对俄罗斯、中东欧国家政党制度转型研究的一个开端，讨论还仅仅限于"是什么"的阶段，今后作者将继续沿着这一研究路径，探讨和解释转型国家政党制度变迁"为什么"的问题，并进而导入到对我国政党改革的研究，解决我国政治体制改革过程中政党改革"怎么办"的问题。

第一章 政党制度及其变迁的理论建构

第一节 政党制度的概念和分类

政党制度概念在国内外研究文献中的定义有明显差别。国内文献中出现的概念虽然在表述上繁简不同、深浅不一,但大多并不只着眼于政党之间的关系,而是更注重较为宏观的政党与国家、政权、社会等其他政治行为单位之间的关系。比较有代表性的定义有:

> 所谓政党制度,是指一个国家的各个政党在政治生活中所处的法律地位、(政党)同政权的关系、(政党)对政治生活的影响及其存在和活动的方式,是指各个政党(如何实现)自身的运转、行使国家政权或参与(干预)政治生活的活动方式、方法、规则和程序。是各个政党在争夺对于国家政权支配时逐渐地形成的权力和地位划分的模式。政党制度决定着国家的政治格局,直接对国家的政治社会稳定程度和经济发展水平产生影响。政党与政党、政党与政权、政党与社会等方面形成的相互关系即政党制度。①

政党制度,其内涵及其广泛,起码包含这样三层意思:一是

---

① 周淑真:《政党和政党制度比较研究》,人民出版社2001年版,第4、7、330页。

国家对政党的有关法律规定；二是政党执政、参政的体制；三是政党自身的各种制度，如民主议决制度、组织制度等等。……当今世人大多采用了第二层意义，而且惯用"政党制度"的提法。因此，所谓政党制度，就指制度化了的政党执掌、参与国家权力以及由此形成的政党关系的模式，简单地说就是政党从政的固定化了的模式。其内涵主要的是指一国政治体制中政党执政、参政的形式；同时，如果有多个政党存在，则包括政党之间关系的形式在内。①

政党存在于特定的政治系统中，必然要与构成政治系统的诸要素发生联系。由此而形成的各政党之间、政党与政权之间的关系网络和结构，就叫政党体制。②"政党体制"……指的就是随着政党的出现而逐渐发展起来的一种政治系统。无论什么政党，其目的都是为了掌握政权。由此而形成的各政党之间、政党与政权之间的关系网络或结构，就叫政党体制。③

必须承认的是，"政党制度"、"政党体制"与"政党体系"三个概念的内涵与外延上的确不完全相同。与"政党体制"相比，"'政党制度'作为一个约定俗成的用语……当我们要深入研究政党运行的基本原理，试图把它作为分析框架中的一个关键概念使用时，这个概念就显得比较粗糙、比较不严谨了"④。因为在我国曾有观点认为，"政党制度是资产阶级确立自己的统治后实施统治的工具。它是直接为资产阶级及其阶级利益服务的。"⑤ 这似乎使政党制度成为资本主义国家独有的政治产物，缩小了其真正内涵。而且还如"所谓政党制度，是阶级统治的工具。只有当一个阶级确立了自己的统治地位之后，才能

---

① 梁琴、钟德涛：《中外政党制度比较》，商务印书馆2000年版，第11页。
② 王长江：《政党现代化》，江苏人民出版社2004年版，第156页。
③ 王长江：《政党论》，人民出版社2009年版，第130页。
④ 同上，第129页。
⑤ 李永全：《俄国政党史》，中央编译出版社2006年版，第177页。

谈到建立为自己统治服务的政党的问题。在谁战胜谁的问题没有解决之前，管理形式问题尚提不到日程上来。"① 这样的观点赋予了政党制度明显的阶级性特征，现在看来的确有其局限所在。但考虑到我国传统研究中的使用习惯，为了避免在研究中落入概念混淆的漩涡，本项研究暂且将三者概略化为同一概念，仅为研究方便起见，统一使用"政党制度"一词。如此做法也略有前籍可查，"政党制度指的是，一个国家通过政党进行政治活动的方式或状态。也有人使用政党体系这一概念，两者涵义相去不是很多。"②

而西方政党制度理论对这一概念的理解以政党这个政治体系内的中层行为者为立足点，主要探讨政党与政党之间的关系，其他政党与国家、政党与社会、政党与政权等关系被看做是政党之间关系的因变量要素。

与沃尔兹将国际政治划分为三个分析层次③类似，西方政党制度理论也关注三个层次：选民中的政党（party in the electorate）、作为组织的政党（party as organization）和政党制度（party systems）④。政党制度理论被引入极有限的范围：描述个体行为者（市民或政治家）的特质分布、党内决策模式，以及政党制度的结构和动力能否解释政治进程既定的产出和结果。⑤

萨托利对政党制度的定义是，"只有当政党是（复数的）部分时，

---

① 李永全：《俄国政党史》，中央编译出版社2006年版，第178页。
② 杨光斌：《政治学导论》，中国人民大学出版社2004年版，第166页。
③ 第一个是关于人的行为，即单个决策制定者和社会成员的动机和行为。第二个关注国家组织内一组政策制定的过程，因为他们会对外交政策的集体决策产生制约。第三个层次考察作为"制度性"特征结果的国家战略。该制度被看成是一系列相互作用的单位。参见 K. Waltz, *Theory of International Politics*, Mass: Addison-Wesley, 1979, p. 40.
④ F. J. Sorauf, *Party Politics in America*, Boston: Little, Brown, 1964.
⑤ Carles Biox & Susan C. Stokes (eds.), *The Oxford Hand Books of Comparative Politics*, Oxford: Oxford University Press, 2007, p. 524.

才能组成一个'体系①';政党制度即是政党之间竞争结果导致的互动体系。"②由此,彼得·梅尔认为政党制度概念的内涵"不仅包含其组成部分——政党的综合,而且还包含理解这些政党互动模式的某些要素"。③ 阿兰·威尔(Alan Ware)更明确地提出,"政党制度也可以被作为制度内不同政党间竞争与合作的范式来考察。"④ 可见,"政党制度可定义为政党竞争与合作的结构"⑤ 显然是西方政党制度理论关于政党制度概念的核心。

参考上述对政党制度概念的不同阐述,笔者认为,政党制度概念的内涵相对狭小,包含两方面内容:其核心是政党与政党之间的相互作用,竞争与合作均属其中;其本质是一种处于变化发展中的结构,并不是固定的、不变的。因此,可以将其简要概括为,政党之间相互作用的结构。而政党制度概念的外延则较为广泛,有政党所处的制度环境;政党之间的互动与国家、社会之间的关系等内容。当然,该定义必然还存有不够全面和缺乏严谨之处,之所以如此定义,主要目的是为政党制度变迁的定义以及下一步的实证比较研究提供框架和基础,把概念框定在较窄的范围内,有助于进行深入而精细的探讨和研究,避免流于大而化之的境地。本文的讨论着重关注政党之间相互作用的结构和政党所处制度环境,对这两方面内容的考察为本研究奠定基石。

研究政党制度时首先面对的是政党制度的分类问题。20 世纪 50 年代到 70 年代的一段相当长的时期里,大多数西方政治学家认为,在自由民主国家中政党制度仅仅是有限的几种类型,例如,最早出现的是两党制与多党制的区分。每一种不同类型的政党制度往往与政党的行

---

① 此处"体系"原文为"system",即"制度"。
② Giovanni Sartori, *Parties and Party Systems: A Framework for Analysis*, Cambridge University Press, 1976, p. 44.
③ Peter Mair, *Paty System Change: Approaches and Interpretation*, NY: Oxford University Press, 1997, p. 51.
④ Alan Ware, *Political Parties and Party Systems*, NY: Oxford University Press, 1999, p. 7.
⑤ Paul Pennings & Jan-Erik Lane, *Comparing Party System Change*, NY: Routledge, 1997, pp. 4 – 5.

为密切相关,因而研究过程中通常以解释政党行为的不同特征为进路,总结各国政党制度的不同特征。然而,在现实政治中,影响政党制度特征形成的变量数量众多,很难从政党制度的所有特征角度考察政党制度。为此,西方研究者提出了一个简化极度复杂现实的有效方法——对政党制度进行分类。以分类研究为向导开展对政党制度的研究,则可避免从一开始就陷入各种政党制度的众多特征之中却难以真正理解政党制度本质的困境。

多年来,西方学界对政党制度的分类研究经历了摸索和发现的过程而逐渐形成理论分析范式。早年间的研究通常采用迪韦尔热在1951年总结出的分类法——以政党的数目来划分为一党制、两党制和多党制,再将各国分门别类地归于其中,作为若干例证。这实际是对各国政党制度进行分类,是一种表面化的描述性归纳,而不是根据抽象出的政党制度一般特征进行分析,所以这种方法很难揭示出政党制度的真正内涵,研究也较难深入。为了弥补这种传统分类方法的不足,研究者们引入了政党相对规模、相关政党、意识形态、政治倾向等多种标准,形成了不同的分类方法。① 其中,受到较为普遍认可的是萨托利于1976年提出的分类理论,它对其后的政党制度研究影响深远。

萨托利的政党制度分类理论的前提是要弄清楚政党制度中应包含哪些政党,即被计算在政党制度之内的政党应当具备哪些条件?萨托利给出了两个标准:一是"联盟潜力"(coalition potential),一个政党是否(至少在某些偶然性情况下)具有组成执政联盟的潜力;二是"讹诈潜力"(blackmail potential),一个政党的存在影响到那些具有"联盟潜力"的政党的竞争战术。如果一个政党符合上述两条件之一,则该政党就是政党制度的"相关性政党",如果一个政党不符合上述两个条件之中至少一个条件,那么该政党则不能被计算在一个政党制度

---

① 有关政党制度分类理论的简要发展过程,可参考王长江:《政党论》,人民出版社2009年版,第145—147页。

之内,这便是萨托利提出的计算政党数量的规则。① 在现实政治中,上述两个条件可以表述为:只有当一个政党实际执政、进入一个政府或在信任投票中通过给予该执政政府所要求的多数而支持它,它就具有执政相关性。② 政党的相关性反映了政党制度中各政党间权力相对分配的状况,还反映了政党在左右向度上的位置价值(position value)。

萨托利将政党制度分为七类。

(1) 一党制:政治权力被一个政党所垄断,严格讲没有任何其他政党是被允许存在的。

(2) 霸权党制(Hegemonic-party system):有一个以上的政党存在,其中一个政党比其他所有政党都重要,允许其他政党作为卫星党或某种程度的附庸党,即霸权党的地位不可挑战。

(3) 主导党制(Predominant-party system):有一个以上的政党存在,其中一个政党在一段时期内占(议席)的绝对多数,即在选举中持续获得绝对多数,因而不会出现权力更替。

(4) 两党制:两个政党为绝对多数而竞争,而两党都有可能获得绝对多数。

(5) 温和多党制(Moderate system):即有限多党制,通常有三至五个政党存在,没有任何一个政党能够达到绝对多数,政党间交替组成联盟联合执政。其特点是:相关政党之间①意识形态距离较小;②都有可能参加联合政府,从而形成两极联盟格局;③都以执政为方向的向心性竞争,没有相关的或具有相当规模的反体制政党。

(6) 极化多党制(Polarized system):即极端多党制(Extreme system),通常有五个或六个以上政党存在,没有任何一个政党能

---

① 参考 G. 萨托利:《政党与政党制度》,商务印书馆2006年版,第173—175页。
② 同上,第413页。

够达到绝对多数，每个政党都有单独执政的可能。其特点为：① 存在具有相关性的反体制政党；[①] ②存在双边反对党；[②] ③存在一个或一组中间政党；[③] ④具有极化制度；[④] 的综合性特征；⑤离心性竞争大于向心性竞争；⑥存在固有的意识形态模式；[⑤] ⑦存在不负责任的反对党；⑧存在抬价政治。（politics of out-bidding）或过度承诺（over-promising）。[⑥]

（7）粉碎型多党制（Segmented system）：也称为碎分化多党制，通常有十个以上政党存在，没有任何一个政党能够达到绝对多数，政党之间在民族、宗教、地区、语言等多个向度上具有高度分化性，意识形态差距和强度差别很大。

在萨托利看来，正如表1—1所示，这七类政党制度组成两个异质的连续统：一边是多党制、两党制和主导党体制，另一边是霸权党制和一党制。第一个连续统表示政治体制的轴心是政党体制，而第二个连续统则表示政治体制是以政党—国家一体为中心的。政党体制终结于主导党制，政党—国家体制开始于霸权党。在霸权党制与主导党制之间存在着两个连续统之间的临界点，"超过这个点，我们就会面对以相反的运行原则为基础的另一种机制"。前者是竞争性体制，而后者则不是。[⑦]

---

① 一个政党削弱其所反对的政权的合法性，则该政党就是反体制政党。包括拒绝型政党、抗议型政党、议会外政党和平民反对党等。反体制政党的意识形态是外源性的，因而它的存在标志着该政党制度内极大的意识形态距离。
② 即存在相互排斥、不可能联合的两类反对党。
③ 即在左右向度上，试图超越左右政党、占据中央（metrical centre）的党。
④ 即同时拥有反体制政党、双边反对党和中间政党的制度。
⑤ 即所有政党都是以意识形态论点相互斗争，且在意识形态心态上相互竞争。
⑥ 即政党争相用更大的吸引力和承诺来获得支持，而实际却不能负责任地兑现承诺。
⑦ G. 萨托利：《政党与政党制度》，商务印书馆2006年版，第385—386页。

表 1—1　萨托利对政党制度的分类

连续统	一党制⇌霸权党制	主导党制⇌两党制⇌温和多党制⇌极化多党制⇌粉碎型多党制
体制核心	党国体制	政党体制
体制特征	非竞争性 一元中心主义	竞争性 多元主义

图表来源：作者自撰

萨托利的分类方法是以相关政党的数量和绝对自然规模为标准的，而并未考虑到政党制度的结构很可能受到某个政党的反对党的规模与该政党自身规模之间相互关系的影响。① 为了弥补这一缺陷，"政党相对规模"的分析路径被引入了西方政党制度的分类研究之中。这种方法提出，要按政党制度内各政党规模之间的关系对政党制度进行分类，主要有以下六类：

(1) 主导党制（predominant party system）；

(2) 两党制（two-party system）；

(3) 两个半政党制度（two-and-a-half party system）：存在三个政党，其中两个政党规模远大于另一个政党。②

(4) 有一个大党和几个较小党的制度（systems with one large party and several smaller ones）：通常存在三至五个政党，其中一个最大党至少能获得45%—50%议席。

(5) 有两个较大党和几个较小党的制度（systems with two lar-

---

① Alan Ware, *Political Parties and Party Systems*, NY: Oxford University Press, 1999, pp. 161–168.

② 这类政党制度包含着，根据政党之间合作与竞争的关系不同而具有不同政党制度模式，各模式之间差别巨大。这导致人们开始怀疑，究竟政党相对规模是否是克服纯粹以数量划分政党的分类方法局限性的一个行之有效的方法。

ger parties and several smaller ones）：通常存在五个以上政党，两个党比其他政党大，但它们中任何一个都无法独自获得绝对多数议席，并且一般在选举后组成的执政联盟中都要有几个较小党参加，而不是其中一个大党。

（6）均衡多党制（even multiparty system）：既没有一个大党，也没有两个规模相当的较大党，但选举力量在至少四个以上政党之间均衡分布。①

由以上两种分类方法理论可见，政党制度的分类理论不断发展更新，分类标准不一导致分类结果各异。对政党制度进行分类研究只是政党制度研究的基础，通过政党制度的类型研究可以分析出各类政党制度中共有的一些要素，这就是政党制度特有的基本变量。这些基本变量必须能够说明政党间互动的某些普遍的结构性特征，能够用来定义和规范政党行为，同时受其他制度的约束或影响，只有分析政党制度时方才具备、分析单个政党或其他政治制度时均不具备。政党制度的比较，实际上是政党制度核心变量之间的比较。

第二节 政党制度的核心变量

前文讨论过的政党的数量和规模就是政党制度的核心变量之一。此外，政党对社会的渗透程度、政党的意识形态也都是政党制度的核心变量。它们都是与政党相关的要素，可统称为政党相关性要素（party related factors）。前文提到过政党制度概念的外延之一——政党所处的制度背景，也是全面研究政党制度所需要关注的要素，主要包括宪

---

① 由于政党数量巨多，政党竞争一般会发生在相似政党之间，因而政党竞争的范围受到限制。但同时，该类政党制度所涵盖的范围却极广，以至于不甚适用于分析研究。被归入此类的竞争与合作模式有：合作无竞争；合作但有高度的竞争性选举辩论；有许多政党参与的竞争，其中有三或四个较大的党；极化且易变的选举竞争；高度分裂的政党制度，不存在大党，也极少有中等规模的党，但有很多小党。

制架构、选举规则和非正式规则等内容，统称为制度相关性要素（system related factors）。这两类要素组成了政党制度研究中需要考察的基本变量。

表1—2 政党制度的核心变量

政党相关性要素	制度相关性要素
1. 政党的数量和规模	4. 宪制架构
2. 政党的意识形态分布	5. 选举规则
3. 政党对社会渗透程度	6. 非正式规则

图表来源：作者自撰

一、政党相关性变量

（一）政党的数量和规模

作为政党制度基本变量的政党数量是指"相关政党"的数量。根据萨托利的理论，现实政治中的相关政党是指具有"执政潜力"或"讹诈潜力"的政党。

执政性政党，具有执政潜力的政党是指，在一个法定的立法机构中，①主导一届政府的执政党；②所有参与组成政府的政党。③在信任投票中支持执政政府并使后者获得多数的政党；④由于其弃权而导致一届政府得以执政的政党；反之，若在一个法定的立法机构中，①没有参加、也没有（在信任投票中）支持哪怕至少一届政府的政党；②投票支持一届政府，但其支持并非必需（即超过了获胜所必需的比例）并且被政府所拒绝的政党，则不能被记做是具有执政潜力的政党。通过测量有多少政党具有执政相关性，实际上是在测量执政联盟的分裂程度。[①]

讹诈性政党，即具有讹诈潜力的政党是指，某个政党的存在或出

[①] G. 萨托利：《政党与政党制度》，商务印书馆2006年版，第413—416页。

现影响到政党竞争的战术,特别是改变了执政党的竞争方向——或是从向心性竞争变为离心性竞争,或是左右向度上的改变。① 他们通过参与议会选举竞争并在议会立法过程中表现出否决潜力或否决实力的方式展现其讹诈潜力。在这种意义上,讹诈性政党往往会是事实上的反体制政党。

政党规模(sizes of parties)与相关政党数量密切相关,政党制度内各政党规模的大小明显会影响相关政党的数目。对于如何测量政党规模,有不同的方法。阿伦·李帕特(Arend Lijphart)曾提出,"比较不同制度中的政党数量和规模的最客观、最直接的方法是考察在政党规模递减顺序下,政党力量的累积百分比:先是第一大党的总得票率百分比,然后是前两大政党的得票率百分比之和。"② 以此类推,这就是累积百分比法(cumulative percentage)。另一个较为复杂的方法是道格拉斯·雷(Douglas W. Rae)提出的分裂指数法,由于政党间的分裂程度越高则政党规模越小,分裂程度越低则政党规模越大,因此可以用表示分裂程度的分裂指数来间接测量政党规模。该方法使用政党所占议席百分比的平方为自变量,来计算政党间的分裂程度。③

与李帕特和雷不同,萨托利并不是提出一个具体的测量政党规模的数学定量计算方法,而是在他的政党计数规则基础上,联系多数原则,通过形式(format)和机制(mechanics)两个概念来分析政党的"自然规模"。萨托利先将不同的政党规模组合形式划分为不连续的四类:(1)主导形式——长期由一党占有50%或更多席位;(2)接近平衡的两党形式——两党占有接近50%的多数席位;(3)有限分裂形

---

① 参考 G. 萨托利:《政党与政党制度》,商务印书馆2006年版,第174页关于政党计数规则2的表述。

② Arend Lijphart, Typologies of Democratic Systems, *Comparative Political Studies*, 1968 (1), p. 33.

③ Rae 的分裂指数计算公式为 $F = 1 - \sum_{i=1}^{n} p_i^2$,其中 F 表示分裂,n 表示政党数量,$P_i$ 表示第 i 个政党所占议席百分比。参见 Douglas W. Rae, *Political Consequences of Electoral Laws*, Yale University Press, 1972, pp. 46 – 64.

式——没有一个政党占有接近绝对多数的席位,政党数量较少,一般为三至五个;(4) 极端分裂形式——没有一个政党占有接近绝对多数的席位,但政党数量很多,达到六个或六个以上。然后再从机制特性角度分析四类政党规模形式的结构性形态。萨托利认为,由规模最大的政党占有绝对多数席位的政党制度,政府的稳定性必然是相对较高的;由规模较大的两党占有接近绝对多数席位的政党制度,政治竞争是较为温和的①;由三至五个政党占有绝对多数席位的政党制度,很可能是向心性竞争格局;政党超过五个,则会呈现出政党之间离心性竞争的格局。此外,前文提到过的政党相对规模也是考察政党规模的一个有效分析路径。

(二) 政党意识形态在竞争空间的分布

政党竞争空间中,政党意识形态的位置分布状况影响着政党制度的结构,是分析政党制度的另一个重要变量。唐斯(Anthony Downs)在其著作《民主的经济理论》(An Economic Theory of Democracy)中提出了空间竞争(spatial competition)模型,其中他假设所有政党不论是处于左翼、右翼还是中间位置,都可以分步在一个意识形态的政治光谱(political spectrum)上。可见,唐斯对政党之间竞争空间的分析是单向度的。萨托利认为政党位置(party positioning)的向度应是多维的,例如,横坐标(x)是政党意识形态的左—右向度、纵坐标(y)是集权—民主或世俗—宗教等向度。② 冯·拜梅(Klaus von Beyme)则提出了九个政党的"意识形态派别"(familles spirituelles),按照其在欧洲政治中出现的时间先后分别是:1. 自由与激进的党;2. 保守党;3. 社会主义与社会民主主义党;4. 基督教民主党;5. 共产党;6. 农民党;7. 地区和民族党;8. 极右翼党;9. 生态运动党。③ 阿兰·威尔

---

① 因为若两党进行离心竞争则会导致政党制度的毁灭。
② G. 萨托利:《政党与政党制度》,商务印书馆2006年版,第463页。
③ Klaus von Beyme, *Political Parties in Western Democracies*, Aldershot: Gower, 1985, p. 3, p. 29.

认为，分析政党意识形态可以从该党对生产资料所有制和社会问题的态度两个维度考量，支持全部生产资料公有与反对任何形式的公有工商业是政党在生产资料所有制维度上的两个最极端态度，支持堕胎和同性恋与彻底反对任何宽容社会政策是在社会问题维度上的两个最极端的态度。

大多数政党制度中包含有几种政党意识形态，若一个国家处于民主化的早期或具有民族多样性或有以地域为基础的民族分化或是选举及其他制度规定使得政党较易发生分裂，则政党制度中很可能出现多个政党具有同一种意识形态的现象。在一个政党制度中，政党越多，它们之间的竞争越倾向于沿着一个线性的、左—右空间展开，政党制度越是呈现出意识形态格局，则越是如此；但是，在意识形态分歧低的分裂型政体中，竞争的空间也可能是单向度的，因为一个政党偏离到另一个向度，则要冒被孤立的风险，时间一长，则会输掉游戏。① 意识形态距离表示一个既定政体的意识形态光谱的总体分布，也就是不同政党所主张的意识形态之间分歧程度的大小，常用于分析非一党制的政党制度。意识形态强度表示一个既定意识形态环境的热度和影响，实际上是指政党坚持或反对某种意识形态的激烈程度，多用于分析一党制。② 事实上，对政党意识形态进行跨国比较是一个复杂的尝试，而且由于许多传统"意识形态派别"为适应变化着的选举形势而开始自行调整，因而这种尝试的难度更增加了。③

（三）政党对社会渗透程度

不同政党制度中，政党对社会的渗透程度各异。当政党与选民的联系极度松散时，任何政党行为都不会触动大多数人的生活，极少有公民支持某个政党，为了政党利益而进行政治活动的人也很少，甚至

---

① G. 萨托利：《政党与政党制度》，商务印书馆2006年版，第472页。
② G. 萨托利：《政党与政党制度》，商务印书馆2006年版，第180页。
③ Alan Ware, *Political Parties and Party Systems*, NY: Oxford University Press. 1999, pp. 48–49.

很少有人能说清各政党及其领导人的名字。反之，当政党融入社会生活的方方面面时，绝大多数人都可能是政党支持者，人们看的报纸是党报，许多社会活动是由政党的相关组织安排的。

政党对社会渗透程度对政党间竞争结构的影响主要体现在两方面。首先，政党对社会的渗透程度越低，越容易涌现出将与老党竞争的新党。其次，政党对社会的渗透程度越高，政党就越容易被吸引去集中力量保住忠诚选民的支持。"高渗透度"制度中的政党越多，就有越多的政党用全部精力去关注保住忠诚选民的支持。在这样的环境下，政党缺乏从更大范围的社会群体中吸纳选票来转变为"全能型"政党的动力。

政党对社会渗透程度与政党制度稳定性之间有三种联系：一是在整体渗透度较低的政党制度中，不稳定的政党制度使得其中的一些政党对某些特殊社会群体的渗透度极高。二是在政党渗透度很低的政党制度中，某些政党的特殊结构可以减弱政党制度的过度不稳定性。三是在政党对社会渗透度较低的国家，制度因素能限制新兴政党的发展。①

二、制度相关性变量

一整套与政党活动相关的法律、制度和规则组成了政党制度的制度背景，它由宪制架构、选举规则和非正式规则等制度相关性要素组成。制度相关性要素是政党制度的重要变量，它们不仅规范和影响着政党之间相互作用的结构，而且其自身往往也受到政党之间博弈结果的影响。可以说，政党相关性要素与制度相关性要素之间互相影响。从各国政党政治实践发展过程来看，在一国政党制度初建时期，二者之间的相互影响力相当；而当政党制度稳定性逐渐巩固之后，制度性

---

① Alan Ware, *Political Parties and Party Systems*, NY: Oxford Univerisity Press, 1999, pp. 150–151.

要素自身的变动程度逐渐减少,对政党相关性要素的影响力增强。

(一) 宪制架构

各国宪法都对政党制度提出了根本依据和一般原则。实行资本主义自由民主制度的国家宪法一般都有涉及政党和政党制度的条款,基本内容有:确认自由组织政党是公民的权利;严格限制政党及其活动,不得危害自由民主法治的基本秩序;提出政党禁止从事的某些行为;确认政党的作用。社会主义国家的宪法一般都对共产党的领导地位做出明确规定,并且不主张建党自由。[①] 国家宪法惯例中对政党组织及其活动的规定,也是其政党制度安排的重要组成部分。这些不成文惯例是在国家政治生活中长期形成的,具有与成文法相同的地位和效力,得到各政党团体的承认和遵守。事实上,在许多国家,政党制度的主要方面采取的是宪法惯例的形式。[②] 此外,宪法性法律中关于政党活动的规定条款也是规范政党活动的重要制度安排,包括议会选举法、总统选举法、议会组织法、政府组织法、立法法、法院组织法等。较为常见的是对政党经费的规定,例如,有的法律规定按议会选举中赢得席位的多少比例来分配政党经费,这种分配方式明显是对较大政党有利的,在议会中占有较多议席的政党会获得更多的资金,从而也就能够更容易地在下一次选举中吸引更多的选民。这种制度设计如此循环往复下去,会出现大党愈强、小党愈弱的格局,政党数量将逐渐减少。

还有一些国家制定了对政党的地位、作用、内部行为和外部活动进行法律规范的"政党法",其主要目的是对政党的政治和组织进行法律控制。政党法一般规定政党的地位、作用、组织原则、建党目的、条件、申报程序,政党经费来源及其限制,政党的活动原则、规则及违宪或违法后的惩处等。[③] 目前已经有几十个国家通过了政党法,其中

---

① 敖双红:《论我国政党法制定的可能与必要》,载《湖南省法政管理干部学院学报》,2002年6月第18卷第3期。

② 李步云:《宪法比较研究》,法律出版社1998年版,第996页。

③ 肖太福:《政党法制比较研究》,中国人民大学博士学位论文2006年,第46页。

绝大多数是民主转型国家。用法律规范政党的组织和活动，已经成为世界政党政治发展进程中一个带有普遍性的趋向，特别是处于政党政治转型期的国家，这种趋向更为明显。①

（二）选举规则

选举规则是指在竞争性选举中将选民的偏好转化为选票，并进而将选票转化为议席的制度规则。选举规则是对政党的政治实践行为选择影响最大的制度安排，也是构成政党制度的重要变量。政党会为了最大限度实现政治利益而尽力形塑选举规则，同时，选举规则也必然对政党之间相互关系结构产生影响，二者相互交织、互为因果。选举规则内容包括选举公式、选区规模、议会规模、选举门槛、选票结构等，其中最重要的是选举公式和选区规模。选举规则基本分为多数决制、比例代表制和混合制。其中，多数制可以分为相对多数制（Plurality System，即得票最多者胜出的简单多数）、绝对多数制（Majority Formula，即要求得到超过半数以上的赞成票）和选择性投票制（Alternative Vote System，即偏好投票 Preferential Voting）。比例代表制可分为名单比例代表制（List PR）、单记名可转让投票制（Single Transferable Vote，STV）、单记名不可转让投票制（Single Non-transferable Vote，SNTV）和混合选区比例代表制。混合制，即半比例代表制（Semi-proportional Formula），是不同选举公式与不同选区规模的组合，常见的是单一选区相对多数制和复数选区比例代表制混合的选举公式。

关于选举规则影响政党制度的规律，研究界有很多成果，最早的是"迪韦尔热定律"。迪韦尔热认为，单轮多数投票制通常容易产生两党制；比例代表制倾向于多元的、严密的、独立的政党制度；两轮投票制倾向于产生多元的、灵活的、非独立的政党制度。② 迪韦尔热定律的提出证明选举规则对政党制度具有决定性影响作用。其后，赖克、

---

① 姜跃：《政党多棱镜》，台海出版社2003年版，第261页。
② 胡伟、张向奥：《选举与民主：制度设计的工程学》，载《复旦学报（社会科学版）》2009年第4期，第119—120页。

李帕特等许多学者在详细分析世界各国选举实践和深入剖析选举过程之后也都提出了各自对选举规则影响政党制度这一问题的不同观点,产生了相当丰富的研究成果。主要观点有:所有的选举规则都有利于大党,不利于小党,即所有的选举规则都倾向于比例性偏差,不过偏差程度不同①;所有选举规则天然有利于两党制或倾向于产生两党制;选举规则对政党制度的影响受宪政体制、选区规模和议席规模等中间变量的影响。②

(三) 非正式规则

除宪制框架和正式制度之外,非正式规则也同样影响着政党间的关系结构,庇护式任命 (patronage appointment) 就是一个很好例证。③政党为了吸引或获得选民的支持,向特定人群和团体分配选择性利益,例如公共职位或特殊恩惠。选举中获胜的政党一旦掌握执政权力,则为建立庇护关系提供了可能。在这种政治交换过程中,某个政党或政党联盟可能得到范围极广的庇护式任命职位,参与其中的政党、选民和官僚形成了一个封闭的利益结构,该党与其他政党之间也就形成了无形的壁垒。庇护结构对于政党而言主要功能在于:维持政党组织的积极活动、推动党内的团结、吸引投票者和支持者、资助政党及其候选人、谋求对自己有利的政府活动、在政策过程中维护党的纪律。④ 执政党通过任命政府官员掌握了大量政治精英资源,从而严重削弱了其他政党在选举中的竞争能力。这种现象在政党制度发展早期较为多见,

---

① 道格拉斯·雷曾提出,所有的选举制度都会产生非比例性的结果;所有选举制度都倾向于减少有效议会政党的数目;所有选举制度都可能将未获半数以上选民支持的政党制造成议会多数党。[美] 阿伦·李帕特著:《民主的模式:36 个国家的政府行使和政府绩效》,陈崎译,北京大学出版社 2006 年版,第 119 页。

② 周建勇:《选举制度对政党制度的影响》,载《日本研究集林》,2009 年上半年刊总第32 期。

③ Alan Ware, *Political Parties and Party Systems*, NY: Oxford University Press, 1999, p. 196.

④ 陈尧:《政治研究中的庇护主义——一个分析的范式》,载《江苏社会科学》,2007 年第 3 期,第 88 页。

它往往成为主导党制出现的重要成因之一。

第三节　政党制度变迁的概念和形态

李普塞特（Lipset）和罗坎（Rokkan）在1967年出版的著作《政党制度与选民结盟》中提出分析政党制度的一个重要研究路径——社会分化研究路径（cleavage approach）。他们认为，在任何一个政体中都存在着阶级、语言、地域、种族或宗教的文化分化或经济分化，并以此为基础逐渐形成社会的分化，这些根本性的差异导致社会阶层体系转化为各种政治力量——表达各种阶层利益的新社会运动团体，以至于最终演化为相互作用的各个政党，形成一国的政党制度。16至17世纪的宗教改革、18世纪末的欧洲民族民主革命以及19世纪的工业革命过程中，欧洲国家先后出现了民族国家与罗马教廷、世俗政权与宗教神权、封建土地所有者与新兴工商业者之间的分化、对立与冲突，从而导致了现代政党制度的出现。之后，欧洲国家未再发生如上述三个时期一般深刻的社会变革，未能再次形成新的社会分化结构，因而政党制度也就随之而定型。"除了极少数明显的特例之外，一般而言，20世纪60年代的政党制度也只是反映了20世纪20年代的社会分化结构而已"[1]，这就是所谓的定型假设（freezing hypothesis）。之后，斯特凡诺·巴托里尼（Stefano Bartolini）和彼得·梅尔（Peter Mair）用选票浮动指数（volatility indicator）测量了选举变迁的程度和方向，结果显示，大多数西欧民主政体的确非常稳固，并未出现实质上的政党制度变迁。[2] 这一结论肯定了定型假设在20世纪70年代和80年代上半期仍然具有有效的解释力。

---

[1] Lipset S. M. and Rokkan S. (eds), *Party Systems and Voter Alignment: Cross-national Perspective*, NY: Free Press; London: Collier-Macmillan, 1967, p. 50.

[2] Stefano Bartolini and Peter Mair, *Identity, Competition and Electoral Availability: The Stabilisation of European Electorates*, 1885–1985, Cambridge: Cambridge University Press, 1990.

正如前文为政党制度定义时所述,政党制度本质是一种处于变化发展中的结构,并不是固定的、不变的。变化是绝对的,只是有时变化的范围小、程度低、不明显,而有时变化的范围广、烈度强、显而易见。从这种意义上说,政党制度不存在绝对的定型状态。而且,在20世纪70年代末和80年代末90年代初的两次民主化浪潮下催生的大量新兴自由民主国家中,政党制度的变化是剧烈而显著的,这与李普塞特和罗坎所指的那种在西欧存在了多年的政党制度的稳定状态差异明显。要合理解释这一现象,需要将关注点转向政党制度的变迁问题,在此题域内或许能构建出更完善、更有说服力的理论框架。当然,首先要分析政党制度变迁的定义和形态。

在西方政党制度理论中,对政党制度变迁的定义有着不同的表述。彼得·梅尔(Peter Mair)认为,政党制度变迁是指政党制度从一种类型转变成另一种类型。[①] 保罗·彭宁斯(Paul Pennings)和简-埃里克·莱恩(Jan-Erik Lane)则提出,政党制度变迁是指政党之间在选举、议会或政府场域内的竞争或合作关系的变动。[②] 实际上,不同政党制度类型差异就在于政党之间的竞争或合作关系结构的不同,因此,这两个定义本质上是统一的。政党制度的变迁实质上是政党制度核心变量的变化,可以是政党数量、政党规模、政党意识形态分布等政党相关要素的变化,也可以是选举规则、宪制框架等制度相关要素的变化。简-埃里克·莱恩(Jan-Erik Lane)和斯万特·埃尔森(Svante Ersson)曾提出了一些在经验层面上可以用来描述政党制度变迁的重要指标,例如整体浮动性(total volatility)、极化(polarization)、有效政党数量、分化指数(fractionalization index)、选票比例性偏差(electoral disproportionality)、议题向度的数量(the number of issue dimen-

---

① Peter Mair, *Party System Change: Approaches and Interpretations*, NY: Oxford University Press, 1997, pp. 51 – 52.

② Paul Pennings and Jan-Erik Lane (ed), *Comparing Party System Change*, London: Routledge, 1998, p. 3.

sions）等。①

制度变迁主要以两种方式发生，"一种是不间断地，即通过内部的发展、内源性的变革和自发性的过渡；另一种是间断性地，即通过体制的断裂"实现。② 政党制度变迁可有三种形态：一种是稳定或停滞（stability or inertia），即各政党所运行的制度环境和政党数量、规模或相互政策差距均未出现根本性变化。在大多数情况下，政党制度的稳定是政党竞争或合作状态长期存在并趋于制度化造成的结果。另一种是渐进式变迁（gradual change），指一个或多个政党制度的核心要素以渐进的方式进行变化。无论政党行为的目的是获得选票、掌握政权还是推行政策，只要涉及政党之间的竞争与合作，都可能会受到这些变化的影响。还有一种是激进式变迁（radical change），即由于政党行为者或制度的变化而使得政党制度在短时期内发生根本性变化。③ 分辨一个政治制度的激进式断裂的两个标准是：第一，一个政体演变为另一个不是由于其自身的变革规则，而是通过抛弃或违反这类规则；第二，只要放弃或夺取权力不是保持而是改变之前的权力结构，也就是规则的制定、规则的实施、规则的裁判手段和方式。④ 描述政党制度变迁的各个重要指标较适合用来分析政党制度的稳定状态或渐进式变迁状态，而对激进式变迁的考查则必须观察和比较政党制度各核心变量的变化情况。⑤

---

① Jan-Erik Lane and Svante Ersson, *Politics and Society in Western Europe*, London: Sage, 1994.
② G. 萨托利：《政党与政党制度》，商务印书馆2006年版，第375页。
③ Paul Pennings and Jan-Erik Lane (ed), *Comparing Party System Change*, London: Routledge, 1998, p.6.
④ G. 萨托利：《政党与政党制度》，商务印书馆2006年版，第376页。
⑤ Paul Pennings and Jan-Erik Lane (ed), *Comparing Party System Change*, London: Routledge, 1998, p.40.

第四节 政党制度变迁的解释要素

分析政党制度时常用的理论路径一般有社会学路径（sociological approach，也称为起源学路径，genetic approach）、制度路径（institutional approach）、形态学路径（morphological approach）及空间竞争路径（spatial competition）等。社会学路径主要探讨社会上各种冲突走向政治化的历史进程，以及在此进程中不同社会分化结构如何相互影响、进而产生出各种不同的政党制度，其代表人物是罗肯（Stein Rokkan）[①]。制度路径主要通过分析构成政党制度的制度背景的各种法律、制度、规则等制度安排来解释政党之间关系结构形成的原因，代表人物是迪韦尔热。形态学路径着重关注政党数量、各党相对实力分布差异、不同政党制度稳定性差异及其对民主表现的影响，代表人物是萨托利。空间竞争路径主要通过分析政党之间的竞争性互动过程以及政党与选民在意识形态空间分布上的位置来考察政党制度，其代表人物是唐斯（Anthony Downs）。

解释转型国家的政党制度变迁不仅需要上述政党制度理论，还需要民主化的理论框架，因为转型国家的政党制度变迁是民主化进程中一个不可缺少的环节，政党制度变迁从一个方面折射出民主化的进程。解释民主化的理论数量众多，大致可以归纳为三种路径，即现代化路径（modernization approach）、转型路径（transition approach）和结构路径（structural approach）。现代化路径强调许多有关现行自由民主或成功民主化所必需的社会和经济因素，代表人物是李普塞特（Seymour

---

① 代表作为 S. Rokkan, "Nation building, cleavage formation and the structuring of mass politics," in S. Rokkan, *Citizens, Elections, Parties: Approaches to Comparative Study of the Processes Development*, Oslo: Universitetsforlaget, 1970, pp. 72 – 144.

Marti Lipset)。① 转型理论路径则强调政治进程和精英的起始选择,来解释从威权统治走向自由主义民主的原因,代表人物是罗斯托(Dankwart Rustow)。② 结构理论路径则强调有利于民主化的权力结构历史性变迁的长期过程,代表人物是摩尔(Moore)。③

  上述各理论路径从不同角度和层面对政党制度及其变迁进行分析和解释,他们的解释焦点和研究路径是完全不同的,其中有的理论相互之间甚至是矛盾或对立的,有的相互之间是相互借鉴和融合的。这些理论路径的相似点在于,每一种路径在解释政党制度时都各自构建了一系列与政党制度及其变迁的过程、状态或影响因素相关的相互联系的要素。现实当中转型国家的政党制度变迁是一个极为复杂且涉及多个向度的过程,因此很难用任何一种单一理论路径来全面分析这个复杂现象并给出令人满意的解释。针对研究对象所涉及的转型国家的不同政治发展实践,应当从上述研究路径中选取出经济、社会分化、政治结构、政治文化与观念等解释要素,再加上国际影响因素,从而形成用来分析影响转型国家政党制度变迁的因素的理论框架。

---

  ① 最典型的关于民主化的现代化解释路径的切入点是李普塞特在其代表作《政治人》(*Political Man*)中关于"经济发展与民主"的评论,他认为,民主与一国社会经济发展或现代化程度有关。

  ② 罗斯托在其代表作《民主的转型》一文中提出,将不同国家以个案研究的方式作全面性考量的历史研究路径能够为理解民主化提供更为坚实的基础。D. Rostow, "Transitions to Democracy", in *Comparative Politics*, 1970, vol. 2, pp. 337–363.

  ③ 结构研究路径开端于摩尔的名著《独裁与民主的社会起源:现代世界中的贵族与农民》, B. Morre, *Social Origins of Dictatorship and Democracy: Lord and Peasant in the Making of the Modern World*, Boston: Beacon Press, 1966.

第二章　俄罗斯与波兰政党制度的起源及早期政党制度

第一节　政党和政党制度起源

在欧洲政党出现的时间并不长，政党发展早期，议会派别代表的是特权阶级的各种利益。19世纪下半期到20世纪初，随着公民普选权的范围逐渐扩大，政党经历了最剧烈的发展，这最终使得普遍选举权概念被人们接受。在此期间，新的政党建立起来，传统党派经历了持续变革。个人主义的和分散的卡特尔政党逐渐被有组织的集中的大众性政党所取代，后者的定位是动员全社会各阶层的选举支持。在20世纪30年代之前，俄罗斯与波兰的政党起源和发展逻辑与西欧国家基本上是相同的。在俄国与波兰的历史中很早就有了类似于现代议会的政治机构。

一、俄国杜马议会的起源与政党雏形

杜马是俄国式的议会，俄国历史上最早的杜马——波雅尔杜马出现在公元10世纪至18世纪，当时也被称为"领主杜马"[①]。16世纪

[①] 刘显忠：《近代俄国国家杜马：设立及实践》，社会科学文献出版社2007年版，第1页。

初，莫斯科公国领导俄罗斯摆脱了蒙古鞑靼的侵略和统治，归顺了莫斯科大公的王公贵族——波雅尔组成了波雅尔杜马。这是直属大公的最高管理机关和咨议机关，与大公共决国策，这些王公贵族拥有相当庞大的地方势力和规模。当时同样享有很高封建特权的还有东正教会，他们拥有数量众多的土地和人口。波雅尔和僧侣的封建世袭领地经济与中央国家政权的政治统一和经济集中存在着尖锐的矛盾冲突。为了加强君主集权，在新崛起的服役贵族的支持下，沙皇伊凡四世召开缙绅会议，进行改革。

1549年2月27日，伊凡四世在莫斯科皇宫召开了俄国历史上第一届缙绅会议①，当时参加会议的主要是领主贵族、服役贵族、僧侣贵族和高级官员，这些人员不是经选举产生，而是由政府任命的。1566年6月，为了扩大政府财政收入和转嫁战争负担，"沙皇政府邀请了商贾的上层分子，即'第三等级'的正统代表"② 参加在莫斯科召开的缙绅会议。此后，凡遇国家大事，均由贵族、僧侣和工商业者三个等级的代表参加的缙绅会议讨论决定。缙绅会议不是常设机构，也不具有司法、行政权力，但是国家重要的决策都要经过缙绅会议的表态。在伊凡四世当政时期，召开过八次缙绅会议，③ 缙绅会议曾经三次推举沙皇④。1649年召开的缙绅会议包括了许多社会成员，其中有"14名高级僧侣等级的代表，40名波雅尔、首都贵族和司书的代表，153名城市贵族的代表，3名从客商中选举的代表，12名从莫斯科商人公会中选举的代表，15名莫斯科特种常备军卫戍部队的代表，79名城郊工商

---

① 也被译为国民代表会议，16—17世纪俄国等级代表机构。
② [苏] P. G. 斯克伦尼科夫：《伊凡雷帝传》，谷中泉、何渝生译，商务印书馆1986年版，128页。
③ 分别于1549年、1555—1556年、1564—1565年、1566年、1571年、1575年、1576年、1580年召开。
④ 1598年推举鲍里斯·戈都诺夫、1606年推举瓦西里·叔伊斯基、1613年推举米哈伊尔·罗曼诺夫。

业区的代表"①，在这次会议上编纂了1649年法典。

17世纪初，在中央政府中，一些并非名门望族出身但有才能的人成为杜马贵族。杜马渐渐形成完全听命于沙皇的官僚制度。另外，杜马成员必须宣誓，不经沙皇的同意不能进行工作（1649年法典对杜马权力作了明文规定）。沙皇还有意逐步对杜马实行改组，将一些忠于自己的有才干的中小贵族塞入杜马，逐渐左右了杜马，波雅尔杜马渐渐被削弱了。②波雅尔杜马和缙绅会议都是俄国等级代议制君主政体的内设机制，随着封建中央集权加强、农奴制政权巩固，到18世纪封建专制制度确立时，他们已经不再发挥作用。

1848年欧洲革命带来的民主化冲击对封建专制的沙皇俄国产生了深刻影响。1861年农奴制改革后，俄国的资本主义获得了前所未有的发展，社会结构、社会意识也发生了深刻变化。作为俄国社会特权阶层的贵族地主的地产减少，贵族内部出现反贵族"派系"，贵族地位逐渐衰落。资产阶级发展成了一个独立的阶级，但在政治上仍然处于无权地位。俄国出现向市民社会发展的萌芽，反对专制制度的力量壮大。工人阶级形成并发展起来，逐渐成为一支独立的政治力量。农民摆脱了农奴地位，成了拥有相对人身自由的农村居民。同时，学校制度改革促进了俄国教育的发展，从而导致西方思想传入俄国，大批接受了西方先进思想的知识分子产生并成长起来。但是，在封建中央集权制的沙皇俄国，任何独立于政权之外的政治组织的活动都是被禁止的，因而几乎所有的秘密政治组织都持有反对现政权的政治态度，进行秘密的非法活动。

19世纪60年代开始，俄国进行了一场以知识分子为主导的思想运动。到19世纪70年代，出现了最早一批知识分子小组——民粹派小

---

① Melvin C. (wren), *The Course of Russian History* (Fourth Edition), Waveland Press, 1989, p. 62.

② 刘忠桂：《封建俄国缙绅会议简析》，载《东北亚论坛》，2004年5月第13卷第3期，第87页。

组。这些民粹派小组大多以大学为中心，遍布从彼得堡和莫斯科等大城市到边疆区的全国各地。1870 年，各地民粹派组织联合起来，成立了民粹派秘密团体"土地和自由社"（Земля и воля）。由于在革命斗争中受到沙皇政府的镇压和迫害，一部分民粹派主张用恐怖的武力斗争来反抗沙皇政府，另一派民粹分子主张在农民中发动起义、在城市工人中组织罢工和游行，他们之间产生了分歧和冲突。1879 年 8 月，"土地和自由社"分裂为"民意党"和"土地平分社"两个独立的组织。

民意党（Народная воля）以推翻沙皇专制制度，让人民有权拥有土地为目标，拥护村社和地方自治。他们继承了民粹主义传统，认为俄国可以超越资本主义、经过农民革命走向社会主义，并且认为俄国主要革命力量不是工人阶级，而是农民。但该党实际上依靠的力量并不是来自于农民，而是一小部分具有各种空想思想的知识分子。党的领导机构是执行委员会，它秉承"集中制"的组织原则——秘密、集中、互相监督、少数服从多数、严守纪律。他们还在工人和军官中建立党的组织，在居民中宣传和普及民主变革的思想。民意党的活动方式主要采用密谋暗杀等恐怖手段。1881 年 3 月 13 日（俄历 3 月 1 日），民意党人在彼得堡刺杀了沙皇亚历山大二世，因而遭到沙皇政府更加残酷的镇压，民意党组织因此遭到极大削弱，党的主要活动家先后被捕和处死，执行委员会遭到严重摧毁。1884 年 10 月，民意党停止活动。民意党具有清晰的政治纲领和较为完整的组织结构，并且代表特定的社会团体——农民的政治利益，它是俄国历史上第一个具有类政党特征的政治组织①。

"土地平分社"的一部分（以普列汉诺夫和查苏利奇为代表的）成员于 1883 年成立了俄国第一个马克思主义团体——劳动解放社。

---

① Ю. Г. Коргунюк, С. Е. Заславский, *Российская многопартийность: становление, функционирование, развитие*. Фонд ИНДЕМ, 1996. http: //www. partinform. ru/ros _ mn/rm 2. htm.

二、波兰色姆议会的渊源与政党雏形

两院议会制的出现。15世纪末,在杨一世·奥尔布拉赫特在位期间(1492—1501),波兰开始形成由两院组成的全国议会制度。1505年,波兰贵族在腊多姆成立议会,"腊多姆议会"成为波兰历史上的第一个议会。议会上通过了一项宪法性决议,① 该决议规定,全国议会是波兰最高权力机关;全国议会由国王、参议院和众议院三个权力中心组成;未经参议院和众议院的一致同意国王不能颁布新宪法、新法律。参议院是大贵族的权力机关,由国家的唯一立法机构——御前会议演变而来,组成人员有大主教、主教、宰相、议长、省长、市长等。众议院是中等贵族的代表机构,由各地方的地方议会的代表组成。② 从此波兰出现了议会制度,这也是波兰结束等级君主制、开始贵族民主制的标志。此后波兰一直实行参议院、众议院两院议会制。③ 但此时的波兰共和国是一个多民族的农奴制国家,这种制度还不是现代意义上的议会制度。

贵族民主制。波兰的贵族阶层来源于骑士,即军人。这个阶层原本以从事征战和保卫国家为天职,他们自称是"高贵者",社会上也把他们看成是高人一等的阶层,因而逐渐形成了波兰的贵族阶层。他们在政治上掌握着议会。波兰的贵族议会是当时欧洲唯一真正实行多数决定制的议会,甚至对英国资产阶级革命发挥过重要影响。占波兰全国人口1/10的贵族阶层均可享有贵族民主,该阶层享有民主自由权,贵族不仅有选举权,而且也有被选举权。16世纪末,波兰确立了历史上罕见的国王选举制,即国王不是世袭的,而是由贵族议会选举产生的。15世纪到16世纪,贵族阶层率先使用波兰文的"Rzeczpospolita"(共和国)来称呼君主制的波兰王国。这比较准确地体现了以贵族民主

---

① 也被称为1505年宪法,"毫无新内容的"(Nihilnovi)宪法。
② 刘祖熙:《波兰通史》,商务印书馆2006年版,第70—72,82—83页。
③ 高德平编:《波兰》,社会科学文献出版社2005年版,第104页。

为基础、以贵族议会为形式的共和体制的雏形。但贵族民主是一种藐视王权的制度，无法使国家拥有强有力的中央领导，不断酿成无政府主义的混乱状态。世界上独一无二的所谓"自由否决"就是贵族民主的直接产物。1652年，波兰议会通过的"自由否决"法令规定，每个议员都可以使用否决权，也就是说，在议会表决时，只要有一名议员反对就不能通过议案。封建主义贵族共和制下实行的贵族民主、"自由选举国王"制和"自由否决"制，削弱了王权，助长了贵族割据势力，不仅使波兰从"百年辉煌"走向衰落，而且使波兰丧失了保持国家独立的能力，导致了波兰民族长期受外族欺压，先后三次（1772、1793、1795年）遭到三大邻国俄国、普鲁士和奥地利的瓜分。① 17世纪后半期，争夺政权的斗争在波兰国王和大贵族之间展开。为此，大贵族便开始拉党结派，进而相继出现了一些军事政治同盟和政治集团。18世纪60年代，中等贵族、市民和开明大贵族中的改革派开始组织成立"爱国党"，以革新弊政。②

1818年3月15日，波兰议会开幕，亚历山大一世在波兰议会开幕的讲话中宣布，他打算在全俄罗斯实行立宪制度。1820年秋，诺沃西儿采夫办公厅以波兰宪法为样板拟订出了新的建立人民代表机关的方案，俄文版本标题是《俄罗斯帝国国家法律文书》，法文题目《俄罗斯帝国宪章》，文件中宣布建立两院制议会，但并未付诸实施。③

红党和白党。19世纪50至60年代，在英国产业革命和法国大革命影响下，欧洲民族民主革命运动高涨，波兰人民面临着俄国、普鲁士和奥地利三个强大的敌人。④ 为了反对沙皇统治、争取国家独立，在

---

① 郭增麟：《波兰独立之路》，北京图书馆出版社1998年版，第11—14页。
② 高德平编：《波兰》，社会科学文献出版社2005年版，第114页。
③ 刘显忠：《近代俄国国家杜马：设立及实践》，社会科学文献出版社2007年版，第33页。
④ 18世纪末，遭到俄国、普鲁士和奥地利瓜分的波兰已经分裂为三部分，不再是一个统一的民族国家。俄占区面积最大，主要是波兰王国和立陶宛；普占区主要在西部，是经济最发达、人民教育素质最好的地区；奥占区包括南部的加里西亚。

50年代后期，波兰王国出现主要由青年学生组成的秘密革命小组。1861年秋，为适应革命形势的发展，在华沙组成了一个由革命民主主义者领导的政治团体——"红党"，他是一个成分复杂、形式松散的组织。参加者有工人、手工业者、城市贫民、市民、农民、青年军官、青年学生、中小贵族和中小资产阶级。红党成立初期没有明确的政治纲领，内部分为左右两翼。由革命民主主义者组成的左翼代表农民和城乡劳动者的利益，他们主张发动农民，把民族起义发展为土地革命，以战胜沙俄侵略军，恢复波兰独立。右翼主要代表中小贵族和中小资产阶级的利益，他们主张以城市作为反民族压迫斗争的支柱，在城市开展和平活动，期望"茅屋与宫廷之间的和平"。同年10月，波兰贵族地主和大资产阶级组成反革命力量——"白党"。"白党"惧怕以农民为主力军的民族起义，企图把起义纳入"合法"轨道，进行所谓的"道德革命"，他们随时准备向沙皇政府投降，并通过它镇压起义[①]。

1863年，红党领导了波兰1863年一月起义，成立临时民族政府，颁布宣言和废除农奴制的土地法令，号召推翻沙俄反动统治。当红党左翼率领起义军在前线作战时，白党篡夺了起义领导权，建立了白党独裁政权，拒不执行解放农奴的法令，实施分裂和叛卖政策。红党和白党这两个政治团体已具有某些政党的特点，但组织松散，没有统一、明确的政治纲领。

第二节 早期政党

一、俄国早期政党

到19世纪末20世纪初，俄国经济发展到垄断资本主义阶段，与彼得大帝建立的封建君主专制时期相比，社会结构发生了很大变化。

---

① 刘祖熙：《波兰通史》，商务印书馆2006年版，第263—266页。

垄断资产阶级同封建君主、王公贵族联系紧密，形成官僚垄断阶层。封建贵族地主社会地位下降，同时由于俄国资本主义自由竞争阶段发展时间极短，私有化程度较低，没有形成私有者阶层。由贵族地主构成的职业官僚的势力加强，影响日渐加深，农民阶级出现两极分化，原有的贵族地主农民、国有农民和宫廷农民逐渐演变成富农、中农和贫农，其中，富农掠夺和购买土地，成为村社的统治者；中农和贫农仍然依附于贵族地主，生存状况恶劣。工业生产取代手工工场，绝大多数由破产农民转化而来的产业工人数量迅速增加，这些人劳动和生活条件极差，绝大多数集中在几个大城市和工业中心，形成了力量强大的无产阶级。贵族知识分子和平民知识分子对社会思想产生重大影响。俄国早期政党正是在大量社会民族矛盾迅速积聚的条件下产生的，当时政治生活中最为严峻的问题是民族问题、农业和农民问题、工人问题以及沙皇君权与社会的关系问题。这些社会矛盾决定了俄国早期政党政治的基本结构和社会力量的分化。

19世纪90年代，具有社会主义思想的政治组织纷纷出现，逐渐形成规模。这些社会民主主义组织仍然是主要由知识分子为代表，他们维护的利益已不仅仅局限于农民，而是同时代表产业工人的利益。这是由于到19世纪90年代中期，俄国国内革命运动开始进入无产阶级工人运动阶段，工人成为革命的主力。工人运动成为俄国知识分子社会主义小组发展的新的推动力。此时，俄国两个深刻的社会运动汇合了：一个是工人阶级的自发的群众运动，另一个是接受马克思和恩格斯的理论，接受社会民主党学说的社会思想运动。[①] 到19世纪90年代末，各种社会民主主义和新民粹主义组织开始发展成为真正的俄国社会民主工党和社会革命党，以及沙皇俄国少数民族边疆地区的一些社会主义政党。

左翼——俄国社会民主工党和社会革命党

1895年11月，彼得堡的马克思主义小组在列宁的倡议下联合起来，成立了"工人阶级解放斗争协会"，成为俄国无产阶级政党的萌芽。19

---

① 列宁：《列宁全集》第4卷，人民出版社1984年版，第216页。

世纪末爆发的世界性经济危机给俄国带来的破坏性极大,国内局势异常紧张。为了更好地开展工人运动的宣传和组织工作,1898年3月1—3日,在彼得堡"工人阶级解放斗争协会"倡议下,俄国社会民主工党第一次代表大会在明斯克秘密召开,决定成立俄国社会民主工党(Российской социал-демократической рабочей партии)。由于彼得堡等地的组织遭到当局破坏,参加会议的是来自彼得堡、莫斯科、叶卡捷琳诺斯拉夫等社会民主组织的九名代表。会议选出中央委员会,将《工人报》确定为党的正式机关报,并在会后发表了《俄国社会民主工党宣言》,宣布党的成立。这次大会并没有制定统一的纲领、章程和策略,会后大多数代表和中央委员遭到逮捕,社会民主工党陷入思想和组织的混乱状态,"所以统一的党实际上没有建立起来"①。

为了在理论和实践上真正建党,列宁1900年结束流放回到国内后,与普列汉诺夫等人合作创办了《火星报》,为制定社会民主工党的纲领、策略和组织原则做了大量工作。1903年7月17日—8月10日,召开了俄国社会民主工党第二次(成立)代表大会。大会的主要任务是在《火星报》所提出和制定的原则基础和组织基础上建立真正的党。② 会上,来自26个社会民主党组织的代表对崩得③在党内的地位、党纲和党章、党的地区组织和民族组织、党内工作等重大问题进行了激烈的争论。

---

① 李永全:《俄国政党史——权力金字塔的形成》,中央编译出版社2006年版,第63页。
② 列宁:《列宁全集》第8卷,人民出版社1986年版,第2版,第203页。
③ 崩得是俄文译音,意即联盟,是"立陶宛、波兰和俄罗斯犹太工人总联盟"的简称。该联盟1897年成立,是一个机会主义的、资产阶级民族主义的组织。成员主要是俄国西部地区的犹太手工业者,主要领导人有科索夫斯基、奇里德勒拉特等。1898年3月,它加入了俄国社会民主工党。在1903年俄国社会民主工党第二次代表大会上,崩得分子要求承认崩得是犹太人阶级唯一的代表,并根据联邦制原则来建党。大会驳斥和拒绝了这种民族主义组织观点,崩得分子随即退出俄国社会民主工党。在1906年俄国社会民主工党第四次(统一)代表大会以后,崩得重新加入该党。崩得分子一直支持孟什维克,反对布尔什维克,以民族文化自治的要求同布尔什维克的民族自决权的主张相对立。1912年,在俄国社会民主工党第六次(布拉格)全俄代表会议上,崩得同孟什维克一起被开除出党。第一次世界大战期间,崩得分子采取社会沙文主义立场。1917年2月后,崩得支持资产阶级临时政府,反对十月革命。在国内战争时期,著名的崩得分子同反革命势力勾结在一起,而一般的崩得分子则开始转变,主张同苏维埃政权合作。当苏维埃反击国内反革命势力和外国武装干涉的斗争取得决定性胜利之后,崩得声明不再反对苏维埃政权。1921年3月崩得自行解散,部分成员加入俄国共产党(布)。

提出该党的最终目标是进行社会主义革命，建立无产阶级专政，消灭生产资料私有制。近期目标是实现资产阶级民主革命，推翻专制制度，实现公民自由和八小时工作制。

但是在讨论党章时，与会代表的主张出现明显分歧、甚至对立。列宁及其拥护者在中央机关的选举中获得了多数，因而被称为布尔什维克（多数派），与其观点不一致的马尔托夫及其拥护者被称为孟什维克（少数派）。此次会议，第一次摆脱了小组自由散漫和革命庸俗观念的传统①，对俄国社会民主革命力量进行了整合，建立了革命的马克思主义政党——布尔什维克党。布尔什维主义作为一种政治思潮，作为一个政党而存在，是从1903年开始的。② 随着党内分歧和斗争逐渐白热化，1905年4月，布尔什维克在伦敦召开了俄国社会民主工党第三次代表大会。同时，孟什维克在日内瓦召开了全俄党的工作者第一次代表大会，这标志着俄国社会民主工党开始在组织上出现明显分裂。

关于1905年革命爆发之前俄国社会民主工党内的党员数量，俄罗斯学者有不同的统计结果，一种说法认为，除崩得和其他孟什维克分子之外，该党最多时曾经共有党员约8400人③；另有观点认为当时布尔什维克有14000人④。

社会革命党。19世纪末民粹派运动复兴，革命的民粹派分子不再使用"民意党人"的称呼，而是自称为"社会革命党人"。19世纪90年代中期，在伯尔尼、基辅、萨拉托夫、沃罗涅日、彼得堡等地纷纷建立社会革命党组织。当时，社会革命党是一些人数不多的革命组织组成的综合体，这些组织成员主要是俄国南部的年轻人，他们与人民群众的联系并不紧密，他们既没有选举党的领导机关，也没有明确的

---

① 列宁：《列宁选集》第1卷，人民出版社1995年版，第524页。
② 列宁：《列宁选集》第1卷，人民出版社1995年版，第135页。
③ Пушкарёва И. М., Рабочие и партии России в канун революции 1905 – 1907 годов, Политические партии в российских революциях в начале XX века, М: Наука, 2005, С. 161.
④ Тютюкин С. В., Шелохаев В. В. Марксизм и русская революция., М: РОССПЭН, 1996, С. 42.

党纲，组织较为松散。社会革命党中央与地方组织以及地方组织之间的联系薄弱。在社会革命党多次进行的组织联合过程中，曾经希望尝试与社会民主主义者联合，组织建设工作甚至因此而一度停顿，但是社会革命党人并不是真正的社会主义者，所以这种联合的努力失败了。① 1905 年底 1906 年初，该党召开成立大会，在 1906 年 1 月初的第一次代表大会上，通过了俄国社会革命党纲领草案。

社会革命党人是旧民粹派的直接继承者，但他们并没有全盘继承民粹派的思想和理论，而是根据当时世界和俄国革命形势，对旧民粹主义②进行了重大理论修改。社会革命党人在党纲中分析了资本主义的消极性和积极性、国际社会主义运动形势、俄国革命运动发展的特殊条件，并对在国家与法律、经济和文化等社会生活各个方面的具体策略进行了论述。他们认为个人恐怖是政治斗争的手段，是同专制制度斗争、鼓动和唤醒社会、进行革命动员的有效手段。由其战斗组织实施的中央恐怖活动枪杀或打伤了包括内务大臣和多名省长在内的沙皇政府领导人，恐怖活动使社会革命党的知名度迅速提高。该党不注重进行群众工作，在工人运动中所起作用有限。第一次俄国革命前，社会革命党人数量大约有 2 万人左右，其中知识分子占 70% 多。③

自由主义政治组织——解放社和立宪派地方自治人士协会

19 世纪俄国解放运动中，一部分俄国知识分子接受了西方社会制度和价值观念，形成了"西方派"。农奴制废除后，自由主义作为一种思想体系最终形成，并作为统一的政治流派登上社会斗争的舞台。④ 但是，自由主义政治小组出现的时间较晚，几乎到了社会主义运动的晚期。1899 年自由主义者组建了地下组织"聚谈（Беседа）"，讨论地方

---

① Леонов М. И. *Партия социалистов-революционеров в 1905 – 1907 гг.* М. : РОССПЭН，1997，С. 36 – 38.
② 旧民粹主义的实质是俄国有可能通过非资本主义途径过渡到社会主义。
③ 李永全：《俄国政党史——权力金字塔的形成》，中央编译出版社 2006 年版，第 51 页。
④ 叶艳华：《俄国早期政党研究》，黑龙江大学出版社 2008 年版，第 42 页。

自治及政治问题,宣传立宪主义思想,之后他们联合其他知识分子创办了地下刊物《解放》。① 1903年,以《解放》杂志为依托,最早的自由主义组织"解放同盟"(Союз освобождения)成立了,其成员主要来自俄国资产阶级自由派知识分子和地方自治运动左翼代表,他们自称为所谓"合法的马克思主义者"②。1904年日俄战争期间,"立宪派地方自治人士协会"(Союз земцив-конституционалистов)秘密成立,其成员由俄国自由派地主、地方自治运动参加者组成。这些自由主义政治小组宣称自己担负着维护社会正义的重任,实际上他们斗争的目标是为了让俄国社会整体走上某种社会发展道路,而不是要维护社会中某个阶级的利益,更不是要进而成为某个阶级的代表。

右翼组织——黑帮

俄国维护君主专制制度的极右翼组织被称为"黑帮"(Черносотенцы),1900年10月在彼得堡成立了第一个黑帮组织——俄罗斯会议(Русское собрание)。该组织成立之初是一个主张捍卫俄罗斯文化的文学艺术俱乐部,其宗旨是维护斯拉夫和俄罗斯文化,成员大都是贵族和从事创作性工作的学者、医生和律师。1904年开始,该组织成为一个维护沙皇君主利益的政治组织,1905年革命达到高潮时,建立起了真正意义上的右翼黑帮政党。它主张捍卫俄国的专制制度和国家统一,维护封建地主土地所有制和东正教的政治地位。黑帮所维护的是君主专制制度,作为统治集团的一部分,他们不需要任何形式的政治组织,他们的思想就是国家的意识形态,他们会动用帝国的所有护法机构去维护本阶级的利益③。

---

① 刘显忠:《近代俄国国家杜马:设立与实践》,社会科学文献出版社2007年版,第36页。

② Коргунюк Ю. Г., *Становление партийной системы в современной России*, М: Фонд ИНДЕМ, МГПУ, 2007, С. 124.

③ Степанов С. А., Черносотенные союзы и организации, *Политические партии России: история и современность*, М: РОССПЭН, 2000, С. 84.

民族政党

19世纪末20世纪初，沙皇俄国有100多个民族，沙皇专制制度在民族地区实行大俄罗斯沙文主义，激起了民族地区的民族解放和独立运动。其中，被取消了自治权的波兰俄占区和芬兰以及乌克兰、中亚和高加索等地区的民族矛盾格外突出。19世纪80年代至90年代，形成了俄罗斯帝国边疆地区第一批社会主义政治组织。到1905年之前，在沙皇俄国建立的50个社会主义政党中有47个民族党派。① 社会主义民族政党主张用暴力手段，通过革命建立社会主义社会，消灭私有制和消除阶级差别。他们认为，要想实现社会主义，首先必须要推翻俄国专制制度，建立民主共和国，实现政治自由和不分民族的公民平等。

在沙皇俄国的各边疆区中，波兰俄占区的资本主义发展水平相对较高，产业工人数量较大，因而波兰很容易受到西方社会主义思潮的影响，同时波兰本身具有民族解放斗争的悠久传统，所以俄国最早的民族社会主义组织产生于波兰。1892年11月至1893年3月，波兰无产阶级革命者联合成立了波兰社会党。该党完全遵循波兰国家独立的方针，在波兰解放斗争史和俄国革命运动史中占有重要地位，是当时规模最大、最有影响力的社会主义政治组织。② 此外，1887年在日内瓦建立的亚美尼亚社会民主党、1890年成立的亚美尼亚革命同盟③、1896年4月成立的立陶宛社会民主党、1899年成立的芬兰工党④、1900年建立的乌克兰革命党、1901年末至1902年初成立的乌克兰人民党、1902—1903年建立的白俄罗斯革命村社等许多社会主义民族政党，也积极活跃在沙皇俄国，为争取民族独立和工人解放而进行斗争。

---

① Зевелев А. И., Свириденко Ю. П., Политические партии России: история и современность, М: РОССПЭН, 2000, С. 278.
② 叶艳华：《俄国早期政党研究》，黑龙江大学出版社2008年版，第22—24页。
③ 又名"达什纳克（楚纯）党"（Дашнакцутюн）。
④ 1903年更名为芬兰社会民主党。

二、波兰早期政党

19世纪末20世纪初是中东欧国家政党发展的关键时期，伴随着巨大的社会经济发展，真正现代意义上的政党在该地区出现。

左翼政党——波兰王国和立陶宛社会民主党、波兰社会党、崩得

1864年后，波兰王国的资本主义有了很大发展，19世纪七八十年代，完成产业革命。工人队伍日益壮大，波兰工人运动兴起。由于西欧工人运动此时已经具有几十年的历史，因而波兰无产阶级较容易地接受了马克思主义，并将其作为党的指导思想和理论基础。俄占区内的波兰王国几乎集中了全波兰近一半的工业无产阶级，这里的工人人数最多、最集中，觉悟也较高，成为无产阶级活动的基地。波兰最早形成的现代意义上的政党是民族性政党。1880—1890年间，波兰社会主义政党和自由保守党——人民民主党最先在波兰成立。[1]

"无产阶级党"。1882年8月，波兰历史上第一个无产阶级政党"无产阶级党"（Proletariat）诞生，该党又被称为"第一无产阶级党"或"大无产阶级党"[2]，创始人是瓦伦斯基。同年9月1日，"无产阶级党"发表了纲领性宣言，提出经济上要求生产资料社会化，政治上要求建立社会主义国家，把获得最大限度的民主自由作为工人阶级的革命目标，号召波兰无产阶级为社会主义而斗争。该党在华沙、罗兹等地相继建立组织，开办党的机关刊物《无产阶级》，宣传马克思主义和社会主义革命思想。该党在四年时间中，先后经过瓦伦斯基（1882年9月—1883年9月）、库尼茨基（1883年9月—1884年春夏）和玛丽亚·鲍古谢维丘芙娜（1884年春—1886年）三任领导，把科学社会主义的思想灌输到波兰工人运动中，高举社会解放和民族解放的旗帜，同沙皇政府进行斗争。

---

[1] 叶艳华：《俄国早期政党研究》，黑龙江大学出版社2008年版，第29页。
[2] 刘祖熙：《波兰通史》，商务印书馆2006年版，第302页。

"第二无产阶级党"。1888年初，原"无产阶级党"党员马尔钦·卡斯普夏克在华沙建立了"第二无产阶级党"。"第二无产阶级党"以建立无产阶级专政和社会主义制度为最高纲领，以在波兰王国实行自治为最低纲领。1890年，"第二无产阶级党"领导了波兰历史上第一次"五一"游行。

无论"无产阶级党"还是"第二无产阶级党"都是不成熟的无产阶级政党，它们主张以个人恐怖活动作为主要斗争策略，对革命的性质也存在错误认识，很容易遭到镇压，以致革命活动受到严重削弱。

波兰王国和立陶宛社会民主党。1893年，"第二无产阶级党"和波兰工人联合会①合并组成波兰社会党，历史上被称为老波兰社会党。1893年7月，该党改名为波兰王国社会民主党。1894年3月10—11日，波兰王国社会民主党第一次代表大会在华沙召开。大会通过了罗莎·卢森堡等起草的党的纲领。该纲领把推翻资本主义、建立社会主义社会作为最高纲领，把争取八小时工作制、工厂立法、提高工资以及同俄国无产阶级一起为推翻沙皇制度而斗争作为党的最低纲领。波兰王国社会民主党领导工人进行了多次声势浩大的罢工，遭到沙皇政府的疯狂迫害，使该党在1896—1899年间停止了活动。1900年，波兰王国和立陶宛的社会民主党人联合召开代表大会，决定两党合并，称为波兰王国和立陶宛社会民主党。

1904年12月，该党制订了新的纲领，提出"通过普遍、平等和秘密的选举召开立宪会议"，"推翻专制，建立民主共和国，实现民族自治"。在1905年革命期间，在华沙和罗兹等地领导了"五一"示威游行和罢工。1905年波兰王国革命后，波兰王国和立陶宛社会民主党抵制了第一届国家杜马选举。1906年，波兰王国和立陶宛社会民主党加入俄国社会民主工党，并在党内坚决支持布尔什维克。该党于1907年参加了第二届国家杜马选举。1911年12月，因在党内民主问题上发生

---

① 波兰工人联合会，1889年夏在华沙成立，主要领导工人群众展开经济斗争。

分歧而分裂，一派拥护总执行委员会，被称为总执委会派；另一派以华沙和罗兹党组织为骨干，被称为分裂派。1914年，在第一次世界大战爆发的形势下，两派重新联合，坚决反对帝国主义战争，认为在帝国主义战争的环境下，一切争取独立的斗争都不可能实现。

波兰社会党。1892年11月，侨居在国外的波兰社会主义者成立了"波兰社会主义者国外联盟"。该联盟并非革命性的社会主义团体，而是政治思想中带有某些社会主义色彩的活动组织。1893年初，"波兰社会主义者国外联盟"申请加入即将成立的波兰王国社会民主党，但遭到后者的拒绝。因而，1893年10月，"波兰社会主义者国外联盟"建立了波兰社会党国内组织，即波兰社会党。选举了包括约瑟夫·毕苏茨基在内的中央工人委员会，出版党的机关报《工人报》。该党以恢复民族独立为主要任务，但党的领导在政治思想上并不统一。1894年8月，对俄国无产阶级革命抱有怀疑和不信任态度的右派在毕苏茨基的领导下控制了党的领导权。1919年，普占区波兰社会党①、加里西亚和切欣西里西亚波兰社会民主党②与波兰社会党合并组成统一的波兰社会党。

1901—1904年间，波兰社会党内分为左右两派。左派由一些年轻的党的活动家组成，被称为"少壮派"，右派由党的创始人毕苏茨基等党的老一代活动家组成，被称为"元老派"。"元老派"把波兰独立寄托在帝国主义国家之间的战争上，不相信俄国无产阶级革命。"少壮派"把波兰革命看做是全俄革命的一部分，将建立工人阶级政权和消灭私有制作为党的最终目标。1905年波兰王国革命中，左派把民族解放和争取社会主义的斗争结合起来，把民族独立变为首要目标。革命失败后，波兰社会党抵制沙皇政府举行的第一届和第二届国家杜马选

---

① 普占区波兰社会党，1893年在柏林成立，是当时德国社会民主党的一个分支，享有自治权利。

② 加里西亚和切欣西里西亚波兰社会民主党，1892年在利沃夫成立加里西亚社会民主党，1897年改称加里西亚和切欣西里西亚波兰社会民主党，是奥地利社会民主党的一个分支，该党为合法政党，因而主要目标在议会选举。

举。同时，内部斗争愈演愈烈。1906年，波兰社会党第九次代表大会上，两派发生分裂，少壮派称"波兰社会党左派"，拥有党员4万名，而元老派称"波兰社会党革命派"，有党员1.5万名。

一战之前，波兰社会党革命派奉行亲奥德方针，毕苏茨基参与建立波兰兵团和秘密的"波兰军事组织"，配合德奥军队同俄国作战。波兰社会党左派在一战前成为彻底的无产阶级革命政党，站在反对帝国主义战争的立场上，组织反战运动。

"崩得"。1897年，犹太工人代表在维尔诺召开代表大会，成立了全犹太工人联合会，简称"崩得"。崩得主张同俄国无产阶级合作，为推翻沙皇制度而斗争。它反对民主集中制，主张联邦制，认为只有崩得才是犹太无产阶级的唯一代表，反映出民族主义和分裂主义的倾向。在1905年波兰王国革命中，崩得参与领导工人斗争。1906年，它与波兰王国和立陶宛社会民主党一起加入俄国社会民主工党。一战爆发后，崩得参与积极组织进行反战运动，把反对战争同革命结合起来。

早期的无产阶级政党之间曾有过较深的矛盾。同时并存的两个社会主义政治组织——波兰王国社会民主党与波兰社会党，在政治纲领原则、对社会主义的理解上存在意见分歧，引起两党之间的激烈斗争；波兰社会党与崩得曾展开争夺犹太工人的斗争，并力图控制"崩得"，因而两党成为势不两立的敌人。但随着工人运动的发展，无产阶级政党之间也根据斗争形势需要而联合组织和领导罢工等活动。

农民政党——波兰农民党

奥占区加里西亚是波兰最重要的农业区，农民运动比较激烈。1848年加里西亚民族独立斗争时，加里西亚废除了农奴制并把土地分给农民，从此进入了资本主义发展时期。1861年，加里西亚成为第一个拥有独立宪法和独立议会的省区，1867年，该地区获得了更大的自治权，可以在学校使用波兰语，允许自由组建各类政治和文化组织。1895年7月28日，加里西亚各区的农民在热舒夫召开代表大会，正式成立农民党。农民党是近代波兰第一个农民政党，代表中小农民的利益。该党党纲抨击政府的地主阶级本质，提出修改选举法，实行普遍、直接、秘密的选举。1903年，农民党改名为波兰农民党。1914年8月，农民党参与成立最高民族委员会，支持奥匈帝国和德意志。

右翼政党——国家民主党

19世纪末20世纪初，随着沙皇政府对波兰工业的歧视政策越来越严重，波兰资产阶级，特别是中小资产阶级逐渐由对沙皇政府妥协转而反对沙皇。1887年，资产阶级政党——波兰同盟在苏黎世建立，1887年，波兰同盟改组为民族同盟。该党机关刊物《全波评论》，宣传全波兰的民众团结起来，为实现波兰的民族自治而斗争。1897年6月，民族同盟改组为国家民主党。国家民主党害怕工人运动，反对无产阶级的国际团结，鼓吹民族主义，主张在俄国领导下统一波兰。后有大批地主阶级入党，该党对沙皇的妥协态度越来越明显，1905年革命后，甚至与沙皇政府合作，参与镇压波兰王国的革命。国家民主党先后建立民族工人联合会（1905年）和民族农民联合会（1906年），分裂工人运动和农民运动，煽动排犹运动，制造民族仇恨。一战爆发前，代表波兰王国资产阶级利益的国家民主党倒向俄国和协约国，沙皇政府被推翻后，转而投靠协约国（主要是法国）。1917年在巴黎建立波兰民族委员会。

第三节　早期政党制度

第一次世界大战彻底改变了俄国与波兰的地位。沙皇体制覆灭、布尔什维克十月革命胜利、俄国持续国内战争、德国战败以及一战前夕奥匈帝国的崩溃，为俄国带来了无产阶级革命的契机，俄国成为世界上第一个社会主义国家，同时也为波兰带来了意想不到的实现民族独立的机会，在民族自决原则基础上波兰得以复国。

一、俄国早期政党制度

(一) 1905—1917 年俄国政党政治发展

日俄战争在俄国国内引发了第一次资产阶级民主革命,在政治上加剧了沙皇俄国专制制度的统治危机,推动了俄国政治现代化的进程。1905 年革命爆发后,在人民斗争的强大压力下,沙皇尼古拉二世于 1905 年 8 月 6 日颁布了《建立国家杜马法令》和《国家杜马选举条例》①,计划于次年 1 月召开咨议性国家杜马——布里根杜马。② 但由于该杜马在选举中剥夺了大多数劳动者的选举权,并且本身不具备立法权,不能满足新兴社会力量对政治权利的要求,所以遭到了社会各派别的抵制,尚未召开的布里根杜马因而流产。国内各民族人民联合起来,在更大范围内掀起了革命的热潮,全俄政治总罢工使得受沙皇压迫的无产者和劳动群众的战斗具有了前所未有的规模。面对愈演愈烈的革命形势,尼古拉二世被迫于 1905 年 10 月 17 日签署并颁布了《整顿国家秩序宣言》,即《十月十七日宣言》。宣言承认:杜马有立法权、行政监督权和财政预算权;人民具有人身自由、信仰自由、言论自由、集会和结社自由;全体人民不分信仰和民族在法律面前一律平等。

《十月十七日宣言》实际上承认了俄国国内政党的合法性,一大批原本处于秘密状态的政党公开走上政治舞台,各类工会组织、行业组织和政治党团纷纷成立。俄国政党数量急剧增长,当时俄国共有 100 多个政党和 25 个联合会。③ 但是其中许多政党是徒有其名的"不具备政党功能的伪政党",因而大多如昙花一现,很快在俄国历史上消失

---

① 《国家杜马选举条例》是俄国历史上第一个国家杜马选举条例。
② 由于两个文件都是由内务大臣布里根领导的委员会起草的,所以该杜马也被称为"布里根杜马"。
③ Коргунюк Ю. Г., *Становление партийной системы в современной России*, М: Фонд ИНДЕМ, МГПУ, 2007, С. 125.

了。1905年至1907年是俄国早期政党发展的一个黄金期，俄国政党经历一段较为繁荣的发展时期。当时俄国的政党具备了一切政党基本要素：拥有了一定的群众党员，形成了比较清晰的政治理念，尚未在形势逼迫下出现节节退让的态势，仍然有能力鼓舞其拥护者。从此，俄国开始多党制时期。① 同时，在这一时期，资产阶级政党的建立和资产阶级在全国范围内的政治联合，标志着俄国资产阶级"第一次开始形成为一个阶级，形成一支统一的和自觉的政治力量"，② 也标志着俄国的资产阶级逐渐走向成熟，逐渐趋于联合。③

1905年12月11日，沙皇政府公布了《关于修改国家杜马条例的命令》，保留了为选举布里根杜马而制定的选举制度，降低了获得选举权的财产资格，扩大了选民范围，赋予了工人选举权，但并未对原有的不平等选举原则和制度进行修改。按照该选举制度，第一届俄国国家杜马选举于1906年2—3月举行，共选出478名代表。布尔什维克宣布抵制这次选举，但是有18个社会民主工党的代表以非党方式或其他方式进入杜马，他们主要是孟什维克。社会革命党也对此次选举持抵制态度，因而在第一届国家杜马中没有该党的代表参加。④ 立宪民主党人集中精力积极参加杜马选举，最终获得179个席位和杜马主席团2/3的席位，成为杜马第一大党，在杜马中起到领导作用。十月党人有13名代表参加第一届杜马。极右翼政党没有进入第一届杜马。1906年7月，沙皇尼古拉二世解散第一届国家杜马，并对杜马代表的革命行动进行镇压。

1907年1月—2月，第二届国家杜马选举举行，沙皇政府通过行

---

① 陈新明：《20世纪俄罗斯两次社会大转折中的多党制》，载《东欧中亚研究》，1999年第6期，第26页。
② 列宁：《列宁全集》第16卷，人民出版社1988年版，第116页。
③ 张建华：《俄国史》，人民出版社2004年版，第137页。
④ 另有资料表明，有两名社会革命党代表参加了第一节国家杜马的革命性议会党团——劳动派。见刘显忠：《近代俄国国家杜马：设立及实践》，社会科学文献出版社2007年版，第105页。

政手段干预选举，压制革命政党，协助温和右翼政党。社会革命工党决定放弃抵制，积极利用杜马开展活动。从选出的518名代表的分布状况来看，杜马构成呈现明显两极化，革命派政党人数明显增加，但在第一届杜马中没有代表的右翼政党势力也明显增强。社会民主党有65名代表，在其中55名有表决权的代表中有36人是孟什维克。社会革命党有37名代表，还有一个革命派政党——人民社会主义者（劳动人民社会党）在这一届杜马中有15位代表。立宪民主党人席位减少为98席，但杜马主席和一些主要委员会及分部主席仍由该党代表担任。十月党人获得23个席位，有30个极右翼黑帮组织的代表也进入这一届杜马。另外还有波兰代表46人、穆斯林党团30人和哥萨克代表17人。1907年6月3日，斯托雷平以政变的方式阻止杜马活动，沙皇颁布诏书，宣布解散第二届国家杜马。随后沙皇政府制订了新的"六三"选举法，限制了选区的数目、工人、农民和城市小资产阶级的代表席位。①

1907年9月—10月，举行了第三届国家杜马选举。选出的442名杜马代表②中，社会民主工党有19人。立宪民主党代表为54人，十月党人及其追随者有154人进入第三届杜马，并且杜马主席亦由十月党人担任。在新的"六三"选举法的帮助下，极右翼有50名代表进入这一届杜马，温和右翼及民族主义者有97人。此外还有波兰多个民族党派组成的议员团11人，立陶宛—白俄罗斯选举团7人，伊斯兰教徒8人。这一届杜马内，亲右翼党派势力明显占有优势，起主导作用，具有极强保守性。十月党作为最大的党派要想在杜马中形成主导多数，就需要与立宪民主党或者右翼政党进行联合，因而多次形成了"立宪民主党—十月党"多数派和"右翼—十月党"多数派。1912年6月，

---

① 按照"六三"选举法规定，地主和一等城市选举单位（大资产阶级）代表占复选人比例的64.4%，有选举权的农民占25%，工人占2.4%，这一选举规则是明显有利于大资产阶级和封建地主阶级的。

② 第三届杜马代表人数之后有所变动，1908年为429名，1912年为437名。

第三届杜马任期结束，是唯一完成了五年期限的国家杜马。

1912年10月，第四届国家杜马选举举行。在选出的442名代表中，社会民主工党有14名代表，立宪民主党有59名代表，十月党人有98个议席，并且其代表仍然获任杜马主席一职。进步党在第四届杜马中有48个议席，采取中间立场。右翼的代表人数与上一届人数持平，达到140多人。① 在这一届国家杜马中，极右翼君主派和温和右翼自由派政党的代表比例明显增加，而且，非政党的、职业阶层的代表数量也增加了。② 1914年第一次世界大战爆发后，除了社会民主党对战争持谴责态度，其他各派政党都积极支持战争，主张与沙皇政府保持"神圣的一致"。然而，俄国在战场上的节节溃败引起了国内的"爱国主义恐慌"，1915年8月，立宪民主党、十月党、进步党、中派政党等各派代表236人成立了"进步联盟"③，要求建立社会信任内阁，进行政府改革，但其要求遭到沙皇政府的拒绝。

1917年3月，俄国资产阶级民主革命——二月革命取得胜利，俄国结束了沙皇专制制度。革命后，建立起了以立宪民主党人为核心的临时政府和以孟什维克为主要成员的工兵代表苏维埃。封建制度的覆灭为俄国政党发展提供自由环境，各种政党都非常活跃，俄国国内参加政党的党员人数占居民总数的比例由1907年的0.5%增长到1917年2月后的1.2%—1.5%。④ 随着国内革命形势的进一步发展，俄国社会民主工党布尔什维克在列宁的领导下于1917年11月发动革命，推翻临时政府，成立工农临时政府——人民委员会，新政府成员均为布尔什维克。11月7日晚，第二次全俄工兵苏维埃代表大会召开，出席会

---

① А. И. Зевелев, *Политические партии России: история и современность*, М: РОССПЭН, 2000, С. 93.

② 刘显忠：《近代俄国国家杜马：设立及实践》，社会科学文献出版社2007年版，第212页。

③ 参加进步联盟的代表数后期增加至397人。

④ В. В. Шелохаев, Многопартийность при царе, *Аргументы и факты*, 1995, №46, С. 9. 转引自刘显忠：《近代俄国国家杜马：设立及实践》，社会科学文献出版社2007年版，第121页。

议的625人中有390名布尔什维克代表,会议选举产生的中央执行委员会101名委员中布尔什维克占62名,这表明布尔什维克已经成为具有重要影响力和控制力的政治党派。

(二) 1905—1917年俄国各政党

在俄国早期政党中,左派政党力量强大且组织性较强,它们对专制制度和自由主义中间派都抱有绝不妥协的态度;自由主义"中间派"发展迅速但极为松散,中右派明显倾向于同当局妥协,中左派想要在左翼政党与当局之间搞平衡;右派政党数量众多,但处于无组织状态。① 本文将对左、中、右三类政党中较为重要的几个有代表性的政党状况进行回顾。②

左翼政党——俄国社会民主工党和社会革命党

俄国社会民主工党是俄国最早、组织上最成熟的政党。该党于1906年4月在斯德哥尔摩召开第四次代表大会,布尔什维克和孟什维克参加了此次大会,并且,崩得、波兰和立陶宛社会民主党也以享有自治权的身份回到俄国社会民主工党。在第一届和第二届国家杜马中,社会民主工党的代表多半是孟什维克,两派在杜马中缺少合作,布尔什维克支持左派联盟,而孟什维克则支持立宪民主党。

1907年初,俄国社会民主工党的人数达到16.7万人,其中,布尔什维克的人数约为6万,孟什维克约为5万人,其他各民族社会民主党4.7万人。人员规模是仅次于俄罗斯人民联盟的第二大党。但1905年革命失败后,在沙皇政府的恐怖镇压下俄国国内政治形势恶化,布

---

① Ю. Г. Коргунюк, С. Е. Заславский, *Российская многопартийность*: *становление*, *функционирование*, *развитие*. Фонд ИНДЕМ, 1996. http: //www. partinform. ru/ros_mn/rm_2. htm

② 列宁曾经将当时的俄国政党分为"觉悟的社会主义的无产阶级的政党,激进的或激进化的小资产阶级的、首先是农村小资产阶级即农民的政党,自由派资产阶级的政党,反动资产阶级的政党"等4类(见《列宁全集》第14卷,人民出版社1988年版,第26页)。为了方便后续研究中的比较分析,此处在列宁的分类基础上稍加综合,以左翼、中间派和右翼作为论述结构。

尔什维克和孟什维克各自在内部发生分裂，社会民主工党在群众中的威信下降，社会民主工党党员在1910年减少到1万人，90%以上的组织停止活动，党的活动大多转入地下或在国外进行。布尔什维克和孟什维克之间的矛盾在1908年召开的俄国社会民主工党第五次代表会议上仍然没能得到解决，两派间的分歧越来越大，1912年1月，布尔什维克在布拉格召开第六次代表大会，将"孟什维克取消派"清除出党，与孟什维克彻底决裂，实际上形成了独立的俄国社会民主工党（布尔什维克）。俄国社会民主运动形成了两个最有影响力的党派：代表最普通的无产阶级劳动群众利益的、革命激进主义的布尔什维克与代表熟练工人利益的、社会改良主义的孟什维克。1913年之前，社会民主党在国家杜马中只有一个统一党团，1913年秋，该党团分裂为布尔什维克和孟什维克两个独立党团。

一战爆发后，社会民主运动内部的力量对比发生变化。布尔什维克的力量遭到严重削弱，多名国家杜马中的布尔什维克代表被流放到西伯利亚，地方组织之间联系中断，社会民主党中央被迫转移到国外，导致布尔什维克失去了此前在工人阶级中建立起来的政治领导地位。相反，孟什维克很好的保存了组织机构，国家杜马中的党团继续活动。但是，布尔什维克始终坚持反对战争，列宁撰写了一系列文章、发表大量演说，向无产阶级宣传战争的帝国主义性质，并指出在资本主义发展不平衡状态下俄国国内各种矛盾的激化为俄国进行资产阶级民主革命和社会主义革命提供了条件。二月革命后，沙皇政府被推翻，布尔什维克结束秘密地下活动状态，各地各级组织得到恢复和重建，党员人数也增长到2.4万人。

社会革命党（Партия социалистов-революционеров, эсеров）于1905年12月至1906年1月宣告正式成立，这是一个由知识分子领导、代表工人和农民利益的民粹派革命政党。在1905—1907年间，该党人数已超过6.5万人，各级组织四五百个。社会革命党主张在农村制定农业纲领，认为农业问题是俄国社会面临的最需要解决的经济问题。

该党在其纲领中提出,要通过革命手段将土地私有制变为全民所有制。社会革命党坚持民粹派组织以恐怖活动作为主要革命手段的传统,组建战斗队,加强在中心地区实施恐怖活动,在第一次全党代表大会上提出党的工作重心是"组织、策划、实施恐怖活动"①。社会革命党的恐怖暗杀活动直接导致了沙皇政府秘密警察部门对其实施严厉镇压,甚至在一段时间内党组织被迫解散。该党还对第一、第三和第四届国家杜马选举都采取抵制态度,只参与了第二届国家杜马,并且还号召左翼代表也离开杜马,这种做法直接使其失去了在俄国国内进行合法政治活动的平台。1909 年 5 月,社会革命党内部分裂为主张"立宪恐怖主义"的"少数派"与主张转向合法斗争的"首倡者派",前者很快脱离社会革命党,加入左派社会革命党人同盟。分裂后的社会革命党陷入低潮,但当新的革命高潮到来时该党的活动又逐渐活跃起来,党的团结得以加强。一战爆发后,社会革命党虽然最终仍然未能消除党内分歧,也没有制定出统一的行动纲领,但是该党坚持关注农业和农村问题,巩固了其在农民阶级中的地位,获得绝大多数农民的支持,使其在二月革命后最终发展成为俄国主要政党之一。

自由主义中间派政党——立宪民主党和十月十七日同盟

农奴制废除后,主张俄国"西方化"和建立资本主义制度的"西方派"自由主义思想体系在俄国形成了两个思想中心。一个是自由主义运动的左翼代表立宪主义自由派,其主要政党是立宪民主党;另一个是自由主义运动的右翼代表保守主义自由派,其主要政党是"十月十七日同盟"。

1905 年 10 月,由"解放同盟"改组而来的立宪民主党(Кадеты,后称"人民自由党")成立,该党代表了中下层资产阶级的利益,律师、学者、大学生、教师等知识分子构成其主要的社会成分。历史学

---

① В. В. Шелохаев, *Политические партии России: Конец ⅩⅨ - первая треть ⅩⅩ века*, М: Энциклопедия, 1996, С. 439.

家帕·尼·米留可夫、"解放同盟"的领导人彼·伯·司徒卢威、社会活动家彼得·龙克维奇是该党的领导人。1906年第二次代表大会上，立宪民主党将党的名称改为人民自由党，通过了党的纲领和章程，党的机关报为《言论报》。

立宪民主党是俄国自由主义运动发展的产物，接受了西方自由主义思想的俄国知识分子精英认为，落后的上层建筑——沙皇专制制度越来越不适应国家发展的需要，他们主张通过议会道路对国家进行彻底的变革，将俄国改造成"立宪的和议会的君主国"。立宪民主党人认为资本主义是社会进步的最佳方案，他们反对社会革命的思想，主张社会渐近发展。该党主张清除农村粗暴野蛮的半农奴制剥削方式，建立"典型的"纯资本主义经济；要求工人有言论、集会和罢工的自由，为工人提供工作和社会保障。同时立宪民主党经常表现出对君主制的忠心，因而被称为"陛下的反对派"[①]和"国家的智囊"。立宪民主党中央委员会分为莫斯科分部和彼得堡分部两部分，各省都建立了省委员会，省委有权组建市、县和乡委员会。但是立宪民主党在组织上相当分散，中央与各级地方组织之间的联系较弱。[②]

在第一、二届国家杜马选举中，立宪民主党人利用各种鼓动和宣传手段，争取更多的杜马席位，以图通过和平的议会斗争道路，解决俄国现实社会中迫切需要解决的问题。选举结果使立宪民主党实际上在第一届国家杜马中掌握了领导权，但其在沙皇政府与左翼政党之间采取的妥协策略并不成功，没有得到任何一方的支持。在第二届国家杜马中，虽然立宪民主党的代表人数锐减，但其仍为杜马重要力量。

---

① 李永全：《俄国政党史——权力金字塔的形成》，中央编译出版社2006年版，第43—48页。

② 立宪民主党组织规模发展状况为：1905年10—12月，成立72个组织；1906年1—4月，360多个各级委员会；1906—1907年，党员人数5万—6万人；1908—1909年，有75个各级委员会，人数不足3万；1912—1914年，61个各级委员会，人数不足1万；1914—1917年，50个各级组织；1917年4月，有380多个各级组织，人数达7万人。参见 А. И. Зевелев, *Политические партии России: история и современность*, М: РОССПЭН, 2000, С. 152 – 153.

立宪民主党与十月党联合，准备与沙皇政府合作。在第三届杜马中，立宪民主党人开始对斯托雷平改革感到失望，他们为了推动君主立宪的实施，组织杜马内外的社会力量，广泛利用各种合法形式，推进政治自由改革。立宪民主党人还联合十月党不断向沙皇政府施加压力，引起沙皇政府的不满，杜马提出的改革方案遭到否决，自由派政党被禁止活动。

1905年11月10日，"十月十七日同盟"（又称十月党，Октябристы）成立，1906年2月，在莫斯科召开第一次代表大会，领导人是著名城市自治活动家、大工业家、莫斯科城市杜马代表阿·伊·古契科夫、地方自治代表大会主席德·恩·希波夫，机关刊物是《言论》和《莫斯科呼声报》。十月党是垄断资产阶级的政党，它的社会基础是全俄工商业资产阶级巨头，受到过法律和人文学科高等教育的世袭贵族、商人和荣誉公民在该党中占大多数，绝大多数成员分布于贵族土地所有制相对发达的城市地区。① 该党主张实行君主立宪，国家政权由沙皇、代表资产阶级利益的上院和普选产生的下院——国家杜马三部分共同执掌。在第四届国家杜马中，十月党发生分裂，左翼十月党人同立宪民主党人谈判，希望在杜马中组成一个独立的左翼中心党团，而人数占优的右翼十月党人开始同民族主义者和右翼政党联合。

第一次世界大战爆发前，十月党人支持沙皇政府的外交政策，战争爆发后，该党还宣布停止一切反政府活动，完全支持政府的战争行为。但是，随着资产阶级经济实力、政治联合实力的增强和沙皇政府对一战带来的政治危机的控制力骤减，十月党人开始对沙皇政府产生怀疑。1915年，左翼十月党人和温和自由派党团在杜马中成立进步同盟，批评政府，要求建立杜马信任的"责任内阁"。虽然到1916年11

---

① 1905—1907年10月17日有260个支部，总人数有7万多人。参见 А. И. Зевелев, *Политические партии России: история и современность*, М: РОССПЭН, 2000, С. 110.

月时,进步同盟的主张已经为所有反对派所接受,但是二月革命的发生终结了十月党人的政治发展道路。

右翼君主派政党——俄罗斯人民联盟

当时俄国的右翼君主派政党,大多由早期极右翼政治组织——俄罗斯会议发展而来。最大、最有影响的右翼组织俄罗斯人民联盟(Союз русского народа)于1905年11月在彼得堡成立,其领导人为阿·伊·杜勃罗文,成员多数为贵族和国家官员。该党组织极为松散,到1908年该党成员有35万多人,沙皇政府设立特别基金资助俄罗斯人民联盟。他们成立战斗队,破坏革命政党的活动,经常与反政府的示威者发生冲突。1905年革命失败后,右翼组织的力量得到加强。到1907年初,俄罗斯人民联盟的成员增长到40万人,97%以上的黑帮组织成员居住在俄国的欧洲部分,他们的反动宣传在白俄罗斯和乌克兰等民族地区收效明显,多数黑帮组织成员都着重在欧洲部分的15个省开展活动。黑帮组织的成员将自身的利益诉求寄托于专制政权,这使得他们很难认清自身的现实需求,也没有认识到他们的阶级利益无论如何也不可能与君主制的命运联系在一起的。斯托雷平改革期间,由于对待改革的态度不同,俄罗斯人民联盟发生分裂。以杜勃罗文为首的一派主张无条件回归改革前的专制制度,认为改革会危及君主政体,而以普利什凯维奇为首的革新派则认为应当考虑到存在着议会和反对派政党的政治现实,理解和有条件地支持改革。1908年3月,俄罗斯人民联盟中的教权派组成了新的独立政党——米哈伊尔天使长俄罗斯人民联盟(Русский народный союз имени Михаила Архангела),领导人为普利什凯维奇和尼·叶·马尔科夫。

(三)1905—1917年俄国多党制

在君主立宪制俄国,代表无产阶级、小资产阶级、资产阶级、封建君主以及少数民族利益的各种政党纷纷登上政治舞台,它们参加国家杜马选举,公开宣传政治主张,组织集会活动。由各政治党派代表组成的国家杜马与议会上院——国务会议①共同享有立法权,但任何法律都需经沙皇批准方能生效;国家杜马与国务会议共同享有行政监督权,但没有参与执政的权力;国家杜马还有权利审批国家财政预算,但无权讨论已由沙皇批准的财政收支计划。在这种受封建统治者掌控状况下,各个政治党派之间竞争与合作的关系结构,需要通过对政党的数量和规模、政党意识形态分布、政党的社会渗透程度等政党相关性要素的分析来呈现。

关于1905—1917年间俄国多党制下政党的数量和规模的计算标准,应当参考政党在当时俄国国内政治生活中的影响能力和动员能力,所以早期俄国政党制度中的有效政党应当是(1)参加过1907—1917年间国家杜马选举并有代表进入国家杜马的政党;(2)虽然未参加国家杜马,但其活动对其他政党参与国家杜马选举的行为及国家杜马代表构成产生重要影响的政党。

表2—1 参加1906—1917年俄国国家杜马的主要政党或党团代表人数②

	Ⅰ届	Ⅱ届	Ⅲ届	Ⅳ届
选举时间	1906年2—3月	1907年1—2月	1907年9—10月	1912年10月
任期时间	1906年4月—1906年7月	1907年3月—1907年6月	1907年11月—1912年6月	1912年11月—1917年2月
代表总数	478	518	442	442
社会民主工党	18*	65	19	14
社会革命党	0	37	0	0
劳动派	97	104	14	10

---

① 国务会议是根据斯佩兰斯基国家改革方案于1810年1月由亚历山大一世设立的,是当时的最高立法咨议性机构,其主席和成员都由沙皇选拔官员担任,各部大臣都是国务会议成员。1906年2月,国务会议成为俄国议会上院,是与国家杜马具有同等权力的立法机构,其成员一半由沙皇任命,另一半由选举产生。

② 由于早期俄国国家杜马和各政党、党团的组织稳定性较弱,多次出现政党或党团分裂重组,并且,限于资料搜集的不足,难以对所有数据进行详细考证,因此所列数据仅用于为本研究讨论提供参考。

（续表）

立宪民主党	179△	98△	54	59
十月党	16	23	154△	98△
进步党	0	0	25	48
温和右派和民族主义者党团	0	—	97	120
极右翼政党	0	30	50	65
波兰代表	63**	46	6**	21**
穆斯林党团		30		
白俄罗斯代表		—		
无党派	105	—		7

图表来源：作者自撰

数据来源：俄罗斯国家杜马网站 http://www.duma.gov.ru/100let/4_1_1.html；刘显忠：《近代俄国国家杜马：设立及实践》，社会科学文献出版社2007年版。

△ 表示该届国家杜马主席由该党代表担任。

* 社会民主工党对第一届杜马选举持抵制态度，这18人是以个人名义参加国家杜马的，主要是孟什维克。

** 波兰、穆斯林、白俄罗斯三个民族党团代表总数。

正如上表所示，在至少一届国家杜马中代表人数在代表总数中所占比例超过10%[①]的政党或党团有：1. 社会民主工党（Ⅱ届，12.55%）；2. 劳动派（Ⅰ届，14.04%；Ⅱ届，20.08%）；3. 进步党（Ⅳ届，10.71%）；4. 立宪民主党（Ⅰ届，37.45%；Ⅱ届，18.92%；Ⅲ届，12.22%；Ⅳ届，13.35%）；5. 十月党（Ⅲ届，34.84%；Ⅳ届，22.17%）；6. 温和右派和民族主义者党团（Ⅲ届，21.95%；Ⅳ届，27.15%）；7. 极右翼政党（Ⅲ届，11.31%；Ⅳ届，14.71%）；8. 波

[①] 为方便对比研究，根据当时俄国国家杜马中各党力量对比的状况，暂且将政党计数标准的门槛值设定为10%，此处略去论证过程。

兰、穆斯林和白俄罗斯三个民族党团（Ⅰ届，13.18%；Ⅱ届，14.67%）。社会革命党只参加了一届国家杜马（Ⅱ届，7.14%），所占总代表比例不足10%，但该党对第一、三、四届国家杜马均持有强烈的排斥态度，进行大量反对杜马的宣传，特别是直接影响了广大农民对杜马选举的态度，而且在该党的游说动员下，还曾经出现代表退出国家杜马的情况，可见，社会革命党具有一定程度的"讹诈潜力"，因而社会革命党也应被算做有效政党。因此，1906—1917年间俄国政党制度中符合被计算入有效政党数量的政党或党团共有9个。

表2—2　1906—1917年俄国国内政党规模

	Ⅰ届	Ⅱ届	Ⅲ届	Ⅳ届
最大政党	立宪民主党：37.45%；	立宪民主党：18.92%；	十月党：34.84%；	十月党：22.17%；
代表比例超过10%的政党或党团	劳动派：14.04%；三个民族党团：13.18%；	劳动派*：20.08%；三个民族党团：14.67%；社会民主工党：12.55%；	温右和民族党团：21.95%；立宪民主党：12.22%；极右翼政党：11.31%；	温右和民族党团*：27.15%；极右翼政党:14.71%；立宪民主党：13.35%；进步党：10.71%；
有效政党数量	3个	4个	4个	5个

图表来源：作者自撰

* 由于劳动派、温和右派和民族主义党团是由多个政党组成的党团，其成分复杂，所以虽然其在杜马代表中所占总比例较大，但并不能将其认定为最大政党。

由此表可见，四届国家杜马中，没有一个政党或党团所占比例接近或超过绝对多数，同时，所占比例超过10%以上的政党数量为：第一届3个，第二届4个，第三届4个，第四届5个。根据萨托利对政党规模的分类，当时俄国政党制度的政党规模类似于"有限分裂形式"，即没有一个政党占有接近绝对多数的席位，政党数量较少，一般为3—

5个。第一、二届杜马存在时间极短，尚未形成有效的竞争或合作格局即遭到解散。第三届国家杜马中，十月党若与立宪民主党或极右翼政党二者之中的一个政党结成联盟，即可获得接近绝对多数的代表席位，三党占有绝对多数代表席位，因而形成了一种向心性的政党竞争格局。在第四届杜马中，虽然十月党仍然选择与立宪民主党或极右翼政党合作，但结果只能形成相对多数，难以接近绝对多数，因而竞争格局的向心性较弱，出现一定程度的离心性竞争迹象。第一次世界大战和二月革命的发生对第四届国家杜马造成冲击，导致其并未能常态运转，因此政党竞争格局并不稳定。

这一时期俄国政党的意识形态差别是政党制度的重要特征，前文所述的主要政党的意识形态分布可简要表示如图2—1。从四届国家杜马中政党意识形态分布来看，左翼政党力量在第一、二届杜马中有所增长，但之后逐渐减弱；中派政党在杜马中的力量较为强大，特别是在第一、三、四届杜马中，即使在绝对力量不占优势的第二届杜马中，中派政党也占据了杜马主席一职。第三届杜马的中派政党代表比例优势最明显，政党竞争形成了相对稳定的格局。右翼政党的整体力量逐渐增大，这是沙皇政府控制下的政党制度发展必然趋势。

1905年政党地位合法化后，特别是在1905—1907年革命期间，俄国国内出现了一百多个政党，其中一半是全国性政党，还有一半是民族性政党。革命期间，各政党分别召开代表大会，大量吸收成员，创办报纸，在民众中进行鼓动宣传，开展广泛的社会动员。俄国各政党的社会影响力明显增强，社会渗透度加大。到1907年，俄国社会民主工党共有11万党员（布尔什维克有6万，孟什维克有5万人，若将崩得以及波兰、立陶宛和拉脱维亚的社会民主党人都计算在内，共有15至17万人）；社会革命党在全国共有510个支部，6.5万党员；立宪民主党有5至6万党员；十月党有260个支部，7.5至7.7万党员；俄罗斯人民联盟有40万党员，当时俄国国内加入了政党的人占总人口数的0.5%。政党成员范围涉及工人、农民、知识分子、官员、教师、学生、

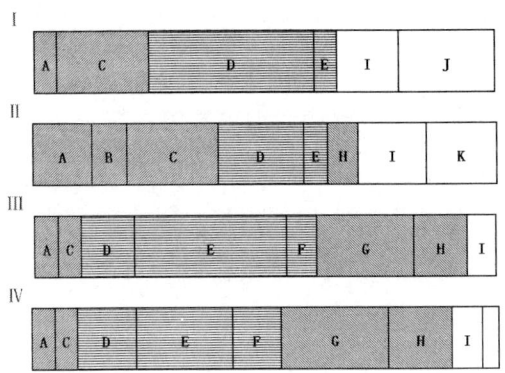

图表来源：作者自撰

▨ 左翼政党或党团：A 社会民主工党；B 社会革命党；C 劳动派；
▤ 中派政党：D 立宪民主党；E 十月党；F 进步党；
▧ 右翼政党或党团：G 温和右派和民族主义者党团；H 极右翼政党；
□ 其他：I 波兰、穆斯林和白俄罗斯三个民族党团；J 无党派；K 其他。

图 2—1　1906—1917 年俄国国家杜马中政党意识形态分布

教职人员、商人、企业主等不同社会阶层。1905 年革命结束后，政党规模普遍缩小，政党对社会的渗透力普遍下降，左翼政党表现最为明显，社会民主工党的党员数减少到 3.5 万人（其中布尔什维克 2 万人，孟什维克 1.5 万人）。1917 年二月革命的发生直接引起了俄国政党活动的又一次高潮，参加各种政党的党员人数占人口总数的比例已经达到 1.2%—1.5%。① 尤其是左翼政党发展很快。当时，参加社会民主工党（布尔什维克）的党员约有 40 万人，孟什维克有 14 万人；参加社会革命党的党员有 70 万人；立宪民主党规模有所扩大，入党的人数有 7—8 万人。左翼政党，特别是布尔什维克的迅速发展，是由于该党通过提出受农民欢迎的土地问题纲领而获得了占人口 80% 的农民的支持，即使大多数农民并不知道"国内存在着哪些政党及他们之间有什么区别，

---

① 据估计，由于一战爆发、饥荒、恐怖事件、波兰等民族国家独立等原因，俄国人口数量大幅下降。1914 年战前俄国帝国境内总人口为 1.657 亿，到 1917—1922 年，仅有 0.91 亿。

也没有真正理解民主、自由、法治国家的观念"①。可见，1905—1917年间，俄国国内政党对社会的渗透程度呈现出明显的 U 型曲线特征，渗透度的不稳定性造成政党间竞争格局的急速变化，这也是当时俄国政党制度特点之一。

当时的俄国的确出现了形式上的多党制，代表不同阶级利益的政党之间在国家杜马、选举以及社会动员等场域展开竞争或合作，有初步成型的政治光谱，有明确的选举规则。然而，这种政党制度却受到沙皇封建政权的控制和摆布。沙皇政府为了维护自身的统治利益，一方面颁布具有极强倾向性的选举法，另一方面，利用强行解散议会、流放政党代表、暗杀、镇压等强制手段，削弱左派和中间派政党的力量。俄国早期的政党制度被俄罗斯学者称为"空中楼阁"，因为，俄国早期政党缺乏坚实的社会基础，人民群众既不理解也不接受政党作为政治生活的组成要素，同时俄国缺少中产阶级，缺乏深厚的民主传统，尚未建立起法律制度体系，公民政治权力得不到保障，没有意识到私有制的作用和意义。② 有意思的是几乎所有上述状况与20世纪末21世纪初的俄罗斯情况有着惊人的相似。

（四）1917年二月革命后俄国政党政治状况

二月革命推翻了沙皇统治，封建君主专制时期的整套政治制度体系亦随之覆灭。在这个没有了强权也没有任何规制约束的社会，诸多矛盾和冲突迅速爆发，各种相互敌对的势力公开冲突。受到封建制度压制的社会冲突大肆泛滥，农民问题、工人问题、民族问题以及战争和粮食问题都是当时主要社会问题。农民要求彻底剥夺地主的土地，要满足雇佣工人的要求则会导致工厂主做出让步和承受损失，民族地区，特别是波兰、芬兰和波罗的海地区的人民则要求消除一切民族或宗教歧视现象，并且要求民族地区独立，成立自己的国家。1917年秋，

---

① 刘显忠：《近代俄国国家杜马：设立及实践》，社会科学文献出版社2007年版，第265页。

② Шелохаев В. В., Многопартийность висевшая в воздухе, Полис, 1993, № 6, С. 171.

俄国的欧洲地区出现了严重的粮食危机，农民反对粮食垄断的行动"演变成了针对被派往农村维持秩序的政府军队之间的抗议活动"①。取消了警察机构的俄国，酗酒闹事、刑事犯罪事件频发，为政府威信和社会秩序的重建带来诸多困难。

对社会问题的不同态度导致左翼政党之间发生明显的分裂，社会革命党与孟什维克有相近的主张，他们同布尔什维克在民主的条件以及是否实行专政的问题上产生分歧。在俄国产生了"两种完全不同的社会民主主义政治文化，一种是布尔什维克式的对抗性的激进主义，另一种是孟什维克式的倾向妥协的文化"②。立宪民主党人是以维护自由民主为目标，但面对当时的国内形势，他们没有能使国家和民族免遭灾祸的办法，也无力于领土受侵和经济崩溃之际挽救国家，因而他们越来越倾向于支持帝国主义战争。

1917年二月革命之后，临时政府和苏维埃两个并存的政权，主要将注意力集中于争夺政治权力，从而使得政党成为当时俄国政治活动的真正主体，他们进行民众动员、重新吸收政治精英、寻求设立新的政治议题。当时，俄国的几个主要政党的规模迅速扩大，成为大众型政治组织，基层组织急速增加，组织机构亦随之完善起来。社会革命党增长速度最快，其成员人数已经达到近100万，社会民主党的增长速度次之，布尔什维克和孟什维克成员总数在8月达到20万。君主制度覆灭后，十月党不复存在，其成员大多转而成为立宪民主党人。立宪民主党成为各类政治力量中最右翼的政党，党员人数达到7万人。

在政治光谱中，左派政党占据了绝对优势，其他政治力量不再能对其构成威胁。虽然立宪民主党在彼得堡和莫斯科仍然有较大影响力，但其余地区已经全部被社会民主党和社会革命党占据，因而俄国国内

---

① Кабытова Н. Н., Политические партии в российских революциях в начале XX века. М. Наука, 2005, С. 281.

② Тютюкин С. В. Меньшевики Политические партии России: история и современность. М: РОССПЭН, 2000, С. 70.

政治竞争的焦点成为左翼政党之间的竞争。与社会民主党相比，社会革命党人数比布尔什维克和孟什维克两派的总人数还多，但其成员素质却并不具有优势，"党内经受过锻炼的老党员被新加入的所谓'三月革命党人'取代……社会革命党仍未形成有代表性的思想、统一的战略和团结的组织。"① 社会革命党内部从领导层到基层组织出现了严重的左派和右派之间的矛盾，导致1917年秋该党完全分裂成为两个独立的政党组织。立宪会议选举时，社会革命党右派单独提出了参选候选人名单，左派革命党人则更倾向于赞同布尔什维克提出的竞选计划。"布尔什维克革命之前，社会革命党的上层和地方组织都始终充满分歧和混乱"。② 孟什维克内部也存在类似状况，渐行渐远的左、右两派都有各自相互独立的自治组织，也正因此，孟什维克一般被认为是一些独立政治团体的组合，而不是真正意义上的统一的政党。

1917年春，社会革命党人同孟什维克结成联盟，他们集中力量参与在竞选程序范围内开展的竞争，在选举时其他政党难以与之匹敌。1917年举行的84个城市杜马选举中，社会革命党人获得44%的选票，孟什维克获得8%的选票，该联盟得到了多数选票。1917年11月举行的立宪会议选举中，社会革命党候选人获得了40.4%的选票。农民更希望能由代表农业阶层利益的人执政，因而在有四党参加的新的比例代表制政党选举中，他们把选票投给他们较为熟悉的社会革命党。然而，社会革命党人和孟什维克错误地估计了形势，他们在选举中获胜并不意味着他们取得了真正胜利。虽然农民可以保障社会革命党取得大多数议席，但是在工业化国家最终起决定作用却是城市市民。而且，当时军队士兵拒绝继续作战，也对事态发展起到一定的作用。社会革命党赢得了选举的胜利，却输掉了城市市民和军队士兵的支持。

---

① Ерофеев Н. Д. *Социалисты-революционеры (середина 90 - х гг. ⅩⅨ в. - октябрь 1917 года)*, С. 203 - 204.

② Ерофеев Н. Д. *Социалисты-революционеры (середина 90 - х гг. ⅩⅨ в. - октябрь 1917 года)*, С. 209.

与社会革命党不同，布尔什维克从一开始就把目标指向夺取政权，而不是赢得选举的胜利。在很大程度上，这取决于他们的理论学说是否预见到无产阶级专政的建立，而早期政权是掌握在孟什维克手中的。布尔什维克将大部分精力用于在士兵中做工作，建立自己的军事化组织。1917年6月，布尔什维克在街头示威游行高潮时，发起了首次夺取政权的尝试，但以失败告终，并导致短期内党组织重新转入地下活动。政治斗争的形式逐渐从鼓动宣传转入到公开暴力冲突，各个领域都出现了越来越混乱的状态。

实际上，导致这种混乱状态的真正原因并不是左派政党，而是来自卡尔尼科夫将军领导的军队指挥官组成的右派政党，他们得到了包括立宪民主党人在内的右翼力量的支持。选举失利导致其领导层多次反对在军事独裁国家建立临时议会制度，到1917年8月米留可夫领导的立宪民主党中央已经有大多数成员表示赞成这一主张。

君主制度的覆灭导致政治机制整体运行环境的彻底改变，同时也改变了俄国政党制度在国际政治制度中的地位，使其从次要的外围制度变成为政治制度的核心组成部分之一。当时俄国动荡的政党制度的特点是：所有的政党都意识到他们无力控制政党制度的发展，政党光谱急剧变动，几乎毁灭了每一个参与其中的政党。1917年，政权从一个政党手中转到另一个政党手中，给这些掌权的政党带来创伤和重创，直到其中一个政党以消灭所有竞争对手的最为激进的方式结束了这种混乱形势。

尼古拉二世退位之后，表面上政权掌握在由第四届国家杜马中的进步派代表组成的临时政府手中，第四届国家杜马的组成基础是立宪民主党人和一些十月党人的进步派。但实际上，临时政府的权力在其他人当中是极为有限的，因为当时在莫斯科出现了另一个平行的政权机构——工兵代表苏维埃。社会革命党人和孟什维克在苏维埃组成中占有绝对优势，他们承认临时政府有最高领导权，但是苏维埃本身能随时转化为保卫政权的武器，使得政治形势陷入极度混乱之中。

由于立宪民主党是唯一在1917年二月革命时没有遭到严酷镇压的反对党，因而该党在临时政府中占有优势地位。随着左派政党重新公开活动并扩大组织，临时政府"变红"了——到秋季社会革命党和孟什维克中的社会主义者已经在临时政府中占大多数。但是革命党和孟什维克参与政权与其说是扩大了，还不如说是减弱了所有这些政党的政治性。他们的领导人"缺乏坚定地决策执行力，并没有考虑到由于不能接受妥协协议，政党有可能发生分裂"，"除了布尔什维克成功的宣传和策划活动之外，其他政党长期分裂状态导致的无所作为"[①] 最终引起了十月革命。

二、波兰早期政党制度

1918年11月11日，在长达123年的时间里处于分裂状态的波兰重新获得独立，建立波兰共和国，历史上称为波兰第二共和国。100多年的分裂历史留给波兰的是"六种货币、五个有独立行政权的地区、四种军队指令语言、三个法典以及两种铁路规格"[②]。而且，波兰还成了一个多民族国家，波兰人仅占人口的2/3，其他民族有乌克兰人、犹太人、白俄罗斯人和德意志人等。建国初期，巩固国家独立是波兰第二共和国的主要任务。虽然，有观点认为，一战后波兰的状况并不适合发展西欧式的政党政治。但是，波兰议会中有右、中、左三个派别、多个政党，合法政党在国民议会的参议院、众议院选举以及总统选举中展开竞争或合作，争夺立法和行政权力，波兰多党制的政党制度开始出现。当时的多党制还很脆弱，谋杀、政变、随意修宪等非法手段都曾出现在政党政治舞台上，当时的波兰也缺少能将各类政党都纳入合法政治范畴的制度选择。

---

① Волобуев О. В. *Меньшевики в условиях кризиса правительственной коалиции осенью* 1917 *года*. С. 312.

② DaviesNorman, *God's Playground*, Oxford：CharedonPress，1981.

(一) 议会民主制时期 (1918—1926)

1919年1月20日，波兰立宪议会举行选举。1921年3月17日，立宪议会一致通过了波兰共和国宪法，史称"三月宪法"。宪法规定，由参议院和众议院组成的国民议会拥有立法权，总统和政府拥有行政权，独立法院拥有司法权。宪法确认了波兰是实行议会制的资产阶级共和国，因而"三月宪法"标志着波兰开始实行共和政体和议会内阁制（现称多党议会民主制），① 多党制的政党制度出现。但是"三月宪法"在极端多党制度的轮替方面存在先天不足，同时这种制度还面临着来自经济政策、土地改革、少数民族地位以及军队在政治体系中的定位等关键问题带来的强大压力，这几乎注定了新生多党制的失败。②

这一时期的政党大多在议会参与合法活动，国家民主党与基督教民主党组成的"基督教民族统一同盟"是议会右翼，波兰农民党"彼雅斯特"属议会中派，波兰社会党、波兰农民党"解放"等为议会左翼。同时也有一些政党将秘密社会运动作为主要活动方式，其中最主要是波兰共产主义工人党，即后来的波兰共产党。

波兰共产主义工人党（波兰共产党）。1918年12月，波兰王国和立陶宛社会民主党与波兰社会党左派合并组成波兰共产主义工人党，1925年，该党名称改为波兰共产党。这是欧洲国家最早建立的共产党之一。波兰共产主义工人党在第一次代表大会提出的"政治纲领"和"告波兰无产阶级书"中提出，波兰工人运动的首要任务是实现社会主义革命，建立无产阶级专政；世界革命会立即胜利，一切民族问题和民族冲突都将在世界革命时解决。波兰共产主义工人党建立后，提出"全部政权归苏维埃"的口号，力图把苏维埃转变成无产阶级专政的工具。波兰共产主义工人党拒绝参加1919年立宪议会选举，把全部精力放在工人代表苏维埃的组织工作上。波兰各地区的先进工人在该党领

---

① 高德平编：《波兰》，社会科学文献出版社2005年版，第54页。
② StenBerglund, Jan Ake Dellenbrant, *The New Democracies in Eastern Europe: Party Systems and Political Cleavages*, England: Edward Elgar Publishing Limited, 1991, p. 41.

导下，建立了许多工人代表苏维埃，但遭到了社会党的分裂和当局的镇压。1919 年 11 月初，苏维埃运动和无产阶级运动都遭到失败。波兰共产主义工人党坚持无产阶级国际主义，有超过十万的革命者参加了俄国十月革命。1922 年，该党成立了合法组织"城乡无产者联盟"①以参加国民议会选举，在选举中共获得 1.4% 的选票和两个议席。

在 1923 年 9 月至 10 月举行的第二次代表大会上，波兰共产主义工人党的思想发生转折。它认识到无产阶级、农民和一切被压迫的少数民族是波兰革命的三大力量，还通过了《土地纲领》，提出"土地归农民"的口号，大会还批准了关于民族问题的报告，支持白俄罗斯和乌克兰人民的民族自决权。二大使该党克服了忽视农民的革命力量和拒绝民族自决的左倾错误，成为比较成熟的列宁主义政党。由于受到俄共（布）内部斗争的影响，波兰共产主义工人党在第三次代表大会（1925 年 1 月—2 月）上把反对"右倾机会主义"作为自己的主要任务，完全抛弃了二大的正确路线。1925 年 11 月—12 月召开的四大，恢复了二大路线。

波兰社会党。1919 年 4 月，波兰社会党、加里西亚社会民主党、普占区波兰社会党合并，统一成立波兰社会党。波兰社会党主张通过和平途径建立代表工人和农民利益的社会主义政府，拒绝无产阶级专政和通过社会革命建立社会主义原则，强调在议会范围内进行改革和争取更广泛的民主自由。该党将主要力量投入议会工作，在 1922 年议会选举中获得 41 个议席。1920—1921 年，社会党领导人内部分裂，反对分裂苏维埃和与资产阶级政府妥协的左派领导人先后两次脱离社会党，加入波兰共产党。1918—1926 年，波兰社会党在政府中占绝对多数，该党受到了几个代表少数民族利益的政党支持。②

波兰农民党——"彼雅斯特"和"解放"。第一次世界大战期间，

---

① 波共当时属于非法的秘密组织。
② Blackwood Lee, "Czech and Polish National Democracy at the Dawn of Independent Statehood, 1918 – 1919", *European Politics and Societies*, 1990.4 (fall).

波兰农民党内部发生分裂，形成了多个农民政党，其中主要有波兰农民党"彼雅斯特"和波兰农民党"解放"，此外还有波兰农民党左派、激进农民党、农民联盟等小党。波兰农民政党在议会中占有重要地位。"彼雅斯特"是议会中派，与国家民主党和基督教民主党比较接近，三党曾于1923—1926年联合组阁。"解放"党属于议会左派，同波兰社会党较接近。两党的主张也有很大分歧，"彼雅斯特"主张温和、有偿的土地改革，"解放"主张激进、无偿的土地改革。这一矛盾是波兰土地改革难以真正实施的重要原因。1923年，"彼雅斯特"在政府组阁过程中出现分裂，14名议员和3名参议员脱离了该党，另组新党。

国家民主党。国家民主党以上层中产阶级为基础，奉行传统天主教的意识形态，排斥少数民族，特别是德意志人和犹太人。在1922年国民议会选举前，该党领导基督教民主党等右翼政党组成"基督教民族统一同盟"，简称"赫耶纳"。国家民主党认为西欧的自由主义不符合波兰国情，相反该党主张为了维持国家独立，个人的权利和自由要服从民族国家的需要。

在1919年立宪选举后，波兰国家民主党在议会实力最强。[①] 1922年11月，国民议会选举举行。在众议院，右翼的"基督教民族统一同盟"获得了29%的选票，中派政党获得了24%的选票，左翼政党得到了25%的选票，少数民族政党得票16%。[②]

同年12月，波兰举行首届总统选举。得到左翼、波兰农民党"彼雅斯特"和少数民族议员支持的波兰农民党"解放"候选人加·纳鲁托维奇当选。但几天后，国家民主党因对在总统选举中的失败不满，策划谋杀了刚刚宣誓的新总统。可见，当时波兰各党派之间斗争十分激烈。

---

① 当时议会中最大的政治派别是由国家民主党控制的全国民粹主义者联盟（National Populist Union）。参见 Tomáš Kostelecky, *Political Parties after Communism: Developments in East-Central Europe*, Washington: Woodrow Wilson Center Press, 2002, p. 26.

② 刘祖熙：《波兰通史》，商务印书馆2006年版，第368页。

1923年5月,"基督教民族统一同盟"与波兰农民党"彼雅斯特"组建联合政府,它代表了资产阶级和地主阶级的利益,因而遭到波兰社会党、波兰农民党"解放"、波兰共产主义工人党等左翼政党和少数民族代表的强烈反对。同年12月,由于国家经济危机严重,通货膨胀达到历史最高值,罢工运动此起彼伏,导致"赫耶纳——彼雅斯特"政府倒台。新政府成立后,与1924年着手币值改革,正式启用"兹罗提"作为国家货币,颁布土地改革法令,但由于通货膨胀再度加剧,该政府执政仅两年就宣告下台。这样,1918—1926年,经济危机导致极度通货膨胀,加之议会内部分裂严重,导致政府更迭异常频繁,期间共更换了14位政府总理,[1] 政治极不稳定。

(二)独裁制度时期(1926—1939)

1926年5月,毕苏茨基发动军事政变,推翻了当时的波兰维托斯政府,夺取政权,史称"五月政变"。从此,波兰开始了现代史上的独裁政权时期。毕苏茨基在掌权后,保留了议会民主制和多党制,并承认宪法的地位,他通过合法途径逐步建立起一种由军人执掌政权的资产阶级专政独裁。[2] 1926年8月,国民议会通过了由毕苏茨基授意政府提出的宪法修正草案,改变了1921年宪法中弱总统强议会的规定,大大提高了总统和政府的权力,严重地削弱了议会的权力。毕苏茨基政府打着"国家政治健全化"的旗号,在军队和各级政府中开始大量清洗反对派,推行铁腕政治,并由此得名"萨纳奇政府"[3]。五月政变是对波兰第二共和国宪政和议会体制的一次巨大冲击,毕苏茨基实际上成为凌驾于议会和所有政党之上的独裁者,议会制和多党制名存实亡。

---

[1] Donnorummo Robert, "Poland's Political and Economic Transition", *East European Quarterly*, 1994 June, pp. 259 – 279.

[2] 除捷克斯洛伐克外,在东欧各国都发生了类似的军事政变。东欧历史学家认为,这是资产阶级的一个集团反对另一个集团的斗争,这种独裁制度是介于资产阶级议会民主制与法西斯制度之间的一种独特的国家制度。参见刘祖熙:《波兰通史》,商务印书馆2006年版,第394—395页。

[3] "萨纳奇"是波兰语"健全化"一词的音译。

毕苏茨基虽然夺取了政权，但没有民间组织的支持，其合法性不能得到承认。因而，毕苏茨基的亲信组织了"同政府合作的无党派同盟"。加入该同盟的有军人、保守派贵族、知识分子，也有许多来自少数民族党派等其他政党的脱党叛变者。在1928年3月举行的第二届国民议会选举中，萨纳奇政府挪用了大量公共资金投入竞选，但"同政府合作的无党派同盟"与其他亲政府团体仅获得25%的选票。其他派别得票率分别是，左翼政党30%（波兰社会党13%，波兰共产党2.5%），右翼政党8.7%，中派政党10%，少数民族24%。虽然在萨纳奇政府操纵下，"同政府合作的无党派同盟"得到了超出其得票比例的众议院议席，甚至比与其得票率相近的少数民族的议席数量多出近1/2，但是毕苏茨基仍然对左翼政党领导人以多数票当选议会议长非常不满。政府与议会之间的冲突最终导致"上校政府"的上台。

1929年4月，毕苏茨基的多名亲信军官进入政府，其中希维塔尔斯基少校担任政府总理，包括3名上校在内的其余6人也均担任部长职务，建立起军人掌控的政府。该届政府以及之后几届以军人为首的萨纳奇政府，在历史上被称为"上校政府"或"铁腕政府"，独裁制度也真正建立起来。

为了维护议会民主，反对独裁，1929年，波兰社会党、波兰农民党"解放"和农民党三个左翼政党与波兰农民党"彼雅斯特"、基督教民主党、国家工人党三个中派政党组成"中左联盟"。萨纳奇政府使用公开镇压和逮捕陷害等手段迫害中左联盟各党派领导人，并使用出版物审查制度压制中左联盟的活动。这种高压政策帮助"同政府合作的无党派同盟"在1930年提前举行的议会选举中获得胜利，该同盟获得近半数的选票，而中左联盟只获得17.7%的选票，这使萨纳奇政府在议会中扫清了实施独裁统治的障碍，权力极端强化。

在萨纳奇政府的高压和恐怖政策下，国民议会于1934年4月通过了一部反民主的极权宪法"四月宪法"。其中规定，总统拥有无限的权力，只对"上帝和历史"负责。议会权力进一步受到削弱，权力中彻底转到总统手中。1935年毕苏茨基病逝。军人统治集团内部发生权力争斗，逐渐发展成具有至少两个权力中心的松散联盟，"同政府合作的非党派同盟"被解散。1937年2月，成立了由军人领导的"民族统一阵营"。

1929—1933年，世界经济危机席卷波兰，工人运动随之高涨。波兰共产党宣传和组织了多次工人罢工运动，但由于指导思想和形势认识上的错误，共产党在群众中的影响力却严重减弱。1935年，为响应共产国际建立工人阶级统一战线的号召，波兰共产党和波兰社会党开始合作，两党联合了于1931年3月由波兰农民党"彼雅斯特"、波兰农民党"解放"和农民党合并而成的新的农民党，展开了大规模政治斗争。就在斗争形势最为严峻之时，斯大林领导的共产国际突然宣布波共领导人中有萨纳奇政府的间谍，并于1938年做出解散波兰共产党的决定，波共多名领导人遭到逮捕和杀害。

（三）两个政权并存时期（1939—1945）

第二次世界大战开始后，波兰政府主要领导人在罗马尼亚被捕，国家政权陷入瘫痪。1939年9月30日，波兰流亡政府在法国巴黎成立，参加流亡政府的有：国家民主党改组成的国民党、由基督教民主党等组成的劳动党、农民党和波兰社会党解散[①]后右翼组成的"波兰社会党（自由、平度、独立）"。1940年，流亡政府在国内设立代表处，领导国内抵抗运动。

德国占领期间，波兰左翼政党纷纷组织各类秘密组织和游击队，武装抗击侵略者。如农民党建立了"农民卫队（农民营）"，波兰社会党左翼建立了"战斗民警队"，被解散了的波兰共产党人组织了"人民波兰"、"解放斗争同盟"、"锤子与镰刀"等。1942年1月5日，波兰共产党人在华沙召开建党会议，宣布建立波兰工人党（PPR）。波兰工

[①] 1939年9月底，波兰社会党宣布解散。10月，右翼党人重新建立了"波兰社会党（自由、平等、独立）；1940年9月，左翼社会党人建立了新党"波兰社会主义者"。

人党在纲领中提出建立反法西斯民族阵线、实现民族解放和社会解放。随后，波兰工人党组建了党的武装组织——人民近卫军和党的青年组织——青年斗争联盟，在全国开展反法西斯的游击战争。

1943年底1944年初，在苏联支持下，来自波兰工人党、波兰社会主义工人党①、农民党、崩得、无党派人士以及知识分子的代表，召开全国人民代表会议第一次会议，宣布成立全国人民代表会议，作为国家最高权力机关，代行议会职权，领导"全国人民一起为自由、独立和主权的波兰而斗争"。②1944年7月，全国人民代表会议组建了政权机关——波兰民族解放委员会。1944年7月22日，波兰民族解放委员会发表《告波兰人民书》，宣布波兰人民政权诞生，史称"七月宣言"。至此，波兰出现了两个政权并存局面。1944年12月31日，波兰民族解放委员会被改组成为波兰共和国临时政府。

---

① 波兰社会主义工人党是于1943年4月由波兰社会党左派改组而成，1944年再次恢复波兰社会党的名称。
② 刘祖熙：《波兰通史》，商务印书馆2006年版，第452页。

第三章 俄罗斯与波兰政党制度变迁的历史条件

第一节 社会主义政党制度的建立

一、社会主义苏联一党制的建立

十月革命后,全俄工兵农代表苏维埃一度是一个多党参政、执政的机构。① 布尔什维克同左派社会革命党人也曾在政府中进行过愉快的和睦的联合执政实践,但是经过"战时共产主义"、布列斯特和约、国内战争的考验和新经济政策的实践,布尔什维克党逐渐同孟什维克和社会革命党人分道扬镳。到1922年,确立了布尔什维克一党执政的局面。

1918年1月5日,俄国在十月革命刚刚取得胜利后召开了立宪会议。立宪会议代表席位通过普选产生,具体比例为:以社会革命党和孟什维克为主的小资产阶级民主派占62%,布尔什维克占25%,立宪民主党及其他党派占13%。如此构成的立宪会议是刚刚通过武装斗争夺取了政权的布尔什维克所不可能接受的,因而立宪会议开幕第二天,

---

① 李永全:《俄国政党史——权力金字塔的形成》,中央编译出版社2006年版,第276页。

即被人民委员会下令解散。立宪会议曾是俄国早期革命时期就已提出的奋斗目标，曾是各类型革命党派的共同诉求，曾被当做俄国政治制度变革的起点，但其仅仅存在一天即告结束，开启了苏联一党制体制建立的进程。

左派社会革命党是唯一与布尔什维克党实现联合执政的政党。左派社会革命党人在十月革命期间支持布尔什维克，与布尔什维克共同发动和领导了十月革命，革命胜利后，左派社会革命党人与布尔什维克实行联合执政。① 1918年3月在是否签订布列斯特和约以及同年5月在是否实行余粮征集制问题上，布尔什维克与共同联合执政的左派社会革命党产生了严重分歧，最终导致两党出现暴力对抗，布尔什维克对左派社会革命党的态度也随之发生急剧转变。虽然在1919年至1921年间，布尔什维克仍然允许左派社会革命党人继续公开活动，但社会革命党继续参与叛乱、暗杀、武装暴动等行动，使得到1922年左派社会革命党的大部分成员被布尔什维克逮捕或被驱逐出境。左派社会革命党人从向布尔什维克靠拢到参加十月革命和参加人民委员会，再到武装反对苏维埃、直至很快消失在政治舞台上的短暂历程，同时也正是布尔什维克迅速走向一党执政的过程。在1923年和1924年，社会革命党和孟什维克党组织先后宣布解散，部分左派社会革命党人在此之前也加入了布尔什维克党。有观点认为，苏俄政权从多党联合转变为布尔什维克一党执政，从而对苏维埃政权的民主性产生了负面影响，这一影响随着时间的推移越来越严重，一直演变为党政不分、以党代政、"领袖专政"。②

由多党参政转变为一党执政，虽然是苏联历史上极为短暂的一个时期，但它奠定了之后苏联政党制度的根基，当时的布尔什维克领导层为苏联选择的政党制度亦成为苏联政治体制的核心组成部分。苏联

---

① 1917年12月3日，左派社会革命党人召开第一次代表大会，宣布与社会革命党最终彻底决裂，正式宣告成立左派社会革命党。
② 陆南泉等主编：《苏联兴亡史论》，人民出版社2004年版，143页。

政党制度道路的选择实质上是先战争后内乱的国内形势与布尔什维克武装夺取政权的执政理念共同作用的结果。这种选择几乎是将该国的多党政治发展扼杀在萌芽期，从而在政党政治发展历程中成长出一种前所未有的独特形式——党国体制。

二、社会主义波兰一党执政多党联合制度的确立

二战结束后，东欧国家的政治和经济发生了翻天覆地的变化。"社会主义大家庭"中所有国家的内外政策都以维护社会主义阵营的利益为原则，因而受苏联的监督和影响较大。随着共产党之外的党派或解散或加入了由共产党领导的阵线型政党联盟，东欧国家的政党制度从人民民主制度下的多党制转变成社会主义制度下的一党制或一党领导下的多党联合制度。东欧社会主义国家大都保留了议会和地方议会，但由于没有反对派参加，议会竞争性选举被议席分配制所取代。

从政党间关系的角度考察波兰人民共和国时期的政党制度，有波兰学者将其发展过程进行了划分。1944—1947年，政党间公开竞争的多党制，促进了左翼政党的巩固；1947—1950年，波兰工人党主导下的政党合并，强制清除非共反对派；1950—1956年，中央集权化的波兰统一工人党确立了在政党联盟中的主导地位，并以此按照统一工人党的方针原则对工人阶级以外的其他社会阶级和阶层施加影响；1956年至60年代中期，统一农民党和民主党复兴；60年代中期到1980年，联盟党的稳定与局部衰落；1980—1988年，联盟党再次兴起与社会政治多元化；1989以后，多党制逐渐发展。[①] 虽然这种分期的原则和方法都有值得商榷之处，但由此至少可以看出，波兰人民共和国的一党制发展经历了极为曲折的过程。

---

① Sten Berglund, Jan Ake Dellenbrant, *The New Democracies in Eastern Europe: Party Systems and Political Cleavages*, England: Edward Elgar Publishing Limited, 1991, p. 44.

一党制的确立（1945—1949）

1945年6月28日，波兰临时政府与流亡政府达成协定，在莫斯科成立民族统一临时政府，实际上这是一个波兰工人党领导下的各党派参加的联合政府。当时参加政府的有波兰工人党、波兰社会党、农民党①、民主党和劳动党。② 人民政权成立后，实行一套政治经济政策，安顿"收复领土"的居民，实施土地改革和民族一体化。战后由于与苏联和德国重新划定边境线，波兰领土大大向西移动，波兰由一个少数民族人口占1/3的国家变成为一个单一民族国家。

政党概况

波兰社会党是二战前最大的工人阶级政党，合法参与政党竞争的历史较长，其在工人阶级以及进步知识分子中影响力较大，还有一支政治上训练有素的干部队伍。因此，波兰社会党是战后初期波兰的一支强大的政治力量，其影响范围远大于波兰工人党。波兰社会党倾向于进行社会改革。

纳粹占领波兰期间，波兰工人党的社会基础相对较弱。该党强调在工人阶级中的领导作用，推动工农联盟。虽然得到苏联的支持，但其政治吸引力不强，因此需要联合其他政治力量以增强群众基础。1945年12月，波兰工人党召开第一次代表大会，总结了党的政治路线，阐明波兰作为一个人民民主国家，将根据本国的特点，逐步地、和平地朝着社会主义道路前进。波兰工人党遵循马克思主义和本国实际相结合的思想，明确提出了工人阶级政党和各民主党派同盟合作，共同行使国家政权的思想。当时的波兰工人党中央第一书记哥穆尔卡指出，波兰和苏联的发展道路是不同的，波兰走的是人民民主道路，"在这条道路上和在这些条件下，工人阶级专政，或者说一党专政，既没

---

① 参加临时政府的农民党成员有6名，其中4名是农民党内米柯瓦伊契克派（Stanislaw Mikolajczyk）的成员。农民党米柯瓦伊契克集团的领导人斯·米柯瓦伊契克是资产阶级的代表，当时在政府中担任农业兼土改部部长。

② Tomáš Kostelecky, *Political Parties after Communism: Developments in East-Central Europe*, Washington: Woodrow Wilson Center Press, 2002, p. 27.

必要，也无目的。我们认为，我国的政权应该由彼此一致密切合作的所有民主政党来行使"①。

1945年7月，劳动党也成为合法政党。波兰劳动党实际上是一个天主教政党，主要成员为工人和城市中产阶级，其社会基础大多为手工业者、商人和知识分子，与民主党的支持者有很大重合。劳动党的意识形态基础是天主教教义，强调波兰与西方基督教文明之间的联系，将传播天主教价值观看做是波兰的"历史"任务。劳动党认为，劳动者阶层是坚决的反唯物论者。在左翼民主力量的领导下，该党与波兰工人党采取了合作的态度，并在波兰社会党和波兰工人党的合作中发挥作用。

民主党②在知识分子阶层和手工业者、小商贩、生意人、自由职业者等城市中产阶级中复兴起来，并很快适应了战后的经济和政治环境。

农民是波兰人数最多的阶级。当时的农民党有两个派别：加入原伦敦流亡政府的农民党"罗赫"（'Roch' Peasant Party）和由几个小的左翼派别支持的农民党"人民意志"。③ 1945年，农民党内部分裂。由原波兰流亡政府总理斯·米柯瓦伊契克领导的农民党"罗赫"宣布独立，自称波兰农民党（PSL），代表旧式农民运动的右翼力量。④ 自此，农民党分裂为对立的左、右两派。1945年11月，农民党中间派成立了

---

① 哥穆尔卡：《1946年11月30日在华沙波兰工人党和社会党积极分子会议上的讲话》，载《新路》1947年第1期。转引自田斌文：《波兰的社会主义多党联合执政》，载《中央社会主义学院学报》，1988年第1期，第35页。
② 民主党，1938年成立，1939停止活动。
③ Sten Berglund, Jan Ake Dellenbrant, *The New Democracies in Eastern Europe: Party Systems and Political Cleavages*, England: Edward Elgar Publishing Limited, 1991, p. 45.
④ 在米柯瓦伊契克的领导下，波兰农民党迎合城市中产阶级和知识分子对左翼政府的不满情绪，很快扩大了影响力，实力不断增强。该党的宣传策略强调改革、民主自由和农民运动的传统。当时，农民党"人民意志"暂时失去了影响力。波兰农民党要求在政府中担任领导，认为农民政党应当主导国家政治和经济的领导权。1946年，由波兰农民党推动的经济计划中，优先发展农业，大多数工业发展项目集中于与农业相关的领域。波兰农民要求推行农业改革，以增加市场导向型的大农场数量。波兰农民党公开批评左翼社会主义的改革，他们惧怕由左翼政党主导实施的反对措施。该党拥有大量党员，因而要求立即举行议会选举，希望寻求成为议会多数派。

波兰农民党"新解放"。1947年参加议会选举失败后,波兰农民党彻底成为反对派政党。10月,斯·米柯瓦伊契克秘密逃离波兰,反对派也随之离开了波兰的政治舞台。之后,波兰农民党修改了党的路线,重新登记党员,逐渐开始与波兰工人党合作。

战后初期,波兰社会党"自由、平等、独立"和国民党都由公开活动转入地下秘密状态,开始反对人民政权。国民党还建立了反革命武装组织"国家军事联盟"。

议会选举

1944年的"七月宣言",不仅宣告了波兰历史上第一个人民政权诞生,而且宣布废除1935年"四月宪法",承认并确定1921年"三月宪法"为人民波兰"唯一有效的"宪法,这意味着人民波兰仍实行共和政体和议会内阁制。① 但是,到1946年6月30日,经过全民投票表决通过,波兰全国人民代表会议决定取消参议院,实行一院议会制。为了应对全民投票和第一次议会选举,波兰工人党与波兰社会党、农民党"人民意志"和民主党组成民主阵线。此外,与波兰工人党关系友好的劳动党和波兰农民党"新解放"独立参选。波兰农民党拒绝加入民主阵线,② 亦单独参加竞选。选举前,波兰工人党利用执政权,采取了一些有助于获胜的措施。例如,在新修订的选举法中规定,那些"同占领当局进行经济往来以获取利益"或"与法西斯地下组织有过合作"的人,不具有选举权,因此一百多万有可能不投票给无产阶级政党的人被剥夺了选举权。③ 为了让选票更集中,民主阵线取消了一部分

---

① 高德平编:《波兰》,社会科学文献出版社2005年版,第57页。
② 民主阵线曾邀请波兰农民党加入,并提出了波兰工人党、波兰社会党、波兰农民党和农民党"人民意志"各分得20%议席,民主党和劳动党各分得10%议席的分配建议。但遭到了波兰农民党的拒绝,因为该党认为它能获得超过50%以上的选票。
③ Martian K. Dziewanowski, *The Communist Party of Poland: An Outline of History*, Cambridge: Harvard University Press, 1976.

获胜机会不大的候选人参选资格。① 1947 年 1 月 19 日，首次议会选举——立法议会选举举行。波兰工人党为首的民主阵线获得 80.1% 的选票，波兰农民党仅获得 10.3% 的选票。波兰工人党、波兰社会党、农民党、民主党、波兰农民党、劳动党、波兰农民党"新解放"等 7 个政党进入议会。后来，波兰议会（议员）则改按议席"分配制"原则选举产生；议会议员由最初的 444 名逐渐增至 460 名，任期由 5 年改为 4 年。②

1948 年，波兰开始接受苏联集权式的政治模式，多党政治开始发生变化。1948 年 12 月，波兰工人党与波兰社会党合并，成立波兰统一工人党。1949 年 9 月，农民党同波兰农民党实行合并，成了统一农民党。同年，劳动党宣布解散，其成员加入民主党。自此，波兰统一工人党完全掌控了政权，多党制实际上被取消了，波兰形成了在波兰统一工人党领导下的统一工人党、统一农民党和民主党的三党联合执政，但其实质是波兰统一工人党的"一党集权"。

第二节 社会主义政党制度的巩固与发展

一、社会主义苏联一党制的巩固

1924 年之后，随着左派社会革命党等政党消失，苏联共产党成为该国政治舞台上唯一的政党，也是唯一执政党，一党制的政党制度基本上确立下来。苏联一党制是一种高度集中的一党制，而且其集中程度呈现出不断加强的趋势。斯大林认为，只有在存在不可调和的阶级矛盾的社会里，才需要自由建立政党，而苏联仅有的工人和农民阶级

---

① 有观点认为，民主阵线还采取了一些非法措施，如将一些反对派候选人的名字剔除出候选名单，以及将 135 名反对派候选人逮捕入狱。参见 Tomáš Kostelecky, *Political Parties after Communism: Developments in East-Central Europe*, Washington: Woodrow Wilson Center Press, 2002, p. 28.

② 高德平编：《波兰》，社会科学文献出版社 2005 年版，第 104 页。

是"相互友爱的",所以在苏联只有苏联共产党存在的基础,没有其他政党存在的基础,苏联只有一个共产党可以存在。苏联共产党的领导是实行无产阶级专政的核心,所以在苏联只能由苏联共产党执政,苏联共产党是唯一执政党。

在苏联共产党的领导下,苏联只有共产主义一种意识形态,意识形态不存在分歧,也不存在政党竞争的空间。实际上,在苏联共产党的党内民主都随着斯大林模式的僵化而被逐步限制以至取消了,斯大林不断消灭持不同意见的党内异己分子,从而肃清党内反对派,根本上杜绝了政治上的反对力量的存在。苏联共产党的领导权集中在最高机关中央委员会,中央委员会的权力集中于政治局和书记处,政治局和书记处的权力最后高度集中于党的最高领导人。苏共总书记个人手中掌握着党政军大权,不受任何组织和法律的限制,成为全党的最高领袖和国家首脑。苏联共产党对全社会的渗透程度极高,管理全社会的方方面面,对国家的政治、经济、文化和思想实行绝对的控制。

1936年颁布的《苏联宪法》中规定,工人、农民和知识分子中的积极分子组成苏联共产党,该党是一切社会团体和国家机关的领导核心,从而在法律上确认了苏联共产党的领导地位。1977年苏联宪法规定,苏联共产党是苏联社会的领导力量和指导力量,是苏联社会政治制度以及国家和社会组织的核心。1961年修改的党纲规定,苏联作为无产阶级专政的国家已变成全民的国家,苏联共产党已成为全体人民的党。

苏联宪法承认公民选举权,凡成年苏联公民不分种族及民族、性别、信仰、教育程度、不问居住期限和社会出身、财产状况以及过去活动如何,均有权参加选举,实行普遍、平等、直接和不记名的选举制度,每一公民均有一票选举权,一切公民均平等参加选举,苏维埃代表由公民投票选举产生。但实际上,苏联的选举是有名无实的,选举仅限于党内代表,选举经常实行指定候选人的等额选举,这些都成为苏联时期选举的常态。与选举规则形成鲜明对比的是苏联时期的特权制度。在缺乏民主且权力高度集中的苏联政治体制下，从斯大林时期开始形成官僚特权阶层制度，以及与之相联系的中央对领导干部的委任制、领导干部终身制、高级干部保卫制以及干部问题上的保密制[①]等。

二、社会主义波兰一党执政多党联合制度的曲折发展

50 年代初，波兰的政党制度完全从属于统一工人党的权威。在快速工业化和与波兰社会党合并过程中，得到苏联支持的统一工人党的统治地位得到巩固。1952 年，波兰议会通过了《波兰人民共和国宪法》，确定了波兰人民共和国的合法性，从法律上确认了波兰统一工人党在国家的领导地位。[②] 1952 年 10 月，举行了波兰人民共和国第一届议会选举，由波兰统一工人党、统一农民党和民主党组成的民族阵线提出的候选人获得了 99.8% 的选票。[③]

波兰在政权建设中，强调学习苏联经验，强调无产阶级专政。统一农民党和民主党被看做是思想上先进的工人阶级与政治上落后的农民、知识分子之间的传送带。但在统一工人党看来，这也只是两党的一个暂时任务，因为，统一工人党认为，它很快就可以在动员工人阶级以外的阶层时不再需要两个联合党派的协助。这种对政党间关系的简单化理解，忽视了其他党派的地位和作用。随着统一工人党势力增强，统一农民党和民主党也逐渐失去了发展的动力。两党的政治目标变为如何更好地执行统一工人党的政策，即使其中有与其自身利益相互冲突的规定。

1956 年的苏共二十大推动了波兰的"非斯大林化"的民主进程。1956 年波兹南事件后，统一工人党在二届八中全会上，肯定了与统一

[①] 刘克明：《论苏联共产党的官僚特权阶层》，载《俄罗斯中亚东欧研究》，2003 年第 3 期，第 1 页。
[②] 参见高德平编：《波兰》，社会科学文献出版社 2005 年版，第 58 页。
[③] 刘祖熙：《波兰通史》，商务印书馆 2006 年版，第 487 页。

农民党、民主党的同盟合作并在会后成立了由各政治党派组成的中央协商委员会。但实际上波兰统一工人党并没有打算真正接受多元化思想，只是强调必须坚持列宁主义的政治生活原则，即在党内谨慎地保持可控的民主，而允许社会拥有某种程度的自由。以此为契机，两个联盟党开始向社会公开他们对波兰未来政治生活民主化的主张，准备扩大他们在传统选民中的影响。然而，波兰统一工人党为联盟党划定了既定的利益范围，不允许后者在超出此范围之外的地区吸收和发展成员，当然，统一工人党组织的覆盖范围涵盖了社会各阶层，包括农民和知识分子。为此，统一农民党曾提出在政治改革中改变这种限制的建议，这在统一工人党领导层内引起激烈反应，它被看做是在向党宣战。哥穆尔卡指出"这是一些统一农民党的组织在倾其所能地攻击我们的党……我们党不能苟同这种观点，这已经不是统一农民党内部事务，因为他们反对的是人民国家的原则"。[1] 统一农民党受到如此警告之后立即收声，并声明要在反对右派力量的共同战斗中与统一工人党强化合作。面临这样的政治氛围，民主党也只能表示服从统一工人党的领导。

1957年1月，第二届议会选举举行。波兰统一工人党、统一农民党、民主党与工会、青年组织、妇女组织、天主教进步组织，共同组成了民族统一阵线。经过协商，民族统一阵线按照新选举法规定的150%的比例提出候选人名单。几乎全部选民都投票选举了民族统一阵线的候选人。此后，议会对行政的监督权得到确认，但议会也完全处于统一工人党的掌控之下。1959年3月，统一工人党三大，对各民主党派的地位、作用做了进一步的肯定。在三大通过的《基本政治任务的决议》中提出"我们党并不是单独地，而是和同盟党派——统一农民党、民主党在人民统一阵线范围内共同进行政治领导的"。大会还指

---

[1] Andrusiewicz A., *The Democratic Party in the Political System of People's Poland*, Warsaw: Polish Scientific Publishers, 1985, p. 70.

出，统一工人党反对那种把各民主党派变成"传送带"的做法，而愿意和各民主党派"为实现共同纲领而共同负责，并共同参加人民波兰的管理。"

进入60年代，特别是国际共产主义运动内部发生大论战后，波兰统一工人党同各民主党派的关系，又发生了变化。"在统一农民党和民主党的共同参与下行使对国家和人民统一阵线的政治领导"，"党将为非党人士参加共同管理创造更多的条件"。这样，就在实际上降低了各民主党派在国家政治生活和社会生活中的地位。之后一段时期，国家的权力逐渐高度集中到统一工人党的几个领导人手中，集体领导原则遭到破坏。议会失去了对政府监督的能力，立法功能明显削弱。特别是，哥穆尔卡执政的最后几年，权力越来越集中，党和政府合二为一，议会和人民会议的权限受到严重限制，统一工人党与其他两个政党的平等协商原则也遭到破坏，民族阵线形同虚设。波兰统一工人党在1975年召开的"七大"上宣布"人民波兰正在跨入社会主义发展的新的更高阶段，跨入建设发达社会主义的阶段"。波兰党的主要领导人认为，全波兰人民的利益和目标已经"完全一致"，民主党派不过是"社会团体"而已。因此，这一阶段统一农民党和民主党及各群众团体在联合执政体制中的地位和作用进一步降低。

60—70年代，波兰统一工人党在党内和政府中官僚化严重，经济发展严重依赖西方贷款，国家大量向外举债，波兰社会状况发生很大变化，爆发了一系列反对统一工人党的群众运动。① 1976年9月，"保卫工人委员会"（KOR）成立，这是波兰第一个有组织的反对派。它的成立标志着要求发展经济、提高生活水平、平抑物价的工人与要求文化、思想自由与民主的学生和知识分子联合起来，实施集权统治的执政党成为他们共同的敌人。"保卫工人委员会"成为波兰工人阶级与知

---

① 主要为1968年三月事件、1970年十二月事件和1976年六月事件等。

识分子之间连接的桥梁,它的成立是波兰现代历史上的一个重要转折点。[①] 统一工人党在人民中的形象极差,来自各阶层的人们不再相信共产主义能给他们带来生活和社会地位的改善。同时,曾向波兰政府提供了大量资金贷款的西方国家,将人权状况的改善作为贷款条件。天主教会也从维护宗教权力的宗教组织转变成保护个人和公民社会权力的政治力量,间接影响着波兰社会的文化思潮。来自各方面的反对派力量威胁着统一工人党的统治基础。在这种形势下,忙于应对反对派的统一工人党,忽视了民族阵线内部联盟党派和组织的力量;而联盟党在现有政治体制中大量既得利益的存在也使其无法抓住机会与统一工人党展开竞争。

第三节 社会主义政党制度的崩溃

一、社会主义苏联一党制的崩溃

20世纪80年代中期,戈尔巴乔夫上台执政后,提出一系列全面改革方案,1988年宣布实行"人道的、民主的社会主义",开始了政治改革,提出通过自由选举产生人民代表并建立苏联人民代表大会,并提出苏联共产党是社会的政治先锋队,而不再是苏联政治体制的核心。1989年5月,苏联第一届人民代表大会在莫斯科召开,正式成立了苏联人民代表大会,戈尔巴乔夫当选为最高苏维埃主席。公开化和民主性造成了社会的严重分化,无论是在苏联共产党内部还是在社会上,社会意见明显多元化,原有的单一意识形态受到极大冲击。

在东欧各国剧变的影响下,苏联一党制也受到强大冲击,特别是在一些民族共和国,社会组织迅速发展,非正式社会组织得到相当多

---

① Sten Berglund, Jan Ake Dellenbrant, *The New Democracies in Eastern Europe: Party Systems and Political Cleavages*, England: Edward Elgar Publishing Limited, 1991, p. 57.

民众的支持，有的甚至已经威胁到苏联共产党的执政权，1990年戈尔巴乔夫在立陶宛承认了多党制的存在。同年，苏联宪法中取消了有关苏联共产党在政治体制中唯一领导地位的规定。

1990年2月，苏联共产党中央召开全体会议，戈尔巴乔夫在会上作报告。他在报告中提出，苏联共产党的地位不应依靠宪法来强调合法化。苏共要放弃法律上的和政治上的优越地位，要为成为执政党而斗争，但这种斗争要严格地限制在民主程序的范围之内。会上通过的《走向人道的、民主的社会主义》的纲领草案中提出，苏联共产党是一个自治的社会政治团体，是一个选择了社会主义的政党，其理想是人道的、民主的社会主义，必须从根本上改变苏联共产党在社会中的地位，摆脱政治垄断。苏联共产党将在民主进程的范围内推行自己的政策，放弃任何法律和政治上的优先权。[1] 7月，苏共二十八大通过的党纲《走向人道的、民主的社会主义》中确认苏联要彻底摧毁社会主义制度，承认政治多元化、多党制和议会民主制等原则。至此，苏联高度集中的一党制彻底结束。

二、社会主义波兰一党执政多党联合制度的结束

1980年8月，爆发了席卷全国的八月工潮，这是波兰战后最严重的一次危机。这次罢工运动中，工人没有走上街头游行，而是在各地成立罢工委员会，同政府进行谈判。通过谈判，得到政府承认的各地独立自治工会代表于1980年9月17日在格但斯克集会，决定成立统一的独立自治工会——"波兰独立自治团结工会"，简称"团结工会"。之后他们又通过了《独立自治团结工会章程》。团结工会成立后，很快在全国各行业中建立了自己的组织，成为全国最大的工会组织。1981年9月，"团结工会"第一次代表大会提出建立"自治的波兰"，并通过了以反对波兰统一工人党的领导和反对社会主义为核心思想的《活

---

[1] 张建华：《俄国史》，人民出版社2004年版，第349页。

动纲领》。至此，团结工会已从一年前由厂际罢工委员会联合而成的没有明确政治预谋的自治工会组织演变成一个拥有固定成员、完备的组织机构和明确的纲领目标，并且还从事夺权运动的政治组织。①

面对国内的社会混乱，波兰统一工人党内部也出现了思想争论和政治斗争。对党批评、不信任的声音强烈，甚至有许多党员退党。1981年7月召开的统一工人党第九次特别代表大会，提出了"协商—斗争—改革"的路线，并重新估计了各联盟党派的地位和作用，指出统一农民党和民主党及各群众团体在政治体制中将起重要的作用，统一工人党与各民主党派应该建立起"伙伴式合作关系"，各民主党派将在伙伴关系的基础上共同参与制定发展战略、形成计划和管理过程的社会化，发展权力代表机关同国家行政机关以及同人民之间的正常关系。② 在这种思想指导下，波兰统一工人党同统一农民党和民主党以及天主教会共同寻找摆脱危机的出路。多个党派一致同意波兰统一工人党提出的民族协商阵线的方案，但被团结工会拒绝。为了避免内战，防止外国武装干涉，1981年12月，波兰宣布进入战时状态，取缔了团结工会。

1983年5月，在统一工人党的倡议下，波兰新的更广泛的统一战线组织——民族复兴爱国运动成立，统一工人党明确提出了"联合执政体制"。这表明，统一工人党已经认识到了"波兰政治体制的稳固因素是波兰统一工人党同统一农民党、民主党进行联盟合作"。1985年6月召开的统一工人党"十大"不仅从党的政治路线和方针政策上进一步明确肯定了多党联盟合作是"永久性原则"，而且还进一步从理论上阐述了多党联合执政体制存在的现实基础和客观要求。

1985年10月，波兰举行第九届议会选举，虽然选民投票率达到1947年以来最低，但大多数选民仍然投票表示他们赞同政府的民族协

---

① 张文红：《团结工会兴与衰》，中国社会出版社2008年版，第59页。
② 田斌元：《波兰的社会主义多党联合执政》，载《中央社会主义学院学报》，1988年第1期，第35页。

商政策和经济振兴纲领。然而,新政府的改革政策并未取得明显的成绩,以雅鲁泽尔斯基为首的波兰统一工人党领导人在改革中急于求成,导致更为严重的经济危机,再次引起大规模工人罢工。波兰人民失去了对统一工人党和改革的信心。1988 年,统一工人党召开十届十中全会,会议通过的两个文件主张建立议会民主的社会主义国家,发展与统一农民党和民主党的三党联盟,放弃党取代政府的做法,允许反对党派进入议会,承认政治多元化和工会多元化。①

1989 年 2 月 6 日至 4 月 5 日,来自各党派、天主教会、团结工会和其他反对派的代表参加了波兰圆桌会议。波兰政府与反对派达成了一揽子方案,决定同意团结工会在重新登记后合法化;同意吸收反对派参加议会选举;在波兰实行议会民主的政治体制,增设参议院,实行总统制,总统由议会和参议院组成的国民大会选举产生。圆桌会议为 40 年来第一次自由竞争性选举铺平了道路,不仅对波兰历史产生深远影响,也成为东欧政治多元化和多党制的开端。

波兰在实行了一党领导、多党联合执政 40 年之后,首次举行了真正由多党参加的议会选举。团结工会在 1989 年 6 月举行的议会和参议院选举中大获全胜,以统一工人党为首的执政联盟彻底失败,几乎在议会中消失。1947 年议会选举之后开始的波兰一党制,在另一次议会选举后终结,多米诺骨牌的第一块倒下了。

---

① 刘祖熙:《波兰通史》,商务印书馆 2006 年版,第 544 页。

第四章 俄罗斯与波兰政党制度变迁的进程分析：政党相关性变量

政党制度的核心变量是一些能够说明政党间互动的具有普遍意义的结构性特征，也就是政党制度的组成要素，主要有政党相关性要素和制度相关性要素两类。其中政党相关性要素有政党的数量和规模、政党的意识形态分布、政党对社会的渗透程度；制度相关性要素包括宪制架构、选举规则和非正式规则。此六个核心变量组成了分析政党制度的基本框架，因而研究政党制度变迁的首要问题就是要梳理上述六个组成要素在不同阶段的变化状况，分析其内在的演化规律。

第一节 政党相关性变量：政党数量和规模的变化

政党数量是政党制度最直观、最基本的变量，也是长期以来政党制度分类研究中最常用的变量。从早期的一党制、两党制、多党制的三分法到萨托利的一党制、霸权党制、主导党制、两党制、温和多党制、极化多党制、粉碎型多党制分类法，无不是以政党的数量作为基础的。但是，此处需要特别提出的是，作为政党制度最基本核心变量的政党数量，并不是指一国国内政治舞台上所有政党的绝对数量，而是指"有效政党"的数量。正如本书在第一章所述，简要来说，"有效政党"就是在一届立法机构中具有"执政潜力"或"讹诈潜力"的政党。因此，政党制度的首要核心变量——政党数量是指具有执政相关性的有效政党的数量。

直接影响有效政党数量的是各政党的规模，政党规模大小直接影响政党数量，并且还影响着政党间的分裂程度和政党政治的稳定程度。关于政党规模的不同计算方法，在导论中已有论述。由于转型国家的政党制度变迁进程一般大多处于从无到有、从混乱到规范的发展变化过程之中，简单的定量计算公式往往严格有余而灵活不足，因而为了更为全面和细致地分析政党规模，本文在研究中主要采用萨托利对政党"自然规模"的定性与定量结合的分析方法，即从形式和机制两个层面来论述政党规模。

一、俄罗斯的政党数量和规模的变化

从戈尔巴乔夫改革时期起，苏联就出现了多党制的端倪。1986—1988年间苏联国内已形成数以千计的各种类型的"非正式组织"，其中具有政治意义的占到1/10左右。[1] 1989年春，苏联第一次人民代表大会选举中，2250名代表中有85%的代表为苏联共产党党员，其余代表中有"一批人数虽然较少、但对于未来议会的形成却是相当重要的有影响的民主派活动家"[2]。在人民代表选举运动过程中，民主化派别组成各类竞选联盟，苏联共产党内部发生分裂，反改革的民族主义运动组织相继成立，苏联社会政治彻底多元化、多党化。

苏联解体后，俄罗斯的政党发展处于萌芽期，大部分都有组织松散、党纲党章不明确、成员不定和稳定性不高等特质，为一种前政党性的组织（pre party organization）或原始性政党（proto-parties），只能扮演"破坏党"的角色，不能承担"建设党"任务。在1992年6月俄罗斯司法部登记政党数高达1000多个，是世界上政党最多的国家。当

---

[1] Ред. В. Березовский, Н. Кротов: Неформальная Россия. Москва, 1996. С. 4.
[2] [俄]米·谢·戈尔巴乔夫著：《"真相"与自白：戈尔巴乔夫回忆录》，述弢等译，社会科学文献出版社2002年版，第192页。

时的政党活动主要有街头抗议、示威、集会抗议或煽动群众，未能将重心移向议会或其他的权力竞争场域。

刚独立不久的俄罗斯于1993年解散了人民代表大会和最高苏维埃，成立了俄罗斯联邦会议，联邦会议由联邦委员会和国家杜马组成。联邦委员会由俄罗斯89个主体各派2名代表组成，国家杜马由公开选举产生的450名代表组成。俄罗斯宪法规定，国家杜马共有代表450名，其中225名代表在全联邦选区按照政党或竞选联盟名单比例代表制原则选举产生，只有在全国的得票率超过5％，才能按比例参与分配这部分席位；另外225名代表在单一席次选区按照相对多数制原则直接选举产生。从1993年首次杜马选举开始，截至目前俄罗斯共举行了六次杜马议会选举。

（一）1993年12月国家杜马选举

1993年9月20日，叶利钦发布《关于在俄罗斯联邦分阶段进行宪法改革》的总统令，宣布解散俄罗斯共产党最高苏维埃和俄罗斯人民代表大会，决定于当年12月举行议会选举，成立俄罗斯新的立法机构——俄罗斯联邦会议，联邦会议由联邦委员会和国家杜马组成，同时举行新宪法的全民公决。1993年选举期间，登记在册的政党共有150多个，但按照俄罗斯选举条例规定，征集到10万个支持者签名的组织才有资格参加选举，达到这一标准的只有13个政党或竞选联盟。在参选政党或竞选联盟中，最终得票率超过总票数5％的只有8个。民族主义派别的自由民主党获得22.92％选票，获得议席共64个，成为获得选票最多的政党；右翼民主派别的俄罗斯民主选择获得15.51％选票，共获得议席70个，"亚博卢"集团获7.86％选票，共获得议席23个，俄罗斯统一和谐党获6.73％选票，共获得议席19个；左翼派别的俄罗斯共产党获12.4％的选票和48个议席，农业党获7.99％的选票和33个议席；属于中派政党的"俄罗斯妇女"运动获8.13％的选票和23个议席，俄罗斯民主党获5.52％的选票和15个议席。此外，还有1/3以上的141个议席由无党派的独立候选人获得。

表4—1 1993年12月俄罗斯国家杜马选举结果

政党/竞选联盟	比例代表制议席			一选区制议席（个）	总席位
	得票比例（%）	议席数量（个）	议席比例（%）		
自由民主党	22.9	59	26.2	5	64
俄罗斯民主选择	15.5	40	17.8	30	70
俄罗斯共产党	12.4	32	14.2	16	48
"俄罗斯妇女"运动	8.1	21	9.3	2	23
俄罗斯农业党	8.0	21	9.3	12	33
"亚博卢"集团	7.9	20	8.9	3	23
俄罗斯统一和谐党	6.8	18	8.0	1	19
俄罗斯民主党	5.5	14	6.2	1	15
独立候选人				141	141

图表来源：作者自撰

数据来源：俄罗斯联邦中央选举委员会 www.cikf.ru

在该届杜马中，共有8个政党和141位独立候选人，政党中没有一个所占议席超过议席总数的20%，更遑论接近和超过半数，而且，政党数量很多，超过6个，因而其政党规模的组合形式是明显的"极端分裂形式"。8个政党虽然分属四个派别，但同一派别内部各政党之间也有很明显差别，政见差距不小。议席占比排在前五位的俄罗斯民主选择（70个议席）、自由民主党（64个议席）、俄罗斯共产党（48个议席）、俄罗斯农业党（33个议席）和俄罗斯妇女运动（23个议席），所占议席之和超过50%的绝对多数，并且此五个政党分属四个派别，其中右翼自由民主派与左翼共产主义派是完全对立的，因而呈现出明显的离心性竞争格局。议会中多数政党的存在，凸显出俄罗斯议会各政党的极端分歧及为权力激烈斗争的面貌。这种性质的多党制，对俄罗斯政局稳定明显产生了不良影响。

1993年新宪法通过后各政治势力党派间的游戏规则法制化，各政治势力竞争焦点全面化、全国化。议会与总统的冲突仍然明显，只是转变成"超级总统—小政府—弱议会"的权力不对称的合法对抗局面。议会仍为各种政治力量的竞技场，但此时各党派系势力都无力挑战叶利钦的权威。宪法规定：承认政治多元化和多党制；每个人都有结社自由；社会团体的活动自由受保障；社会团体法律面前一律平等。从此，政党竞争的场域才从街头政治走向议会，专注在议会席位的角逐竞争中。自由派在1993年国会占主导地位，民族主义爱国主义派、共产党居二、三位，反映出俄罗斯初期的民主自由改革路线是受到选民支持的。

（二）1995年12月国家杜马选举

经过两年的过渡性议会运行之后，俄罗斯于1995年开始第二届国家杜马选举。有43个政党竞选联盟参加此次选举，但最终只有四个竞选联盟得票率超过5%的门槛。俄罗斯共产党得到22.3%的选票和157个议席，俄罗斯自由民主党得到11.18%的选票和51个议席；"我们的家园—俄罗斯"得到10.13%的选票和55个议席；"亚博卢"集团得到6.89%的选票和45个议席。

表4—2　1995年12月俄罗斯国家杜马选举结果

政党/竞选联盟	比例代表制议席			一选区制议席（个）	总席位
	得票比例（%）	议席数量（个）	议席比例（%）		
俄罗斯共产党	22.3	99	44.0	58	157
自由民主党	11.2	50	22.2	1	51
我们的家园—俄罗斯	10.1	45	20.0	10	55
"亚博卢"集团	6.9	31	13.8	14	45

图表来源：作者自撰

数据来源：俄罗斯联邦中央选举委员会 www.cikf.ru

进入此届杜马议会的主要政党有4个，分属左翼共产主义派别、民族主义派别和中右翼民主自由派别。得票率和议席占比最高的俄罗斯共产党与获得了20个单一选区议席的俄罗斯农业党组成的左翼政党联盟共有议会议席177个，占议席总数的39.33%，这已经比上一届排名第一的政党势力大为增长，但仍然没有达到绝对多数的比例。可见，在此届杜马中，俄罗斯的政党规模的形式是**有限分裂形式**。左翼政党联盟与议席占比排名第二的中右派政党"我们的家园—俄罗斯"所占议席之和为232个，超过50%，但左翼政党联盟是最大且最坚定的反体制党，因而其竞争格局虽只有4个政党，但仍然是**离心性竞争格局**。

1995年参加杜马选举的政党数量大量增加，从选举结果看，俄罗斯共产党地位明显大幅提升，成为议会多数；自由民主党派地位下降，属中间路线的"我们的家园—俄罗斯"异军突起，在1995年成立之初即拿下45个席位。自由派已退居第三名，次于共产党、中间主义派、民族主义爱国主义派。这种变化更明确表现出，选民认为是民主自由派改革造成经济严重下降、秩序混乱、国际地位降低等后果，已开始对叶利钦丧失信心，从而重新思考改革问题及对领导者的选择。其原因归根究底在于叶利钦改革失败，俄罗斯人对民主前途茫然，转而希望回到共产主义怀抱。

经过1993年、1995年的大选，从参选的政党中可看出，俄罗斯的政党已经呈现出多元发展的态势。在政治光谱（spectrum）上分布着保守左派、民主派（包含叶利钦总统家族与内部官员的派系）、爱国主义者及民族主义者等，斗争焦点仍然持续国家改革政策与方向、执政权取得等。由于这一时期的经济改革成效仍然不明显，国会与总统的权力斗争凌驾于议会上，导致议会对切尔诺梅尔金总理不满，频频改组内阁。叶利钦担心1996年总统大选失败，并发觉切尔诺梅尔金的野心，遂集结国内的金融寡头与金融工业集团势力，要确保大选胜利。总统竞选中，对叶利钦造成最大冲击的是左翼派别政党联合推举的候选人久加诺夫，第一轮总统选举投票中，久加诺夫仅落后于叶利钦3.24%的选票。第二轮选举结果是叶利钦再度蝉联，从而导致强总统

（三）1999年12月国家杜马选举

1999年国家杜马选举时，获准参加选举的政党或竞选联盟有28个，共有6个政党得票率超过5%的门槛：俄罗斯共产党获得24.29%的选票和114个席位，团结党获得23.32%的选票和73个席位，祖国—全俄罗斯党获得13.3%的选票和66个议席，右翼力量联盟获得8.52%的选票和29个席位，自由民主党获得5.89%的选票和17个席位，"亚博卢"集团获得5.93%的选票和21个席位。

表4—3 1999年12月俄罗斯国家杜马选举结果

政党/竞选联盟	比例代表制议席			一选区制议席（个）	总席位
	得票比例（%）	议席数量（个）	议席比例（%）		
俄罗斯共产党	24.3	67	29.8	47	114
团结党	23.3	64	28.4	9	73
祖国—全俄罗斯党	13.3	37	16.4	29	66
右翼力量联盟	8.5	24	10.7	5	29
自由民主党	6.0	17	7.6	0	17
"亚博卢"集团	5.9	16	7.1	5	21

图表来源：作者自撰

数据来源：俄罗斯联邦中央选举委员会 www.cikf.ru

1999年杜马选举中，俄罗斯共产党得票率仍居第一，但团结党[①]异军突起，俄罗斯共产党的优势地位处于下降趋势。选举当年刚刚成立的以普里马科夫为首的祖国—全俄罗斯党得票率位居第三。到1999年杜马选举时，政党为了选举而更多地采取联盟策略，各党派参选激

---

① 1999年9月27日，杜马选举之前三个月，在总统叶利钦和总理普京的支持下，"团结"（Единство）竞选联盟成立，时任紧急状况部部长的绍伊古担任联盟领导人。该党是纯竞选型联盟，没有明确的纲领和政治主张。

烈程度已逐渐转向理性、和平，参选政党数量减少。根据政党席位比例的变化可以看出，此时的中间派选民比例大幅提升，"团结"党与"祖国—全俄罗斯"均属于中间派，两党都被看做是可以成为政权党的热门党派，两党由中央和地区行政机构中的政治精英组成，相近的立场和主张使两党在杜马内常进行联合，成为杜马第一大党团，共产党、自由民主派与民族主义爱国派退居二、三、四名。共产党的支持率持续下降，而民主自由派与民主主义者派的降幅更大，这种转变说明，俄罗斯选民虽然历经转型阶段带来的痛苦与伤害，但逐渐以更理性的态度看待民主化进程，不愿再回到共产主义时代。

在进入第三届国家杜马的6个党派中，"团结"党和"祖国—全俄罗斯"党属中间派，俄罗斯共产党属左翼反对派，右翼力量联盟和"亚博卢"集团属右翼党团，自由民主党是民族主义政党。中间派政党议席占比为30.9%，左翼共产党议席占比为25.3%，右翼党团议席占比为11.1%，没有一个党团占比超过50%，政党规模应属**极端分裂形式**。席位占比排名前3位的政党议席总和超过绝对半数，但此三党为完全对立的左翼反对党和中派政权党，因而该届杜马中的政党形成了**离心性竞争格局**。

（四）2003年12月国家杜马选举

2001年俄罗斯颁布了《政党法》，2002年颁布了新的《国家杜马代表选举法》，根据这两个法律规定，有资格参加2003年杜马选举的政党有44个，竞选联盟20个。由"团结"党和"祖国—全俄罗斯"于2001年合并成立的新的政权党"统一俄罗斯"党在此次大选中得票率最高，获得37.57%的选票和120个比例代表制议席及106个单一选区制议席，共226席，超过杜马席位绝对多数。俄罗斯共产党获得12.6%选票和52个席位，自由民主党获得11.5%选票和36个议席，祖国党①获9.0%选票和37个议席。

表4—4 2003年12月俄罗斯国家杜马选举结果

政党/竞选联盟	比例代表制议席			一选区制议席（个）	总席位
	得票比例（%）	议席数量（个）	议席比例（%）		
统一俄罗斯党	37.6	120	53.3	106	226
俄罗斯共产党	12.6	40	17.8	12	52
自由民主党	11.5	36	16.0	0	36
祖国党	9.0	29	12.9	8	37

图表来源：作者自撰

数据来源：俄罗斯联邦中央选举委员会 www.cikf.ru

2003年选举结果明显表明，随着普京执政地位的稳固及民众支持率逐渐提升，以统一俄罗斯党为代表的中派政党在普京主导下，成功进行了整合。统一俄罗斯党在俄罗斯中央和地方取得了绝对性优势地位②，俄罗斯在国会中显现出的政党生态已由激进改革派为首的多党制转成以温和的中间派为首的多党制。左翼力量明显下降，俄罗斯共产党内部多次分裂，内外交困。民族主义政党自由民主党获得席位为上一届的两倍，势力增长明显。右翼力量联盟和亚博卢集团在此次杜马选举中未能跨过5%的门槛，右翼自由派政党开始逐步被边缘化。2005年底，俄国国家杜马中各议会党团的议席占比排前几位的是，"统一俄罗斯"党党团67.33%（拥有议席303个），俄罗斯共产党党团10.44%（拥有议席47个），自由民主党党团7.56%（拥有议席34

---

① 祖国党，是2003年9月在选举之前建立的中左翼竞选联盟，虽然在选举中表现不俗，但其领导人的思想观点和政治立场差别巨大，该竞选联盟在选举结束后不久便发生分裂。

② 在2003年的地方议会选举中统一俄罗斯党也获得了很大的成功。在7个地方立法机关的选举中，统一俄罗斯党都获得了绝大多数的选票：在卡巴尔达—巴尔卡尔共和国占73%、在莫尔多瓦共和国占76%、在印古什共和国占40%、在卡尔梅克共和国超过50%、在沃洛格达州占34%、在伏尔加格勒州占37%、在乌里扬诺夫斯克州占27%。

个），独立议员4%（共有18人）。①

该届杜马期间，俄罗斯的政党制度格局发生了明显变化，特别是政党规模的形式和机制都与之前三届杜马时期差别较大。此届杜马内共有4个政党，其中统一俄罗斯党拥有的议席占比超过50%，成为在杜马唯一拥有超过绝对多数席位的政党，议席占比排在第二及之后的俄罗斯共产党等政党，议席占比仅为10%及10%以下。因而在俄罗斯形成了**一党主导形式**的政党规模，这种**由规模最大的政党占有绝对多数席位**的政党制度，为俄罗斯政府较高的稳定性提供了可能。

在统一俄罗斯党的支持下，普京在2004年再次当选总统，并在其第二任任期内对俄罗斯政治制度进行了大量改革，其中涉及政党的组织标准、领导人身份、意识形态基础、政党提名权以及杜马议员选举办法等许多方面的内容。从而，俄罗斯政党制度的发展得以更加规范，也显示出更多不同于西方多党制的俄罗斯特色。

（五）2007年12月国家杜马选举

根据俄罗斯新修改的选举法规定，2007年的杜马选举，将原有的单一选区相对多数制与比例代表制结合的混合选举制度改为政党名单比例代表制，即全部450名议员均由全国范围的政党比例代表制选举产生，而且政党进入杜马的得票门槛由5%提高到7%。

2007年杜马选举中，有11个政党有资格参加选举，其中只有4个政党得票率跨过了7%的门槛值，其中统一俄罗斯党获得64.3%的选票和315个议席，所占议席数量与选举之前基本持平，保持了极明显的领先优势；俄罗斯联邦共产党获得了11.57%的选票和57个议席，自由民主党获得了8.14%的选票和40个议席，所获得议席数量与选举前亦差别不大，保持了议会第二、三大党的地位；公正俄罗斯党②取代了上一届杜马中祖国党的地位，获得了7.74%的选票和38个议席。此

---

① http://www.duma.ru/31.12.2005
② 2006年10月，原"祖国党"、"生活党"和"退休者党"合并组建中左翼社会民主主义政党——"公正俄罗斯：祖国、退休者、生活"党，米罗诺夫当选该党主席。

次杜马选举结果与上一届杜马的政党组成格局类似，从中央到地方竞争结构变化都不大①。

表4—5 2007年12月俄罗斯国家杜马选举结果

政党/竞选联盟	比例代表制议席		
	得票比例（%）	议席数量（个）	议席比例（%）
统一俄罗斯党	64.30	315	70.00
俄罗斯共产党	11.57	57	12.67
自由民主党	8.14	40	8.89
公正俄罗斯党	7.74	38	8.44

图表来源：作者自撰

数据来源：俄罗斯联邦中央选举委员会 www.cikf.ru

此届杜马内共有4个政党，其中统一俄罗斯党拥有的议席比例大大超过50%，仍然是在杜马中唯一拥有超过绝对多数席位的政党，俄罗斯共产党和自由民主党虽位列第二、三位，但10%上下的议席占比远远不及统一俄罗斯党，因而在俄罗斯保持了**一党主导形式**的政党规模，形成**由规模最大的政党占有绝对多数席位**的政党制度。这种政党数量和规模的格局一直持续至今，在2011年举行的杜马选举中，虽然统一俄罗斯党所占议席比例大幅下降，俄罗斯共产党、公正俄罗斯党和自由民主党所占议席比例均有不同程度增长，但由统一俄罗斯党**一党主导，其占有绝对多数席位的政党规模**并未发生根本性改变。

---

① 据俄罗斯中央选举委员会最近公布的选举结果，在2007年3月11日地方立法会议选出的全部632个席位中，"统一俄罗斯"党获得383个席位（60.6%），居第一位；"公正俄罗斯"党获得77个席位（13.91%），居第二位，俄共获得73个席位（11.55%），居第三位；"自由民主党"获得31个席位（4.91%），居第四位。另外，"右翼力量联盟"党获得10个席位（1.58%），"农业党"获得9个席位（1.42%）。"亚博卢"党则全军覆没。数据来源：www.edinros.ru/20.03.2007，转引自李兴耕：《第五届国家杜马选举前的俄罗斯政党基本态势》，载《俄罗斯研究》，2007年第2期。

表4—6　2011年12月俄罗斯国家杜马选举结果

政党/竞选联盟	比例代表制议席		
	得票比例（%）	议席数量（个）	议席比例（%）
统一俄罗斯党	49.29	238	52.88
俄罗斯共产党	19.20	92	20.46
公正俄罗斯党	13.25	64	14.21
自由民主党	11.68	56	12.45

图表来源：作者自撰

数据来源：俄罗斯联邦中央选举委员会 www.cikf.ru

综上回顾可见，从1993年至今，俄罗斯政党制度变迁中，相关政党的数量由多到少，政党竞争由极端分裂的无规则离心性竞争格局向规模最大的一党占有绝对多数的主导格局转变。

表4—7　1993—2011年俄罗斯政党数量和规模变化

时间	相关政党数量	政党规模组合形式	政党规模形式的结构性形态
1993—1995	8个	极端分裂形式	无规则的离心性竞争格局
1996—1999	4个	有限分裂形式	较激烈的离心性竞争格局
2000—2003	6个	极端分裂形式	离心性竞争格局
2004—2007	4个	一党主导形式	规模最大的政党占有绝对多数
2008—2011	4个	一党主导形式	规模最大的政党占有绝对多数

图表来源：作者自撰

二、波兰政党数量和规模的变化

波兰宪法规定，国民大会由色姆议会和参议院组成，议会和参议院成员由全民普选产生，其中议会议员460名，参议员100名。从1989年"圆桌会议"后进行的首次"半放开"式议会选举开始，波兰共举行了七次议会选举，先后产生七届政府。通过比较议会选举结果和组阁情况，可以大致看出政党数量和规模的变迁脉络。

（一）1989 年 6 月波兰议会选举

根据波兰各方在圆桌会议上达成的协议，1989 年 6 月，举行了波兰历史上第一次自由竞争性选举。选举之前，雅鲁泽尔斯基领导的执政当局的目的是将团结工会的领导人增选入一个"更广泛的独裁政权"①。他们希望通过让团结工会再次合法化和作为议会中的弱小反对派参与到统治体系中，让反对派既掌握一定的权力，又对国家承担"共同责任"，从而使这些措施合法化并减少社会动荡的可能。波兰统一工人党创造了新的议会和总统制度，也接受了新的有限竞争的选举规则，即此次选举色姆议会议员数量的 65% 分配给以波兰统一工人党为首的"执政联盟"，具体人选须经选举得以确认；其余 35% 议员由全国选民普选产生，参议员依照选区划分名额②普选产生，因而这也是一次"半开放"式的选举。

6 月 4 日进行了第一轮投票，其结果为，执政联盟在众议院按比例分配的 65% 协议名额的 299 席中仅得 2 席，几乎全部落选，提名的候选人在 35% 的普选中无一人当选，在参议院的 100 席中竟未获 1 席；而以团结工会为首的反对派则取得众议院按比例分配的 161 席中的 160 席，在参议院获得 92 席。面对这一出乎所有人意料的结果，在 6 月 18 日举行的具有补缺性质的第二轮选举中，原本计划以小部分议席来稳定执政地位的波兰统一工人党为首的执政联盟以指定的方式确定议员人选，以作"建设性的反对派"③ 为目标的团结工会领导的反对派则呼吁选民帮助这些指定人选"当选"，以保证反对派能获得 35% 的议席。因此，经过两轮投票，在这届"协议议会"中，执政联盟候选人

---

① Adam Przeworski, *Democracy and the Market*: *Political and Economic Reforms in Eastern Europe and Latin America*, Cambridge University Press, Cambridge, New York, 1991, pp. 54 – 66.

② 参议院的 100 个席位在全国 49 个省进行分配，每省 2 个席位，其中华沙省和卡托维兹省各 3 个席位。

③ 所谓"建设性的反对派"，又称"制度内的反对派"，在认同社会主义的前提下，反对政府或政府的某些政策。

获得299席,其中波兰统一工人党获173席,统一农民党获76席,民主党获27席,天主教社会联盟和帕克斯协会等4个组织获23席;团结工会获得161席。此外,团结工会还获得了参议院的99个议席,剩余1席由个体农民获得。[①]

表4—8　1989年6月波兰议会众议院选举结果

政党名称	议席数量(个)	议席比例(%)
统一工人党	173	37.6
团结工会	161	35.0
统一农民党	76	16.5
民主党	27	5.9
其他4个组织	23	5

图表来源:作者自撰

数据来源:www.ipu.org

这是在波兰历史发展的岔路口上的一次选举,波兰统一工人党原本以为,这种改革能在保证党的领导权的情况下,更好地行使国家政权,按照其设想引导波兰走上正轨。但是,波兰人民在选举过程中用他们的选票表达了对波兰统一工人党领导下的执政联盟的不满和改变现状的愿望,选举结果将波兰推离了原有的社会主义发展轨道,加速了波兰政治制度剧变的进程,也迈出了波兰政治转型中政党制度变迁的第一步。

根据政党数量计算的"相关性"标准,除统一工人党、统一农民党和民主党之外,团结工会亦进入议会,成为第二大党和最大的反对党。在议会的4个政党中,获得席位最多的两大党派统一工人党(37.6%)与团结工会(35.0%)都没有占有接近或超过绝对多数的席位,因而政党规模可以看做是"类有限分裂形式"。但由于这次选举本身是政党之间妥协的结果,统一工人党所获席位并不完全是选民投

[①] 刘祖熙:《波兰通史》,商务印书馆2006年版,第546—547页。

票结果，合法性明显不足，而团结工会所获席位完全是选民真实意愿的反映，说明团结工会当时已经具有了极强的动员能力和迅速提升的政治实力。该选举结果一方面严重打击了统一工人党领导的执政同盟，使其内部出现明显分裂倾向，另一方面大大鼓励了团结工会领导的反对派，让他们看到了原本打算在四年之后实现的夺权计划在短期之内或许能够得以实现的极大可能性。这种"**类有限分裂形式**"的政党规模是在特殊历史条件下一种极为不稳定的过渡性的政党组合形式，它必然会引起政党间力量对比的更大调整。被协议"当选"的执政联盟候选人为维护个人名誉，纷纷在大选后宣布退党，统一农民党和民主党也与统一工人党分手转而与团结工会结盟，于是执政联盟所得到的多数议席失去了意义。

1989年7月，议会众议院和参议院以仅比50%的绝对多数多一票的投票结果选举雅鲁泽尔斯基为总统。经他提名，波兰议会于当年8月任命团结工会顾问、《团结周刊》主编马佐维耶茨基为政府总理，人民波兰历史上第一个由非共产党员领导的政府出现了。但团结工会阵营同意雅鲁泽尔斯基出任总统，是在美国等外国势力的斡旋下勉强为之，很快瓦文萨就对雅鲁泽尔斯基发起攻势，同时马佐维耶茨基政府一方面推行巴尔采罗维奇提出的激进的休克疗法经济政策，另一方面将属于原执政联盟的政府成员排挤出政府，撤换了担任省级领导的统一工人党成员。1990年7月，瓦文萨要求雅鲁泽尔斯基尽早结束总统任期，主张提前举行新一届总统选举。11月，波兰举行第二次总统大选，在登记参选的6名候选人中，由团结工会阵营分裂出的瓦文萨和马佐维耶茨基进入了第二轮投票，最终瓦文萨以74.25%的得票率当选。1991年1月，由瓦文萨提名的别莱茨基政府，在议会获得通过，组成新一届政府。

（二）1991年10月波兰议会选举

1991年10月，波兰提前一年零八个月举行了第二次议会大选。参选的党派有80多个，由于选票分散，一共有29个政党进入议会。其中，获得议席最多的三个政党分别是：马佐维耶茨基领导的民主联盟62席（13.4%），以社会民主党为首的民主左翼联盟60席（12.9%），瓦文萨领导的团结工会27席（5.9%）。团结工会继续在台上执政。

此次选举将众议院460个席位中的391个分别从37个选区选举产生，每个选区选出7—17个席位，席位分配采用Hare-Niemeyer公式①，并且没有门槛限制。其余69个席位列为全国名单，只有当在至少5个选区的每个选区都至少获得5000个选民签名或在全国获得50000个选民签名的政党，才有资格提出全国名单。若政党的候选人在至少5个选区当选，或在全国获得选票超过5%，才有资格参与分配69个席位。参议院选举则采用相对多数决，取消两轮选举。

表4—9 1991年波兰议会众议院选举结果

政党名称	得票比例（%）	议席数量（个）	议席比例（%）
民主联盟（UD）	12.32	62	13.5
民主左翼联盟（SLD）	11.98	60	13.0
天主教选举运动（WAK）	8.73	49	10.7
波兰农民党（PSL）	8.67	48	10.4
独立波兰联盟（KPN）	7.50	46	10.0
中间派协会（POC）	8.71	44	9.6
自由民主国会（KLD）	7.48	37	8.0
农民协会（PL）	5.46	28	6.1
团结工会（Solidarity）	5.05	27	5.9
波兰啤酒之友党（PPPP）	3.27	16	3.5
其他19个政党	13.6	43	9.1

图表来源：作者自撰

数据来源：http://www.ipu.org

---

① 计算公式为：政党有效选票除以选区有效选票所得商数乘以选区应选名额。

表4—10 1991年波兰议会参议院选举结果

政党名称	席位
民主联盟（UD）	21
团结工会（Solidarity）	11
天主教选举运动（WAK）	9
中间派协会（POC）	9
波兰农民党（PSL）	7
自由民主国会（KLD）	6
农民协会（PL）	5
民主左翼联盟（SLD）	4
独立波兰联盟（KPN）	4
其他党派及独立人士	24

图表来源：作者自撰

数据来源：波兰国家选举委员会 www.pkw.gov.pl

1991年12月，瓦文萨提名中间派协会候选人杨·奥尔谢夫斯基为政府总理，议会通过了该任命。奥尔谢夫斯基组成了由中间派协会、农民协会、基督教民族统一、基督教民主党4个中右翼小党和10名无党派人士组成的少数派政府，该政府将民主联盟和民主左翼联盟两个议会大党排除在外。过分松散的结构使得该届政府具有明显的不稳定性，只存在了6个月。① 1992年7月，民主联盟哈娜·苏霍茨卡组建由民主联盟、基督教民族统一、自由民主国会、农民协会、基督教民主党、农民基督教党和波兰经济纲领7个政党组成的新一届政府，在议会中占有微弱多数。1993年5月，议会提出对政府的不信任案，瓦文萨解散议会和参议院。

这一届色姆议会中共有29个政党，参议院共有13个政党，先后参与过组建两届政府的共有8个政党，反对政党也不止一个，因此

---

① 刘祖熙：《波兰通史》，商务印书馆2006年版，第570页。

1991—1993年间，波兰的相关政党数量大于8。组成第一届政府的4个政党在议会所占议席比例之和不足50%，组成第二届政府的7个政党在议会所占议席比例之和刚刚超出50%，而这届议会的最大党——民主联盟在议会所占席位比例仅为13.5%，并且仅得以参加一届政府，其人数也并不占优势，再加上1992年该党内部发生分裂，该政党规模极为有限。由此可见，1989—1993年间，波兰政党规模的形式属于**"极端分裂形式"**，政党生态呈现出明显的离心性竞争格局，对国家政局的稳定极为不利。

（三）1993年9月波兰议会选举

1993年9月19日，波兰议会和参议院提前两年零一个月进行第三次议会选举。此次选举依照同年5月新修订的选举法实行，其中规定了政党进入色姆议会的门槛是在全国获得超过5%的有效选票，政党联盟进入议会下院的门槛是获得超过8%的有效选票。众议院的391个席位由重新划分出的52个选区选举产生，其余69个全国名单议席由获得7%以上选票的政党参与分配。该选举法还规定，波兰在总体实行比例代表制的基础上，采取顿特公式（d'Hondt）① 来计算议席的分配。这些选举规则的实施将大幅度减少进入议会的小党的数量，使大党的优势地位更为集中，有效减少相关政党数量，改变碎分化的政党格局。

在这次大选中，民主左翼联盟获得众议院的171席（37.2%）、参议院的37席，农民党获得分别获得132席（28.7%）和36席，右翼的民主联盟获得74席，而团结工会在众议院一席未得，在参议院只得9席。最终，有6个政党或联盟通过政党门槛获得席位。政府由民主左翼联盟与农民党联盟组阁，结束了团结工会的四年执政。

右翼政党虽然支持新的选举制度，但是大多右翼政党在席位分配、改革方案等方面存在分歧，因而没能在选举中结成有效的政党联盟。4

---

① "顿特公式，是最不具有比例代表性的，而且它制度性地偏袒大党。"见［美］阿伦·李帕特：《选举制度与政党制度》，上海世纪出版集团2008年版，第21页。

个天主教政党只获得了6.4%的选票,而且没有一个所获选票超过5%;瓦文萨创建的支持改革无党派集团仅仅以5.41%的得票率跨过议会门槛,却也没有资格参与全国名单中议席的分配。

表4—11　1993年波兰议会众议院选举结果

政党名称	得票比例(%)	议席数量(个)	议席比例(%)
民主左翼联盟(SLD)	20.41	171	37.2
波兰农民党(PSL)	15.40	132	28.7
民主联盟(UD)	10.59	74	16.1
劳动联盟(UP)	7.28	41	8.9
独立波兰联盟(KPN)	5.77	22	4.8
支持改革无党派集团(BBWR)	5.41	16	3.5
德意志少数民族党*	0.70	4	0.9
未达到门槛标准的政党和联盟	34.44	0	0

* 根据选举法规定,民族政党不受最低得票门槛限制。

图表来源:作者自撰。

数据来源:波兰国家选举委员会 www.pkw.gov.pl

表4—12　1993年波兰议会参议院选举结果

政党名称	席位
民主左翼联盟	37
波兰农民党	36
团结工会	9
民主联盟	5
劳动联盟	2
支持改革无党派集团	2
独立人士	9

图表来源:作者自撰

数据来源:波兰国家选举委员会 www.pkw.gov.pl

选举结束后,议会两大党民主左翼联盟和波兰农民党组建联合政府。10月，经总统任命和议会通过，波兰新一届政府组成。该届政府总理由波兰农民党主席瓦尔德马尔·帕夫拉克担任，21名政府成员中，有来自波兰农民党、民主左翼联盟、劳动联盟、支持改革无党派集团4个政党或联盟的成员以及一些无党派人士。但自从两党政府建立时期，帕夫拉克政府与瓦文萨之间一再发生矛盾冲突，1995年3月，议会接受帕夫拉克辞职，推举时任议会议长的民主左翼联盟的约瑟夫·奥莱克西为总理。第二届组阁的政府由民主左翼联盟和波兰农民党两党的成员以及个别无党派人士组成，其中有9人为民主左翼联盟成员，2位无党派人士为民主左翼联盟推荐，因此，在新的两党政府中，民主左翼联盟占有明显优势。1996年，瓦文萨蓄意制造了诬陷奥克莱西的间谍案丑闻，导致奥克莱西被迫辞职。2月，民主左翼联盟成员弗·齐莫谢维奇担任总理，组建民主左翼联盟和波兰农民党第三届联合政府，其成员分布基本延续了奥克莱西政府时的状态，由民主左翼联盟和波兰农民党以及无党派人士组成。

1995年11月，进行了波兰第三共和国的第二次自由直选的总统选举，经过两轮竞争，社会民主党主席克瓦希涅夫斯基击败瓦文萨当选总统，克瓦希涅夫斯基在当选后辞去了社会民主党主席职务。

这一届议会期间，有民主左翼联盟、波兰农民党、民主联盟、劳动联盟、独立波兰联盟和支持改革无党派集团6个主要政党和联盟进入色姆议会，其中有民主左翼联盟、波兰农民党、劳动联盟和支持改革无党派集团4个政党曾经参与组建政府，其中劳动联盟和支持改革无党派集团参与了第一届政府的组阁，主要执政党是民主左翼联盟和波兰农民党。1994年3月，议会第三大党自由联盟与自由民主大会党合并，成立自由联盟，该党成为民主左翼联盟和波兰农民党政府的主要反对派。支持改革无党派集团作为议会中的一个小党，所占议席比例极少，但该党是总统瓦文萨一手建立起来的，在瓦文萨同执政联盟的矛盾斗争中坚决支持和帮助前者，是执政联盟的坚决反对派。德意志少数民族党在议会所获席位有限，团结工会只在参议院获得极少量席位，既未能参与任何一届政府，也不具有明显的否决潜力和实力，不能被计为讹诈性政党。可见，1993—1997年间，波兰的相关政党数量为6，其中最大两党民主左翼联盟和波兰农民党分别获得37.2%和28.7%的席位，共占有议席比例为60.9%，两党均未达到或接近50%的多数席位，因而其政党规模的组合形式为"**极端分裂形式**"。虽然同上届议会相比，有效政党数量大大减少，但政党间的离心性竞争格局并未根本改变，政党政治仍处于较为不稳定的状态，一届议会三次组阁就是最突出的表现。

（四）1997年9月波兰议会选举

到1997年波兰登记的合法政党有362个，其中很多是只有几十个人的沙发党，为了控制政党数量，同年6月，波兰议会在新修改的《选举法》中将建立政党的最低人数限制从15人提高到1000人。同年9月，议会任期届满，举行了新一届议会选举。此次选举的公民投票率为47.93%。结果，由34个右翼派别联合组成的团结工会选举运动获得33.8%的选票，得到色姆议会议席201席，民主左翼联盟得票率为27.1%，得到164席，自由联盟得票率13.4%，获得60个议席。

表4—13 1997年波兰议会众议院选举结果

政党名称	得票比例（%）	议席数量（个）	议席比例（%）
团结选举运动（AWS）	33.8	201	43.7
民主左翼联盟（SLD）	27.1	164	35.6
自由联盟（UW）	13.4	60	13.0
波兰农民党（PSL）	7.3	27	5.9
重建波兰运动（ROP）	5.6	6	1.3
德意志少数民族党	4.3	2	0.4

图表来源：作者自撰

数据来源：http://www.ipu.org/parline-e/reports/arc/2255_97.htm

表4—14　1997年波兰议会参议院选举结果

政党名称	席位
团结选举运动	51
民主左翼联盟	28
自由联盟	8
重建波兰运动	5
波兰农民党	3
无党派人士	5

图表来源：作者自撰

数据来源：波兰国家选举委员会 www.pkw.gov.pl

团结选举运动与自由联盟在选举结束后组成新的内阁，民主左翼联盟沦为在野党，民主左翼联盟与团结选举运动形成了左右对立的两大政党联盟。11月，议会通过了对克瓦希涅夫斯基任命的耶日·布泽克政府的信任投票，在该届联合政府的23名成员中，团结选举运动有17人，自由联盟6人，这意味着右翼团结工会阵营重新取得政权。

波兰政治制度剧变以来的第三次总统普选在2000年10月举行，时任总统的克瓦希涅夫斯基在第一轮投票中即以53.9%的绝对多数得票率成功当选，得以连任波兰第三共和国总统。克瓦希涅夫斯基在担任总统之初即退出了社会民主党，成为一个无党派总统，但他实际上获得了几乎所有民主左翼联盟和社会民主党支持者的选票，他本人的民众支持率超过社会民主党的民众支持率约两倍之多。

从选举结果分析，参与组阁执政的右翼政党——团结选举运动和自由联盟符合执政相关政党标准，但团结选举运动占有43.7%的议席，并未超过绝对多数。左翼政党民主左翼联盟占有35.6%的议席，是议会第二大党和最大的反对党。1997—2001年，波兰政党制度中的相关政党数量为3，其中两个最大的政党占有绝对多数席位，因此**政党规模形式为非典型"有限分裂形式"**，政党竞争格局较为激烈，有意识形态**完全对立的反对派政党存在**。右翼联合政府在此届任期的后两年，虽然问题不断、丑闻频发，但仍完成了一届执政周期，使波兰保持了政局稳定性和执政连续性。

（五）2001年9月波兰议会选举

2001年4月，波兰议会通过新修改的《选举法》，与之前的选举规则相比，该选举法的主要变化在于，将原有的选举计算方法顿特公式（d'Hondt）改为圣拉各公式（St. Lague）①，而且还取消了全国名单的69个席位。这种选举方法更有利于中小型政党。

9月，第四届议会选举如期举行。投票结果显示，民主左翼联盟和劳动联盟组成的竞选联盟获得了41%的选票，得到216个众议院议席，远远超出第二名公民纲领党，获得压倒性胜利。从团结选举运动中分离出来的公民纲领党和法律与公正党分别得到12.68%和9.5%的选票，获得65个和44个议席，上次大选获胜而组阁的右翼政党——团结选举行动和自由联盟严重受挫，由于未达到联盟所需的8%的门槛而双双无缘进入议会。参议院选举的最大赢家也是民主左翼联盟—劳动联盟，获得了75席，占有绝对优势。

表4—15 2001年波兰议会众议院选举结果

政党名称	得票比例（%）	议席数量（个）	议席比例（%）
民主左翼联盟—劳动联盟	41.04	216	46.96
公民纲领党（PO）	12.68	65	14.13
农民自卫党	10.20	53	10.52
法律与公正党（PiS）	9.50	44	9.56
波兰农民党（PSL）	8.98	42	9.13
波兰家庭联盟	7.87	38	8.26
德意志少数民族党	0.36	2	0.43

图表来源：作者自撰

数据来源：波兰国家选举委员会 www.pkw.gov.pl

---

① 圣拉各法与顿特法不同之处在于，将除数改为1, 3, 5, 7……除数增大，导致已经分配到席位的政党要再次分配到席位的难度加大，而尚未分配到席位的小党则更有机会获得席位分配。这种方法修正了顿特法有利于第一大党的结果，但同时也容易造成小党过多的状况。

表4—16 2001年波兰议会参议院选举结果

政党名称	席位
民主左翼联盟—劳动联盟	75
参议院2001①	15
波兰农民党	4
自卫党	2
波兰家庭联盟	2
无党派人士	2

图表来源：作者自撰

数据来源：波兰国家选举委员会 www.pkw.gov.pl

选举后形成的议会第一大党——民主左翼联盟—劳动联盟联合中间派政党——波兰农民党组成多数联合政府。民主左翼联盟领导人莱谢克·米莱尔出任总理，组建了由18名成员组成的政府，其中有13名民主左翼联盟成员、2名波兰农民党成员、1名劳动联盟成员和2名无党派人士。民主左翼联盟开始了波兰剧变后的第三次执政。到2003年，波兰农民党退出政府，民主左翼联盟遭受腐败丑闻打击，联合政府解体。2004年3月民主左翼联盟发生分裂，色姆议会主席马雷克·博罗夫斯基带领33名下议院议员脱离民主左翼联盟决策层并成立新党——波兰社会民主党（SdPl），自称为"革新左翼"②。次日，米莱尔宣布辞职，5月起由左翼民主联盟成员、有经验的经济学家、原副总理和财政部长马雷克·贝尔卡担任临时看守内阁总理。

2001—2005年，参与组建政府的有民主左翼联盟—劳动联盟和波兰农民党，其中民主左翼联盟和劳动联盟结成的竞选联盟获得46.96%

---

① "参议院2001"是由团结选举行动、法律和正义党、公民纲领党、自由联盟和重建波兰联盟5个右翼政党和联盟为参加2001年参议院选举而联合组成的政党联盟，这5个政党和联盟独立参加了众议院选举。

② 孙敬亭：《转轨与入盟——中东欧政党政治剖析》，中国文史出版社2006年版，第252页。

的众议院议席，波兰农民党所占议席比例为9.13%。右翼的公民纲领党和法律与公正党是民主左翼联盟的天然反对党。农民自卫党与波兰农民党的竞争极大牵制了后者在执政联盟中的价值判断和行为选择，直接造成执政联盟破裂，可见农民自卫党具有讹诈能力。因此，这一时期，相关政党的数量为5，没有一个单独的政党占有接近绝对多数的席位，**政党规模的形式为"有限分裂形式"，政党竞争基本呈现出向心性特征，但农民自卫党是不负责任的反对党。**

（六）2005年9月波兰议会选举

2005年波兰四年举行一次的议会选举与五年举行一次的总统选举先后在9月和10月举行，两次选举不可避免的产生了相互影响。议会选举结果显示，上一届组成议会的6个主要政党将在新一届议会中继续留任，但所占议席比例发生明显改变。脱胎于团结工会的右翼政党——法律与公正党和公民纲领党获得了33.7%和28.9%的议席，成为议会两大政党。而上届执政的左翼民主联盟—劳动联盟实力大为削弱，仅获得了11.96%的议席，沦为第四大党。

表4—17 2005年波兰议会众议院选举结果

政党名称	得票比例（%）	议席数量（个）	议席比例（%）
法律与公正党（PiS）	26.99	155	33.70
公民纲领党（PO）	24.14	133	28.91
自卫党	11.41	56	12.17
民主左翼联盟（SLD）*	11.31	55	11.96
波兰家庭联盟（LPR）	7.97	34	7.39
波兰农民党（PSL）	6.96	25	5.43
德意志少数民族党	0.29	2	0.43

* 民主左翼联盟与劳动联盟组成联盟参加竞选。

图表来源：作者自撰

数据来源：波兰国家选举委员会 www.pkw.gov.pl

表4—18　2005年波兰议会参议院选举结果

政党名称	席位
法律与公正党	49
公民纲领党	34
波兰家庭联盟	7
自卫党	3
波兰农民党	2
德意志少数民族党	2
无党派人士	3

图表来源：作者自撰

数据来源：波兰国家选举委员会 www.pkw.gov.pl

当年10月，时任华沙市长、法律与公正党领导人莱赫·卡钦斯基在总统选举第二轮投票中获得54%的选票，当选总统，其竞争对手公民纲领党候选人图斯克获得了46%的选票。此前几日，法律与公正党成员马尔钦凯维奇出任波兰总理，但法律与公正党同公民纲领党联合执政的谈判破裂，法律与公正党单独成立少数派政府。2006年5月，法律与公正党同自卫党、波兰家庭联盟联合组阁，形成了议会多数派政府。波兰组成了法律与公正党主导的、自卫党和波兰家庭联盟参加的联合政府。2006年7月，马尔钦凯维奇总理辞职，雅罗斯瓦夫·卡钦斯基担任总理。三党联合政府自成立之后，在执政理念和政策主张方面差异较大，自卫党丑闻不断，波兰家庭联盟要求推动极为严厉的反堕胎法。三党之间的严重分歧导致几度出现政府危机，2007年8月，应总理雅罗斯瓦夫·卡钦斯基的要求，总统莱赫·卡钦斯基解除了三党执政联盟中波兰家庭联盟和自卫党所有四名内阁部长的职务，执政联盟宣告破裂，三党联合政府垮台，法律与公正党同意解散政府，提前举行议会大选。

2005—2007年间，公民纲领党同法律与公正党组阁谈判破裂导致后者不得不与自卫党及波兰家庭联盟组阁，公民纲领党之后成为最大的议会反对党,这4个政党都具有执政相关性。虽然左翼民主联盟—劳动联盟与上述右翼政党具有天然的意识形态对立,但在这一届议会中该联盟所占议席有限,是实力最弱的反对党。可见,波兰政党制度中的相关政党数量应为5,**政党规模形式是较为典型的"有限分裂形式"**,同为右翼的4个政党形成了向心性的政党竞争格局。

(七) 2007年10月波兰议会选举

2007年10月,波兰议会提前两年举行选举,共有4个政党和联盟得票率超过5%和8%的门槛,进入议会。自由派政党公民纲领党得票率41.52%跃居第一,成为议会第一大党,保守民族主义政党法律与公正党退居次位,获得32.11%的选票。左翼政党联盟——左翼与民主者联盟得到13.15%的选票,略高于上届民主左翼联盟—劳动联盟的得票率,但所获议席减少2名。

表4—19 2007年波兰议会众议院选举结果

政党名称	得票比例(%)	议席数量(个)	议席比例(%)
公民纲领党(PO)	41.51	209	45.43
法律与公正党(PiS)	32.11	166	36.09
左翼与民主者联盟(LiD)①	13.15	53	11.52
波兰农民党(PSL)	8.91	31	6.74
德意志少数民族党	0.2	1	0.22

图表来源:作者自撰

数据来源:波兰国家选举委员会 www.pkw.gov.pl

---

① 2007年,由民主左翼联盟党、波兰社会民主党、民主党和劳动联盟组成了左翼与民主者联盟(Lewica i Demokraci-Left and Democrats),联合竞选。

第四章 俄罗斯与波兰政党制度变迁的进程分析：政党相关性变量

表4—20　2007年波兰议会参议院选举结果

政党名称	席位
公民纲领党	60
法律与公正党	39
无党派人士	1

图表来源：作者自撰

数据来源：波兰国家选举委员会 www.pkw.gov.pl

2007年11月，波兰总统莱赫·卡钦斯基任命公民纲领党主席图斯克为新一届波兰总理，公民纲领党与波兰农民党联合组阁，成立多数派政府。2010年4月，时任波兰总统的莱赫·卡钦斯基和夫人以及多名军政要人在飞机事故中遇难，原计划于10月举行的总统选举提前至6月20日举行。原众议院议长、公民纲领党副主席博罗尼斯瓦夫·科莫罗夫斯基在第二轮投票中获得53%的选票当选总统，击败法律与公正党临时推举的候选人、已故总统的孪生哥哥、法律与公正党主席雅罗斯瓦夫·卡钦斯基。2011年10月，将举行下一届议会选举。

2007—2011年，参加波兰执政联盟的是公民纲领党和波兰农民党，法律与公正党是议会内最大的反对党，左翼与民主者联盟仍然扮演着弱势反对党的角色，波兰政党制度中的相关政党数量为4。由于只有公民纲领党一党所占议席比例接近50%，其余三党所占席位均为接近50%，因此**政党规模的组合形式仍是"有限分裂形式"，相比上届，政党之间竞争的向心性更为明显**。2011年议会选举结果基本延续了上一届政党格局，两大主要政党状态仅有微小变化，从法律与公正党分裂出的帕里科特运动和波兰人民党进入议会。

表4—21　2011年波兰议会众议院选举结果

政党名称	得票比例（%）	议席数量（个）	议席比例（%）
公民纲领党（PO）	39.18	207	5.00
法律与公正党（PiS）	29.89	157	34.13
帕里科特运动（RP）	10.02	40	8.70

(续表)

波兰人民党（PSL）	8.36	28	6.09
民主左翼联盟（SLD）	8.24	27	5.87
德意志少数民族党	0.20	1	0.22

图表来源：作者自撰

数据来源：波兰国家选举委员会 www.pkw.gov.pl

（七）波兰政党数量和规模变化的特点

通过上述回顾和分析，可以看出，从1989年至2011年，波兰政党制度变迁过程中呈现出：相关政党数量由多到少，政党规模由小到大，政党间竞争由极端分裂的离心性竞争到有限分裂的向心性竞争的直观特征。

表4—22 1989—2011年波兰政党数量和规模变化情况

时间	相关政党数量	政党规模组合形式	政党规模形式的结构性形态
1989—1993	大于8个	极端分裂形式	无规则的离心性竞争格局
1993—1997	6个	极端分裂形式	较激烈的离心性竞争格局
1997—2001	3个	类有限分裂形式	离心性竞争格局
2001—2005	5个	有限分裂形式	有不负责任反对党的向心性竞争格局
2005—2007	5个	有限分裂形式	大部分政党向心性竞争格局
2007—2011	4个	有限分裂形式	向心性竞争格局

图表来源：作者自撰

表4—23 1989—2011年波兰政党各类数量值变化情况

时间	参加议会选举政党总数	进入议会政党数量	相关政党数量
1989—1993	111	29	大于8个
1993—1997	35	7	6个
1997—2001	21	6	3个
2001—2005	14	7	5个
2005—2007	22	7	5个
2007—2011	10	5	4个

图表来源：作者自撰

数据来源：www.sejm.gov.pl

第四章 俄罗斯与波兰政党制度变迁的进程分析：政党相关性变量

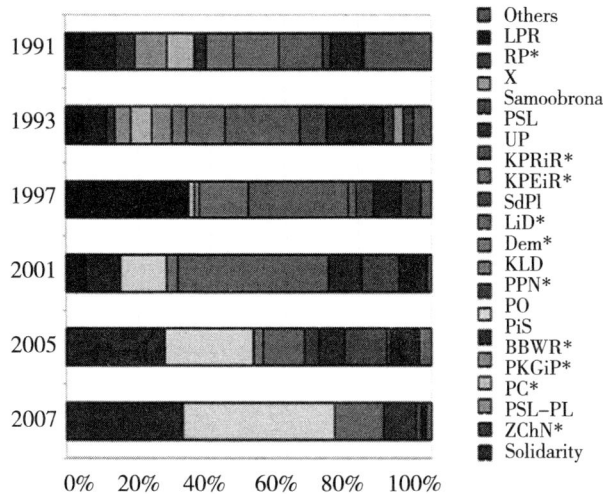

图4—1 1991—2007年波兰色姆议会选举各政党得票率分布图

从1989年至2011年，俄罗斯与波兰都出现了相关政党数量由多到少、政党规模由小到大的变化过程，但俄罗斯的政党间竞争，是由粉碎型政党制度下以极端分裂为特征的离心性竞争发展到由政权党一党占绝对优势主导的多党制，而波兰则是由极端分裂的离心性竞争向温和多党制下的有限分裂的向心性竞争变化。

第二节 政党相关性变量：政党意识形态分布的变动

进行政党制度比较研究时，政党意识形态的分布状况是另一个极为重要的变量。政党意识形态分布主要取决于三个因素：一是政党意识形态分布的向度。政党意识形态分布的向度是政党意识形态分布结构的基础。如果用坐标系来表示政党意识形态分布，那么政党意识形态的分布向度就是坐标轴（x，y或z）。唐斯提出了左—右单向度政治光谱，萨托利提出了在左—右、集权—民主或世俗—宗教等多向度上政党位置分布，阿兰·威尔提出生产资料所有制和社会问题两个考量维度。二是政党意识形态位置。政党意识形态位置需通过政党的意识形态标签以及意识形态强度来确定,相当于坐标系内具有不同值的点(a, b, c……)。三是政党意识形态的影响范围。政党用其特定的意识形态来吸引民众、团结力量,在选举中争取更多地选票,因而可以用政党在选举中的得票率作为其意识形态影响范围的指标。在坐标系内,以政党意识形态位置为圆心、以相对得票率为半径形成的圆面可以表示政党意识形态的影响范围。

将政党意识形态分布具象为一个坐标系是个非常理想化的研究路径,虽然它具有清晰、明确的优势,但其中每一个数据的取得都是极为复杂且难于精确的。根据政党所属的意识形态派别对其进行分类,已经成为政党和政党制度比较研究中常用的方法。① 政党意识形态派别源于罗坎的政党起源理论和迪韦尔热的政党分类理论,20世纪80年代,冯·拜梅按照政党意识形态在欧洲政治中出现的时间顺序提出了九个政党的意识形态派别。在此基础上,西方理论区分出的经典政党意识形态派别有:共产主义政党、社会民主主义党或工人党、基督教民主主义党、农民党、保守党、自由党、左派自由主义者党、地方主义政党、民族主义政党、种族主义政党、极端右翼政党、生态主义政党、右翼民粹主义政党等。自从20世纪90年代起,后社会主义国家政党多元化出现以来,政党意识形态派别的分类方法也被用来分析这些转型国家的政党意识形态分布状况。这种借用的"意识形态派别的类型学原本是非常主观并带有误导性的,但目前已越来越合理且有意义,这不只是因为对中东欧国家政党的理论和实证研究得到长足发展,而且主要因为这些政党自身已经得到很大发展,变化明显"。②

同时,虽然传统的政党意识形态左右政治光谱分布分析法有其自

---

① Peter Mair and Cas Mudde, "The Party Family and Its Study", in *Annual Review of Political Science*, 1998, 1, p. 212.

② Attilaágh, "The End of the Beginning: the Partial Consolidation of East Central European Parties and Party Systems", *Budapest Pap*, Democr (transit) . 1996, pp. 22 – 23.

身不足之处，但到目前为止，它在政党意识形态研究中仍然具有重要的参照意义，至少提供了左—右向度上的政党意识形态相对位置分布结构图，是政党意识形态分布研究的起点。"如果我们把从左到右的各种倾向都摆在一条意识形态横轴上，那么，根据政党的意识形态，比较齐全的政党分布应该是：无政府主义→极左小党→共产党→社会民主党→资产阶级改良政党→资产阶级保守党→君主立宪党→法西斯党。但是在政党实践中，情况远比这里描绘的要复杂得多。"① 而美国学者弗朗西斯卡·维沙露和克莱德·威尔科斯克的分类略有不同。"根据意识形态从左到右的谱系排列，分为左派自由主义、共产主义、社会民主主义、自由主义、基督教民主主义和右翼权威主义。"②

一种方法认为，受到制度性制约的信仰系统或意识形态，即在政策考量基础上产生的左—右自我定位，总体上在民众中是缺乏的，例如美国选民。另一种建立在密歇根学派的选举研究基础上的观点认为，一些社会经济背景要素，诸如宗教、阶级、教育，是型塑政治信仰体系和影响选举的力量。一些学者将社会背景要素看成为间接影响政治意识形态和左右认同的唯一来源，但程度远弱于实际的意识形态偏好。在唐斯的传统理论中，选民利用意识形态作为分辨政治方案以及分析与其相关的政党偏好选择的简化手段。如果选民与某种通常意义上的政策定位模式相互关联，那么左右标签可以使选民不必具备政策评估的能力。相反，政治家是更希望利用立场象征而不是关注于某些问题诉求，以便于维持灵活的策略同时仍可传递给选民一个明确的形象和"声誉"。

但实际上，在西方国家政治竞争中的左与右的真正含义是随着时间和空间的不同而有所变化的。尽管，"左"通常与"促进社会向更为

---

① 王长江：《政党论》，人民出版社2009年版，第98页。
② Francesca Vassallo and Clyde Wilcox，"Party as a Carrierof Ideas"，in Richard S. Katz and William Crotty（ed.），*Handbook of Party Politics*，London：Sage Publicantions，2006，pp. 412 – 421. 转引自高奇琦：《选举技术作为西方政党意识形态的兴起及其评析》，载《社会主义研究》，2009年第3期，第63页。

平等方向的变革——政治、经济或社会相联系；而我们会用'右'来表示支持一个传统的、某种等级化的社会秩序，并且反对向更平等方向的变革"。但是，除此之外，西方国家对选举中左与右的解释破坏了其原本的意义。而是围绕着对那些与平等无关但具有价值体系的非阶级问题空间象征。然而，根据这些研究，可以发现从社会主义威权体制向资本主义民主制度转型的社会所具有的一些特质。

一、俄罗斯政党意识形态分布的变动

俄罗斯政党制度转型的进程发端于苏联的戈尔巴乔夫改革后期，当时，在苏联共产党内部出现了尖锐的意识形态争论，持不同观点的党的领导人形成了不同政治派别，并在此基础上建立起了一些政党俱乐部。根据安德烈·尤里耶维奇·舒托夫的观点，20世纪80年代末，苏联共产党内部在意识形态方面形成了三个派别："民主纲领派"（鲍·叶利钦、亚·雅科夫列夫等），该派别赞成在法律上巩固苏联的多党制，给媒体提供更多的自由，举行直接和自由的选举等；正统的共产党员团体（叶·利加乔夫、伊·波洛兹科夫、根·久加诺夫等）；以及一个人数非常少（以戈尔巴乔夫为代表），试图走中间路线的派别，选择了妥协战术。[①] 苏联共产党被禁止活动之后，俄罗斯联邦共产党成为温和左派的代表，并成功吸引到左派选民的支持，成为最强有力的反对派；"民主俄罗斯"运动成为自由的、右派政治力量的代表，以反共产主义为旗帜，召集了很多政治家，其中有些人甚至持有对立的意识形态立场。激进左派和社会民主阵营的政党并未在社会上产生较大影响，实力逐渐衰弱。因而，苏联解体初期，意识形态光谱上形成了两极政治模式，社会团体和政治党派分为共产党人和民主党人两类。

---

① 安德烈·尤里耶维奇·舒托夫：《俄罗斯政党和政党制度发展现状》，刘毅译，载《国外社会科学》，2009年第5期，第13页。

第四章 俄罗斯与波兰政党制度变迁的进程分析：政党相关性变量

激进的右翼自由主义曾经是掌权的俄罗斯精英集团的主流意识形态。叶利钦时期的政权党——以盖达尔为首的"俄罗斯民主选择"就是这一意识形态的主要代表。由于激进自由主义"休克疗法"改革导致国家经济大幅下滑，社会混乱不堪，人民生活水平下降，引起民众强烈不满。在普京时期和梅德韦杰夫时期，右翼自由主义政党愈来愈丧失民心，在大选中屡遭惨败，最终被赶出了国家杜马。但自由主义意识形态在社会上仍有一定影响，亚博卢党和右翼事业党是自由主义在议会外的主要政治代表。一些极端右翼自由主义组织则采取街头斗争等激进方式表达其政治诉求。

保守主义在俄罗斯逐渐抬头并成为国家精英集团的主流意识形态。普京时期和梅德韦杰夫时期的政权党——统一俄罗斯党起初自称中派主义政党，长期以来缺乏明确的意识形态，内部存在多种不同思想倾向。该党十一大通过的新纲领宣布党的意识形态是"俄罗斯保守主义"，主张在俄罗斯历史文化传统的共同价值基础上避免革命和停滞，在保持国家稳定的条件下通过渐进的改良和创新实现国家现代化，走具有俄罗斯特色的"保守主义现代化"道路。该党既反对恢复苏联时期的共产主义，也反对激进自由主义。这意味着保守主义替代激进自由主义成为政权党的主流意识形态[①]。

坚持共产主义意识形态的政党始终是坚定的反对派，久加诺夫领导的俄罗斯联邦共产党是其中最有代表性的党。该党经过多次分化组合，目前成为唯一具有合法地位的共产党，在国家杜马中居第二位，持坚决的左翼反对派立场。其他共产主义政党有的被解散，有的改组为社会联合组织，有的则处于非法状态。俄罗斯共产党本身面临党员数量减少、构成老化、活动经费紧缺、内部争吵不断、遭到政府当局打压的严峻挑战。俄罗斯共产党的意识形态发生了不少变化。久加诺

[①] 李兴耕：《统一俄罗斯党的意识形态——"俄罗斯保守主义"》，载《当代世界与社会主义》，2010年第1期。

夫曾经大力宣传"俄罗斯社会主义",但现在对此作了修正。2008年的新纲领宣称,党的战略目标是在俄罗斯建立"更新了的社会主义——21世纪社会主义"。在俄罗斯政党光谱中,俄罗斯联邦共产党始终占据着左翼政党的中心位置,尽管俄罗斯近年来发生了深刻的社会政治变革,但俄罗斯联邦共产党仍与从前一样捍卫着共产主义理想并宣称必须重建苏维埃政权制度,该党获得了相当一部分固定选民的支持。

苏共垮台后,俄罗斯形成了十多个信奉社会民主主义的政党,这些党的群众基础比较薄弱,由于各种原因相继解散或改组。目前,米罗诺夫领导的公正俄罗斯党是议会中唯一的社会民主主义政党。该党于2006年年底由祖国党、俄罗斯退休人员党和俄罗斯生活党合并成立,该党的目标是在俄罗斯建立公正的、自由的和团结的社会,重点强调发展"社会主义前景",在左翼选民中有一定影响力。该党拥护总统普京的路线,但反对统一俄罗斯党对政权的垄断。该党的纲领宣称,党的意识形态是"新社会主义——21世纪社会主义"。[①]

在俄罗斯民族主义思潮有相当广泛的受众,民族主义派别的政党打着"俄罗斯爱国主义"旗号、鼓吹重振俄罗斯大国雄风。以日里诺夫斯基为首的俄罗斯自由民主党就是其中最有代表性的政党。该党自称是爱国主义、自由主义和民主主义政党,实际上具有强烈民族主义色彩。该党是一个"领袖型政党",日里诺夫斯基个人是唯一的领导人,他经常发表一些带有浓厚民族主义、平民主义倾向的煽动性言论。该党自成立以来,参加了历届国家杜马选举并进入了议会,日里诺夫斯基还曾经多次参加俄罗斯总统竞选。尽管舆论界对他本人和自由民主党毁誉不一,但他和自由民主党至今在俄罗斯仍具有不容忽视的影响。近年来,该党牢牢地占据着右翼政党的首要位置。尽管这个政治组织一直不定型,而且日里诺夫斯基的领导地位无人替代,但该党将始

---

① 李兴耕:《公正俄罗斯党的意识形态——"21世纪新社会主义"》,载《当代世界与社会主义》,2008年第3期。

终是俄罗斯有影响的政治力量。在议会外,俄罗斯还有一些极端民族主义组织和团伙,他们大肆鼓吹排外主义和种族主义,臭名昭著的"光头党"就是其中之一。①

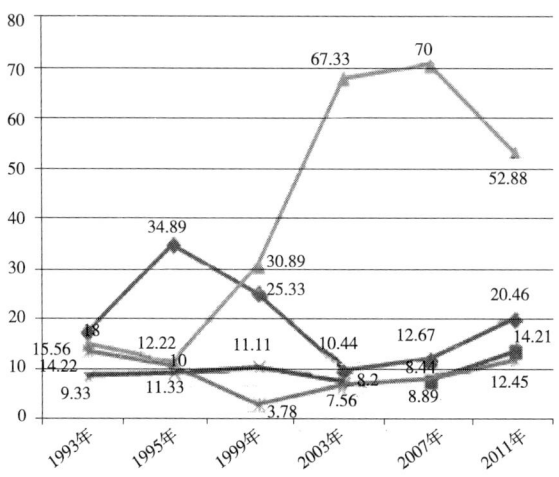

图 4—2 俄罗斯政党意识形态分布变动

图表来源:作者自撰

数据来源:历届杜马选举结果中各政党在杜马中所占议席比例,具体数字见前文。

为了能更为直观和全面的对政党意识形态分布变动情况进行分析,笔者以不同意识形态派别的相关性政党在历届杜马议会中所占议席比例为参照系,按照选举年份排列,形成"俄罗斯政党意识形态分布变动图"。俄罗斯政党制度变迁中,政党的意识形态派别在政党谱系上从

---

① 李兴耕:《俄罗斯四大议会政党的意识形态比较研究》,载《中共天津市委党校学报》2010年第5期,第84—85页。

左至右的分布主要有左翼共产主义、中左社会民主主义、中派（政权党）、右翼自由民主主义和极右民族主义。在历届杜马的相关性政党之中：俄罗共产党、俄罗斯农民党属左翼共产主义政党；公正俄罗斯为中左社会民主主义政党；俄罗斯民主选择、我们的家园—俄罗斯、团结和祖国—全俄罗斯、统一俄罗斯党先后担当过中派政权党的角色；属于右翼的政党主要有"亚博卢"集团、俄罗斯统一和谐党、右翼力量联盟和祖国党；自由民主党是民族主义意识形态政党。由"俄罗斯政党意识形态分布变动图"可见，俄罗斯政党意识形态分布的变迁进程有以下特点。

首先，俄罗斯的政党意识形态分布状况明显表现出一个处于民主化早期的转型国家的政党意识形态分布模式，这种模式的突出特点就是（1）数量较多的政党沿着一个线性的意识形态左右空间分布；（2）在同一政党制度内，有多个政党具有同一种意识形态；（3）在意识形态分歧较高的分裂型政体中，竞争向度是多维的。

其次，从第三届杜马（1999年选举）开始，政权党的意识形态位置明显偏离了政党竞争的分布范围，这种偏离随着时间推移会产生越来越大的被孤立的风险，时间积累过长甚至有可能会输掉整个游戏。因而，到第六届杜马（2011年选举），统一俄罗斯党的意识形态位置显示出明显的开始回归俄罗斯政党制度竞争空间范围的趋势。

再次，俄罗斯政党意识形态总体分布中，不同政党所主张的意识形态之间的分歧程度，即意识形态距离，呈现出早期逐渐增大后期开始缩小的变化趋势。以年份坐标纵向比较历届杜马中意识形态位置距离最远的两个政党派别之间的位置差，即可对这种趋势一目了然。

二、波兰政党意识形态分布的变动

制度转型以来，波兰的意识形态发展呈现出一些独特之处。在剧变之初的东欧国家，关于参与竞选的政治家的信息及其真实性具有极大的不确定性,因而常常出现"根据需要说假话"[1]的现象。波兰剧变之后的历届政府都受到来自持有经济民粹主义的反对派的攻击,但是并没有哪一届新政府真正对休克疗法之后的经济改革计划和国际货币基金组织、世界银行等向波兰提出的条款及要求提出挑战。这样就导致政党及其政治家出现"说一套做一套"的行为,使得选民很难依据政党所标榜的政治标签来做出相应选择。与此同时,在波兰民主化的早期阶段,即使政治家已经提出了一些真正的替代性观点,选民的能力也不足以能够睿智地一一将这些替代方案的实施情况作为参照。因此,政党意识形态作为"简化信仰"的工具,或许能够帮助波兰的选民解决政党选择的不确定问题。可见,政党的意识形态[2]和左右空间象征在波兰转型早期被用来在信息成本较高条件下减少不确定性。

在波兰,公众几乎很少爆发关于意识形态的争论,他们所知道的都是受到执政党的意识形态渲染的关于资本主义与社会主义论战的各种各样版本。当然,论战与左右翼政党相关,但是并不能反映政治光谱两端之间所有相关意义。而且,左翼被定义为"改革的"和"平等"的实际上并不符合波兰现实。事实上,大多数推动改革的力量都与减少公平性相关,从而在比较经济规则中造成更多机会均等但结果不平等的社会和经济分化。在这种意义上,改革导向性的行为者能够接受"右翼的"目标。西方国家左—右论战的其他向度,例如文化"进步主义"与"保守主义"的内涵问题,几乎在波兰现实中是不存在的。而且,尽管在后共产主义制度下还有一些少部分零散的中产阶

---

[1] Agh. A., "The Hungarian party system and party theory in the transition of Central Europe", *Jonrnnl of TheoreticalPolitics*, 6 (2), 1994, pp. 217 – 238.

[2] 根据 Sargent (1972) 的定义,意识形态是一种"被某个团体接受为事实的价值或信仰体系。它是由一系列对各种社会制度及社会进程的态度构成的。它为信仰者提供了一副世界是什么和世界应当是什么以及应该怎么做的图景,它将世界巨大的复杂性简化成某种相当简单且易于理解的东西。(pp. 1 – 2) Sargent L. T., *Contemporary Political Ideologies: A Comparative Analysis*. Dorsey Press, Homewood, 1972, IL.

级，但文化保守主义所指的对象——"传统的中产阶级"正在消失。①

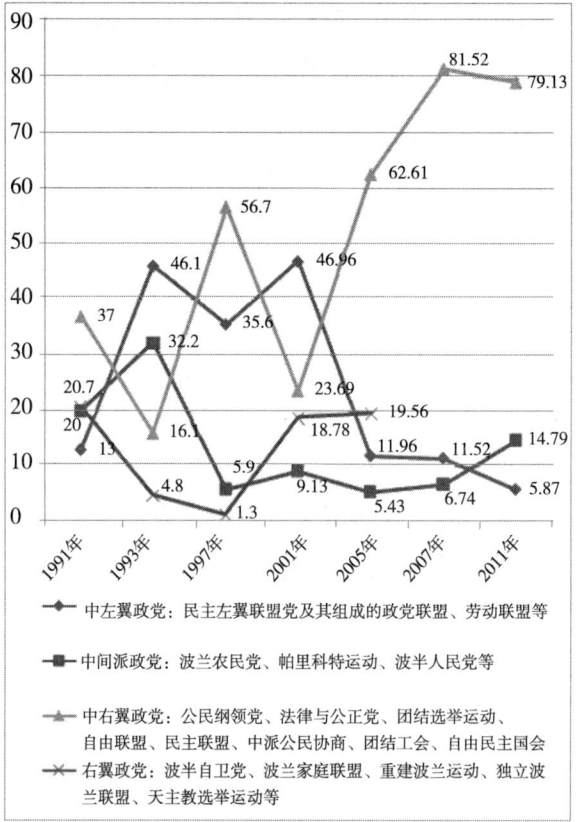

图4—3 波兰政党意识形态分布变动

图表来源：作者自撰

数据来源：历届杜马选举结果中各政党在议会中所占议席比例，具体数字见前文。

波兰左右意识形态的区别与城市乡村之间的文化差别相比，显得并不那么明显。具有民族主义色彩的右翼政党往往会采取经济政策上的国家主义，强调集体重于个人。而波兰是东欧国家中民族同质性最

---

① Kurcrewski J., Poland's seven middle classes. *Social Research* 61（2），1994，pp. 395 - 422.

高的,也是东欧国家中仅有的没有民族性政党的国家。与族群、宗教的前现代性社会分化相比,阶级对立的现代性社会分化更容易调和,政党之间的分歧也更容易调和。

在政党制度变迁进程中,波兰政治舞台上的各政党分化组合极为频繁,一些政党甚至出现过意识形态左右转换的情况,很难将每一个政党的意识形态清晰固定在某一点上,只能从其对某些重大问题的立场来大体划分。从20世纪80年代起,政党意识形态的最明显左右分野来自于是否支持改革。团结工会及其后分裂出的各个仍然支持变革的政党构成了波兰中右翼政党,暂且可以将其称为"团结工会系"政党,主要有团结工会、自由民主国会、中派公民协商、民主联盟、自由联盟、团结选举运动、法律与公正党等。由波兰统一工人党的主要继承党波兰社会民主党联合其他党派组成的民主左翼联盟党长期占据着政党光谱中左翼的位置。历史悠久的波兰农民党虽多次与民主左翼联盟联合组成政府,但该党自称为中间派政党,并且也有过与右翼政党合作的记录,因而可作为中间派政党的代表。到20世纪末21世纪初时,在波兰寻求加入欧盟的过程中,对于是否支持加入欧盟,各政党持有不同立场。一些不赞成加入欧盟的政党,往往带有明显的民粹主义特征,他们与之前的民粹派政党共同构成了右翼政党派别,主要有波兰自卫党、波兰家庭联盟、重建波兰运动、独立波兰联盟、天主教选举运动等。

将分属不同意识形态派别的政党在历届色姆议会选举中的得票率作为参照坐标,可得出"波兰政党意识形态分布变动图"。从该图上可直观地看出波兰转型过程中,政党的意识形态距离呈现分化性逐渐增强的趋势。在执政权几次左右易位的90年代后半期到21世纪初,处于意识形态光谱两端的政党派别轮流成为议会选举的赢家,上下之间左右翼政党派别保持了相当的差距。加入欧盟之后,中右翼政党的意识形态影响力明显增强,民主左翼联盟党和农民党的力量日趋走弱,近两次议会选举中,中右翼法律与公正党与公民纲领党成为较为稳定的议会两大党派，两党占有议会中绝大多数席位，中右翼意识形态的优势地位已成为既定事实。

根据俄罗斯与波兰两国政党在国内政党光谱上坐标位置的变化，俄罗斯亲总统的政权党占据意识形态主导地位，而坚定的左翼反对派和由盛转弱的右翼力量则游走在政党光谱的边缘位置；波兰则是由左翼和右翼政党轮流坐庄上台执政，实力此消彼长，在政党光谱上出现左右拉锯式的变化。

第三节 政党相关性变量：政党对社会渗透程度的改变

一般用来说明政党对社会渗透程度的指标有：1. 选举投票率。2. 民众入党率（党员数量）；全部人口当中的政党党员比例、政党支持率（支持者数量）；无所谓或不知道的人比例。3. 选票浮动性指数，两次连续选举之间的选票变化净值，测量方式是采用彼得森指数（the Mogens Pederson index）。4. 选民对政党认同度，认为自己非常支持某一政党的受访者，在全体受访者中所占比例、支持不同政党的选民分布。

政党为改变其对社会的渗透程度或对民众的影响力度，通常会通过一些政党与民众的沟通渠道做出努力。这些沟通的方式主要有：1. 通过政党组织和党员；2. 通过掌握的大众传播媒介；3. 通过各类利益集团；4. 以各类民意测验的形式；5. 通过一些政党外围组织，特别是各种社会民主形式的组织；6. 通过其他渠道。在选举政治中，党群关系的基本状态可以按投票支持度进行统计，进行量化分析。因此，有学者对选民的投票行为进行分析，把不同的投票群体归结为具有不同党派倾向的党群关系，且有固定化与模式化的特征。

政党对社会的渗透过程实际上就是社会民众受本国政党的影响，产生对政党的意识、看法和选择偏好，并且以投票的方式参与政党竞争，表达个人或群体对政党期望或诉求的过程。简单划分，民众可分为参与投票的和不参与投票的两类，这两类社会民众所受政党的影响程度不同，对政党的关注程度也不同，并且对自身利益的表达意愿亦不同。通过考察历届选举的投票率，可以看出民众参与投票的状况。拒绝投票行为表明民众对政党极为反感，也可以间接显示政党在民众中的认可程度。通过考察投票浮动性状况，可以分析那些参与投票的选民对不同政党支持度的变化轨迹，投票浮动性越高，说明在两次选举之间，投票偏好发生转移的选民越多，也说明选民对政党的信任度越低，政党认同度越低；反之同理，投票浮动性越低，说明在两次选举之间投票偏好发生转移的选民越少，选民对政党的信任度越高，政党认同度越高。

表4—24 1989年以来俄罗斯历次选举的投票率

时间	选举或全民公决	投票率（%）
1989年3月	苏联人民代表大会选举	89.8
1990年3月	杜马选举	77.0
1991年6月	俄罗斯总统选举	74.7
1993年4月	全民公决	64.5
1993年12月	杜马选举	54.8
1995年12月	杜马选举	64.4
1996年6月	总统选举	69.8
1999年12月	杜马选举	64.7
2000年3月	总统选举	68.7
2003年12月	杜马选举	55.7
2007年12月	杜马选举	63.8
2011年12月	杜马选举	60.2

图表来源：作者自撰

表4—25 1989年以来波兰历次选举的投票率

时间	总统或议会选举	投票率（%）
1990	总统选举	60.6（第1轮） 53.4（第2轮）
1991	议会选举	43.2
1993	议会选举	52.1
1995	总统选举	64.7（第1轮） 68.2（第2轮）
1997	议会选举	47.9
2000	总统选举	61.1
2001	议会选举	46.2
2005	总统选举	49.7（第1轮） 51.0（第2轮）
2007	议会选举	53.9
2010	总统选举	52.3（第1轮） 54.7（第2轮）
2011	议会选举	48.9

图表来源：作者自撰

正如"俄罗斯与波兰历届议会选举投票率比较"图所列数据显示，两国的议会选举投票率变化大体趋势有一些明显特点。首先，都经过了两轮起落交替，这表明民众对政党的热情程度也经历了两次上升和下降。在苏东剧变之初的第一届议会选举，选民的积极性不高，投票率均为历史最低水平，到第二届议会选举时，投票率都有10个百分点左右的上升，但到第四届议会选举时，投票率又回落到接近最低值的水平，之后第五届议会选举的投票率再次提高，而到2011年的第六届议会选举，两国的投票率与上一届相比又有所下降。

其次，两国投票率波动范围维持在10个百分点。最低投票率与最高投票率之间的差距基本相当，表明处于制度变迁过程中的两国政党政治在民众中的影响力变动程度相当，也说明到目前为止的转型进程中，政党对民众的动员能力变化相当。

再次，俄罗斯民众对政党政治的关注度和参与度高于波兰民众对本国政党的关注度和参与度，差距也大体保持在10%左右的选民比例。近20多年来，俄罗斯民众对国家政治和政党的关注程度经历两轮起落，参加投票公民的比例有升有降，虽然与波兰相比投票率始终较高，但俄罗斯民众对于本国的政党及政党制度的整体认同程度也并不高。在俄罗斯民众看来，与政党自由竞争所代表的自由和民主相比，国家的稳定、经济发展及国际地位更为重要。多数俄罗斯民众认为，民主只不过是一种政体的形式，并不是最终目标，政党制度的改变只是为了实现俄罗斯国富民强的一种手段。

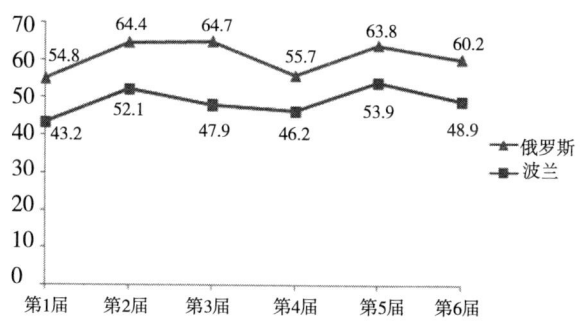

图4—4　俄罗斯与波兰历届议会选举投票率比较

图表来源：作者自撰

在1990—1991年进行的一项问卷调查结果显示，波兰只有17%的受访者认为自己接近于某政党或者某政治运动，而有72%的受访者认为自己并不接近任何政党或政治运动，还有11%受访者的回答是"不知道"，这表明，当时波兰的政党认同率极低。在同一项调查中，还有更低比例的波兰受访者表达了对多党制的偏好。在1990—1992年，波兰有超过50%以上的民众对议会下院表示不赞成，甚至有40%的受访者在 1992 年表示"同意解散政党和议会"。① 虽然 1991 年时民众对政党持有极为反感的态度,但到 1993 年政党已经变成波兰政治的主要角色。波兰发生制度剧变以来,在政治生活中发生的根本变革是实行"议会民主"。左派人士在评价在第二届大选中获胜的原因时指出,这是"民主的胜利"。所谓"民主的胜利",就是因为普通老百姓发表意见的机会多了。从 1989 年团结工会执政起的 4 年中,波兰举行过 4 次大选:总统选举、地方权力机构选举和两次议会选举,每次都实行直接选举,全民投票,这都给予每个选民直接发表意见的集中机会。1995 年波兰民众对政党的认同指数上升至 43.5%,到 1997 年已经上升至 64.3%。②

2001 年波兰议会大选的投票率仅为 46.2%,比上届大选低 1.7 个百分点,有超过半数的选民不去投票,放弃行使权利和表达政治态度的机会。这表明选民对"政治游戏"的反感心理,他们对当局人士嘴上高谈阔论实际上腐败成风的现象痛恨尤加。不参加投票者也是一种政治态度的反映,调查表明,有 42.1% 的未投票者认为,不管谁上台执政,均与自己无关;自己的一票也无法左右大局。在制度剧变 12 年之后,群众的激动情绪已尘埃落定,人们更加注重自己的生活质量和社会地位。2004 年初波兰民众对政党制度的信任程度达到新低,在接受调查的人当中,只有 3% 的人信任政党,8% 的人信任议会。这反映了严重的政府危机,2004 年执政的后共产主义民主左翼联盟(SLD)分崩离析,影响力受到巨大的损失。2001 年它赢得 41% 的选票,而 2005 年大选只获得 11% 的选票。③

---

① 具体调查和数据参见胡安·林茨、阿尔弗莱德·斯泰潘:《民主转型与巩固的问题:南欧、南美和后共产主义欧洲》,浙江人民出版社 2008 年版,第 290—293 页。
② Radoslaw Markowski, "Party System Institutionalization and Democratic Consolidation", Janina Frentzel-Zagorska, Jacek Wasilewski, (ed.), *The Second Generation of Democratic Elites in Central and Eastern Europe*, pp. 68–72.
③ 迪特尔·塞格尔特:《中东欧国家政治经济同步转轨的困境》,李姿姿译,载《当代世界与社会主义》,2009 年第 1 期,第 8 页。

在俄罗斯，2003年杜马选举前民意调查显示，俄罗斯民众对各政党的信任率只有5.7%，在选举中，投票反对所有政党的占全体选民的4.6%，比上一届高出1.3%。① 2006年民意调查结果显示，有将近半数的被调查者不愿意参加议会选举，或目前不打算参加选举，或很难回答将投哪一个政党的票。同时，统一俄罗斯党的支持率大幅度领先于其他政党。2004年进行的有关俄罗斯政党的民意调查结果显示，在对俄罗斯政党的认同和归属问题上，只有2%的受访者承认自己属于某个政党，有12%的受访者表示将会加入某个政党，有81%的受访者表示，他们既不属于任何政党，也不想加入任何政党。有46%的受访者表示对俄罗斯所有政党都没有兴趣，还有相似数量的受访者认为政党在俄罗斯国家政治生活中的作用并不十分重要，甚至有14%的受访者认为俄罗斯根本不需要任何政党。

中东欧国家的公众参与意愿非常低，这可以通过政党的党员人数和选举参与率来测量。除了少数例外，这些政党的党员人数通常非常少，尤其是仍然存在的继承党和少数"历史性政党"（它们很大程度上来自国家社会主义政党集团）。波兰2006年的一次调查结果显示，"尽管波兰人对政党的认同程度稍有增加，但是仍然不喜欢政党，通常都讨厌政党。"② 就选民参与而言，参与率相对较低，波兰在2007年议会选举时出现54%的选民参与率已经创出了新高。

2007年议会选举投票率创历史新高，民众政治参与热情高涨。本次选举的投票率和两年前的投票率相比提高了6个百分点。和以往不同，各地选民表现出强烈的参与意识，投票热情超乎预料。投票当日甚至出现选票告急，导致截止投票时间一拖再拖。吸引民众关注选举的主要原因是右翼两大阵营立场针锋相对，在核心问题上的政策主张泾渭分明；媒体宣传引导到位；竞选过程公开透明。各政党加大动员

---

① 刘淑春等：《当代俄罗斯政党》，中央编译出版社2006年版，第65页。
② Stephen White, Judy Batt and Paul G. Lewis (eds.), *Developments in Central and East European Politicsm* 4, NK: Palgrave Macmillan, 2007, p. 51.

力度，民众公共意识不断增强。但最重要的还是多数选民认为选举与自己有关，愿意通过民主方式表达个人意愿，在参与投票的选民中年轻人的比例明显上升。2007 年议会选举被一些观察家称为是一次全民公决，是希望波兰与仇恨波兰的对决。波兰评论家库尔斯基认为，选举的结果表明，波兰人拒绝了法律与公正党的民粹主义、含沙射影、恐惧和对其他社会团体的敌对方式，拒绝了基于阴谋理论的政策、虚假的民族自豪感和妄自尊大、傲慢和反德恐惧症，拒绝了讹诈、窃听、监视和挑衅。①

在民主发展比较成熟的国家，选举浮动性是相对较低的，选民在每次选举时转变投票方向的情况较少。一个国家的选举浮动率如果出现异常巨大提升，那么该国或许是在经历一场"地震式选举"。选举浮动性可以反映出政党自身变化状况，如果一个政党不复存在，则选民也不可能再投票给它。同时，选举浮动也可以反映选民对政党的评价。

表 4—26　俄罗斯政党在杜马选举中得票率变化净值（%）

	1993—1995	1995—1999	1999—2003	2003—2007	2007—2011	平均净值
自由民主党	-11.6	-5.2	+5.5	-3.4	+4.0	5.9
俄罗斯民主选择	-15.5					15.5
俄罗斯共产党	+9.9	+2.0	-11.7	-1.0	+7.6	6.4
"俄罗斯妇女"运动	-8.1					8.1
俄罗斯农业党	-8.0					8.0
亚博卢集团	-1.0	-1.0	-5.9			2.6
俄罗斯统一和谐党	-6.8					6.8
俄罗斯民主党	-5.5					5.5
我们的家园—俄罗斯	+10.1	-10.1				10.1
团结党	+23.3	-23.3				23.3

---

① 孔田平：《波兰"第四共和国"的终结及其影响》，见邢广程主编《俄罗斯东欧中亚国家发展报告（2008 年）》，社会科学文献出版社 2008 年版。

(续表)

祖国—全俄罗斯党		+13.3	-13.3		13.3
右翼力量联盟		+8.5	-8.5		8.5
统一俄罗斯党			+37.6	+26.7	-15.0	26.4
祖国党			+9.0	-9.0		9.0
公正俄罗斯党				+7.7	+5.6	6.7
变化净值总和	76.4	63.4	114.8	47.8	32.2	

图表来源：作者自撰

表4—27　俄罗斯1993年至2011年选举浮动率（%）

	1993—1995	1995—1999	1999—2003	2003—2007	2007—2011
彼得森指数	38.2	31.7	57.4	23.9	16.1

图表来源：作者自撰

表4—28　波兰1991年至2007年选举浮动率（%）

		1991—1993	1993—1997	1997—2001	2001—2005	2005—2007
整体选民	总数	34.78	19.19	49.30	38.39	24.6
	左—右阵营浮动	18.90	7.58	18.72	26.16	11.6
个体选民	政党之间浮动		62.26	55.94	62.64	34.48
	左—右阵营浮动		15.47	20.24	27.69	15.36

图表来源：Markowski, RadosŁaw. "The 2007 Polish Parliamentary Election: Some Structuring, Still aLot of Chaos." *West European Politics 31* (5), p.1059.

从"俄罗斯与波兰议会选举浮动率变化比较"图上可以看出，俄罗斯与波兰的议会选举浮动率变化呈现出某些特点。首先，正如其他民主转型国家一样，俄罗斯与波兰的选举浮动率一直维持在较高水平。

波兰最近两次议会选举的选票浮动率最低，但仍有16.1，远远高出一般政党制度发展较为成熟的国家。其次，俄罗斯与波兰都在第三届与第四届议会选举之间的选票浮动率达到历史最高值，分别为57.4和49.3，这表明在这两次选举之间，两国都有一半左右的选民改变了投票方向，在两次选举间将选票投给了不同的政党。再次，近两届议会选举时的选票浮动率持续下降，在2011年议会选举中，俄罗斯与波兰的选举浮动率都创最低值，表明两国政党竞争出现稳定化和制度化趋势。

转型初期党禁解除之后，原本中立的选民的参与期待提高了，并且在政党制度改变之初，政党竞争极度激烈，需要大规模动员选民，从而在一定程度上吸引了部分原本中立的选民来支持某一政党。同时，一些原本从未产生过政党偏好的选民逐渐变成具有党派意识和政党偏好的某些政党的支持者，这导致这两个转型国家出现较高选票浮动率。而且，上述两种选民的行为并不能表明他们具有了稳定的政党意识和政党偏好。况且，选民的政党偏好并不等同于政党认同，前者往往只能反映选民在一次选举中的心理意愿，不具有长期性和稳定性。

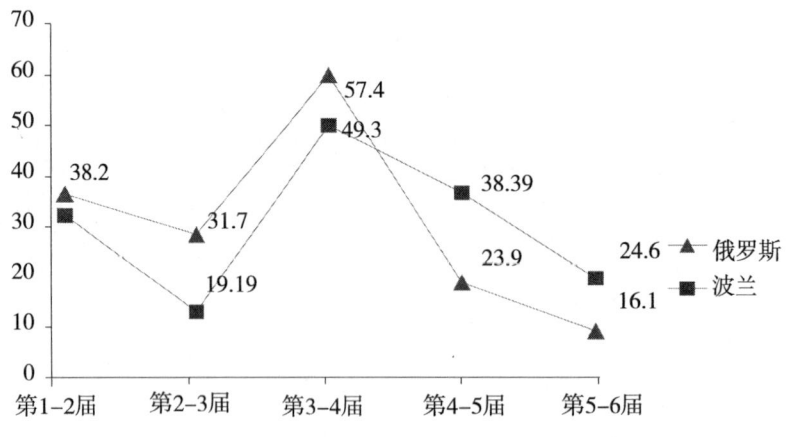

图4—5 俄罗斯与波兰议会选举浮动率变化比较

图表来源：作者自撰

从"波兰选举浮动率"图所列出的数据可以看出，波兰历次选举中选民偏好不仅从一个政党转向另一个政党，而且会从一个阵营转向另一个阵营。2001年和2005年，当时的执政政府由于执政不当和腐败被波兰选民选下台，2007年，法律与公正党也同样失去了执政权。类似这种对某一政党有偏好的选民在很短时间内又转而投票给另一政党的现象，说明这部分选民的投票行为并不是出于对这些政党的偏好，而是出于对执政党执政状况的负面评价，选民希望用投票来表达对现政府的不满情绪，也抱着试试看的态度，让在野党上台执政，希望以此来实现某些诉求和意愿。

20世纪90年代，民主左翼联盟与团结工会系政党在历史上形成的明确分野成为波兰选举竞争中的主要结构因素。与社会经济因素相比，文化特别是宗教性因素，对选民投票偏好的影响力更大。团结选举运动、法律与公正党和波兰家庭联盟将宗教作为这些政党的主要诉求，以此来吸引选民，特别是在民众笃信宗教的波兰中部、东部和东南部农村选区。在那些保留有更多传统性的地区，选民较少出现经济向度的分化。波兰选民投票偏好的差别是相对的，而不是绝对的。例如，波兰所有政党中几乎都有更为偏好左翼政策的支持者。在2000年总统选举时，来自左翼民主联盟的克瓦希涅夫斯基在第一轮获得54%的选票，预示着在团结工会系政党的支持者内部已经出现分裂，并不是那么真正的"团结"。2001年选举中，波兰民众转而投票给民主左翼联盟党，同时民粹主义迅速高涨；70%的选民选择了没有团结工会背景的政党或政党联盟。2005年选举中，选民们又反过来将选票投给了右翼政党，情况出现反转。波兰的选民极少显示出政党忠诚度。甚至是在2005年同一年内几乎同时进行的议会和总统两场选举中，许多选民都没有投票给他们在议会选举中选择的政党推举的总统候选人。[1]

---

[1] Markowski, Radosław, "The Polish Elections of 2005: Pure Chaos or aRestructuring of the Party System?", *West European Politics*, 29 (4), 2006, pp. 829 – 830.

2007年对法律与公正党内阁的全民公决为公民纲领党造成有利形势，作为法律与公正党的最有力竞争者，公民纲领党巩固了其在农村选区的地位并成功挺进城市选区。该党从左翼政党身上得到了许多策略性选票并且动员起了刚刚获得选举权的新生代选民的选票。这次选举大大增强了两个最大的社会保守主义政党，而将民主左翼联盟党和波兰自卫党挤出执政联盟，也为之后两个中右政党奠定了稳固地位。在2009年初进行的民意调查显示，尽管经济发展出现复苏势头，但人们不会轻易忘记雅·卡钦斯基政府之前的所作所为。波兰民众对政党缺乏热情，也没有习惯性投票行为，这些都是造成波兰选举投票率屡创新低的重要原因。

在对"政党对社会渗透程度"变量分析后可见，俄罗斯民众对政党和投票的热情一直保持相对较高的热情，但对民主化的兴趣却不大；与其相比，波兰民众对政党政治的热情在经历了剧变之初的短暂高潮之后立即回落，民众对政党选举的态度逐渐归于平静甚至冷淡。

第五章　俄罗斯与波兰政党制度变迁的进程分析：
制度相关性变量

一整套与政党活动相关的法律、制度和规则组成了政党制度的制度背景，它由宪制架构、选举规则和非正式规则等制度相关性要素组成。制度相关性要素是政党制度的重要变量，它们不仅规范和影响着政党之间相互作用的结构，而且其自身往往也受到政党之间博弈结果的影响。可以说，政党相关性要素与制度相关性要素之间互相影响。从各国政党政治实践发展过程来看，在一国政党制度初建时期，二者之间的相互影响力相当；而当政党制度稳定性逐渐巩固之后，制度性要素自身的变动程度逐渐减少，对政党相关性要素的影响力增强。

第一节　制度相关性变量：宪制架构的变迁

所谓宪政体制，即宪法作为国家的根本大法，与国家生活融为一体，支配着政治权力形成和行使的过程，规范社会各个领域全过程的政治体制。在宪法规定的各项内容中，同样的国体，由于各国的历史传统和现实条件不同，其政权组织方式不同，由政党组织政府、执掌政权的方式和途径也各不相同。宪政体制并不只是对当前政治制度的规范或说明，实际上它还是一个国家政党制度运行的逻辑起点，它体现一种人们寻求政治理想时的价值关怀，它的规范作用因其理想价值而获得道义感召力。①

各国宪法都对政党制度提出了根本依据和一般原则。实行资本主义自由民主制度的国家宪法一般都有涉及政党和政党制度的条款，基本内容有：确认自由组织政党是公民的权利；严格限制政党及其活动，不得危害自由民主法治的基本秩序；提出政党禁止从事的某些行为；确认政党的作用。社会主义国家的宪法一般都对共产党的领导地位做出明确规定，并且不主张建党自由。② 国家宪法惯例中对政党组织及其活动的规定，也是其政党制度安排的重要组成部分。这些不成文惯例是在国家政治生活中长期形成的，具有与成文法相同的地位和效力，得到各政党团体的承认和遵守。事实上，在许多国家，政党制度的主要方面采取的是宪法惯例的形式。③ 此外，宪法性法律中关于政党活动的规定条款也是规范政党活动的重要制度安排，包括议会选举法、总统选举法、议会组织法、政府组织法、立法法、法院组织法等。

在社会政治现实中配置政治权力，影响和决定政党政治的运行方式和机制，是宪法作用的体现。政党制度与宪政体制之间的关系十分直接，在现代国家中，政党是宪政体制的推动者和实践者。宪法规定的统治结构实质上依靠政党的数量、政党的性质及其内部构造、围绕着政治价值观、政党间的差距、政党对国民每个人日常生活的渗透度或支配程度而定。④

宪政体系和选举制度都可以分为两种类型，一种是将权力交给多数行使，而不考虑少数也占有一定的比例（majoritarian system）；另一种是按照民意支持各政党的比例来分配权力（proportional system）。为

---

① 周淑真：《宪政体制与政党政治的关系分析》，载《中国人民大学学报》，2010年第5期，第112—117页。
② 敖双红：《论我国政党法制定的可能与必要》，载《湖南省法政管理干部学院学报》，2002年6月第18卷第3册。
③ 李步云：《宪法比较研究》，法律出版社1998年版，第996页。
④ 阿米·古特曼等：《结社理论和实践》，生活·读书·新知三联书店2006年版，第67页。转引自周淑真：《宪政体制与政党政治的关系分析》，载《中国人民大学学报》，2010年第5期，第117页

了将自身的权力最大化,认为可以获得多数选民支持的多数精英会偏向于"赢者通吃"的制度,而认为只能获得少数选民支持的少数精英则会倾向于"按比例分配权力"的制度。就宪政制度而言,总统制是"赢者通吃"的,即行政权会由获得多数选民支持的人掌控,其他人则完全无法分享权力;议会制则是由对议会负责的政府掌握行政权,获得少数选票的政党也有分享权力的机会,因而少数精英会更倾向于比例分配制度。选举制度中的单人选区制是"赢者通吃"的选举规则,而比例代表制是"按比例分配权力"的,其余各种混合制是介于此二者之间。因此,多数精英会偏好总统制和单人选区选举制度,而少数精英会偏向于议会制和比例代表制。

多数中东欧新兴民主国家采用了一种介于总统制和议会制之间的宪政体制——半总统制。迪韦尔热将"半总统制"政体的特征归结为:(1) 共和国总统由普选产生;(2) 总统在法理上和事实上都拥有相当大的权力;(3) 总统的对立面是总理,总理和各部部长向由直接选举产生的议会负责,他们拥有行政管理权,并且只要议会不反对他们就可以保住职位。[①] 半总统制[②]有两种次形态——"总理—总统制"和"总统—议会制"。"总理—总统制"中总统的权力有限,总统没有独立任命政府总理的权力,政府总理必须获得议会的信任,对议会负责。

---

① Maurice Duverger, "A New Political System Model: Semi-presidential Government", in *European Journal of Political Research*, 8, 1980, pp. 165 – 187.

② 萨托利从强调总统与总理的关系及其相对二元权威关系角度给出了半总统制的五个特征:(1) 国家元首(总统)由直接或间接的普选产生,有固定任期;(2) 国家元首与总理分享行政权,形成一种二元的权威结构,其三项界定有第三至第五点的标准判定;(3) 总统独立于议会之外,但并非单独或直接被赋予治理权,而是必须透过政府来传送和贯彻其意志;(4) 总理与其内阁是相对独立于总统而依赖于议会的,他们服从于议会的信任案或不信任案(或两者兼而有之),并且这两种情况下都需要获得议会多数的支持;(5) 在每一个行政部门组成单位确实具有潜在自主性的条件下,半总统制下的二元权威结构允许行政权内部的各种平衡以及权力分布的变动性。Sartori Giovanni, *Comparative Constitutional Engineering: An Inquiry into Structures Incentives and Outcomes*, New York: New York University Press, 1997, pp. 131 – 132。

"总统—议会制"① 下总统可以独立任命总理而不必获得议会的信任。因此认为自身可以掌控总统职位的政党会倾向于总统有更大权限的总统—议会制,而那些无法赢得总统大选的政党更倾向于能够限制总统权力的总理—总统制。大多数原苏东国家,在转型时选择了半总统制。出克罗地亚之外,所有东欧的半总统制国家都属于"总理—总统制",但有些国家的确符合"总统—议会制"类型,如俄罗斯和乌克兰。②

对政党的地位、作用、内部行为和外部活动进行法律规范的"政党法"是国家内部政党制度运行的另一个制度框架的构成要件。在规范政党竞争与合作方面,政党法的地位仅次于宪法,其主要目的是对政党的政治和组织进行法律控制。政党法一般规定政党的地位、作用、组织原则、建党目的、条件、申报程序,政党经费来源及其限制,政党的活动原则、规则及违宪或违法后的惩处等。③ 目前已经有几十个国家通过了政党法,其中绝大多数是民主转型国家。用法律规范政党的组织和活动,已经成为世界政党政治发展进程中一个带有普遍性的趋向,特别是处于政党政治转型期的国家,这种趋向更为明显。④

通常,新宪法产生于一段动荡时期后的崭新开始。宪法是试图创造和标志新政权的文件,在大多数情况下,宪法都是危机的产物,宪法是相互冲突和互不信任的政治行为体之间敲打出的妥协物。⑤ 在民主化转型进程中,俄罗斯与波兰的宪制架构并不是在转型初期就固定下来的,而是经历了多阶段变迁,在多个利益行为体相互较量和不断平衡的动态过程中逐渐形成的。

---

① 总统—议会制由以下 4 个条件界定:(1) 总统经由普选所产生;(2) 总统任免内阁部长;(3) 内阁部长受制于议会的信任权;(4) 总统拥有解散议会的权力或立法的权力,或者两者兼具。

② Roper Steven D., "Are All Semipresidential Regimes the Same? A Comparison of Premier-Presidential Regime", *Comparative Politics*, Vol. 34, 2002, p. 255.

③ 肖太福:《政党法制比较研究》,中国人民大学博士学位论文 2006 年版,第 46 页。

④ 姜跃:《政党多棱镜》,台海出版社 2003 年版,第 261 页。

⑤ [英]罗德·黑格、马丁·哈罗等:《比较政府与政治导论》,张小劲等译,中国人民大学出版社 2007 年版,第 300 页。

一、俄罗斯宪制架构的变迁

在被看做具有"超级总统制"的俄罗斯，宪制结构的演变是在具有几乎无限权力的总统主导下进行的。

1993年9月20日，叶利钦发布《关于在俄罗斯联邦分阶段进行宪法改革》的总统令，宣布解散最高苏维埃和人民代表大会，并于12月举行议会选举和新宪法全民公决。1993年12月12日，俄罗斯全民投票通过了《俄罗斯联邦宪法》，这是俄罗斯历史上由选民直接投票通过的第一部宪法。新宪法的核心是建立了总统主导下的三权分立体制。[1] 新宪法生效后，俄罗斯总统成为国家政治生活的核心，具有最为广泛的权力，俄罗斯政府成为对俄罗斯总统负责的最高权力机关的执行机关和行政机关，担负着管理全联邦政治、经济、军事、外交、安全和社会领域的管理重任。新宪法规定，俄罗斯实行两院制议会，联邦会议是俄罗斯的代表与立法机关，国家杜马拥有立法权和对政府执行法令和行政事务的监督权。联邦总统是国家元首。宪法中还确认了多党制原则，规定了俄罗斯联邦多党制的思想基础，即"在俄罗斯联邦，承认意识形态的多元化"，"任何意识形态均不得被规定为国家的或必须遵循的意识形态"，"在俄罗斯联邦，承认政治多元化和多党制"。

根据宪法规定，总统提名政府总理的人选必须经过国家杜马通过，若杜马不同意，总统可以再次提出人选，如果杜马连续三次否决了总统提名的总理人选，则总统可以自行任命总理、解散杜马[2]，重新举行议会选举。因此，总统实际上掌握了总理的任命权，杜马只能是将该过程延长。此外，俄罗斯总统还掌控着解散杜马、修改宪法和行政领导的权力，可见，俄罗斯的半总统制属于总统权力偏大的总统—议会制。

---

[1] 张建华：《俄国史》，人民出版社2004年版，第379页。
[2] 新一届杜马在选举成立后一年之内不得解散。见《俄罗斯联邦宪法》，http://www.constitution.ru/10003000/10003000-7.htm.

1994年1月，叶利钦发布了《关于联邦执行权力机关机构的命令》，宣布联邦总统亲自掌管国防部、内务部、外交部、对外情报局、保卫总局、新闻局、塔斯社、档案局等强力部门，政府总理的权力被进一步削弱。① 1995年5月，叶利钦颁布了《社会联合组织法》，对包括政党、各种社会组织、团体等的更宽泛的联合组织的行为加以规范。

2004年，普京开始对国家政治制度进行改革，制定和修改了一系列法案。制定了《关于修改〈俄罗斯联邦主体立法（代表）和执行国家权力机关组织总原则联邦法〉和〈俄罗斯联邦公民选举权和参加全民公决权基本保障联邦法〉的联邦法》，形成了俄罗斯联邦主体②行政长官的新的产生办法，2005年1月生效。2004年10月修改了《俄罗斯联邦政府法》，改变了之前不允许包括联邦部长在内的政府高级官员利用其职务为其参加的政党谋利、履行职责受其所参加政党决议约束的规定，允许政府成员担任政党的领导职务。

普京在2005年提出"俄罗斯自我选择了民主，我们将自主决定在民主道路上前进的方式和进度"，"俄罗斯必须根据自己的国情，根据宪法和法律，独立地选择国内民主的发展道路"。③ 普京认为，俄罗斯的政党制度应当适应"主权民主"的精神，必须适合俄罗斯具体国情，不能完全照搬西方的政党制度发展模式。

2008年，梅德韦杰夫担任俄罗斯总统之后，对涉及政党制度的法律制度进行了修改，其中涉及的法律有《俄罗斯联邦公民选举权和参与公民公决基本保障法》、《提高俄罗斯联邦会议国家杜马选民代表性而对俄罗斯联邦若干法规作出修改法》、《议会政党普遍由国家电视和无线电频道平等阐释其活动保障法》等。④ 其修改的主要内容有：1. 确定把各联邦主体最高行政长官的提名权交给在地方选举中得票最多

---

① 张建华：《俄国史》，人民出版社2004年版，第380页。
② 俄罗斯联邦主体包括所有共和国、州、边疆区、自治区和直辖市。
③ 李兴耕：《普京的主权民主》，载《当代世界》，2006年第7期。
④ 刘俊燕、孙晓华：《梅德韦杰夫执政以来俄罗斯政党政治的新变化》，载《当代世界》，2009年第6期，第47页。

的政党，法律规定议会多数党提名的候选人应不少于3人。2. 保证议会内各政党在国家公共媒体上阐述党的活动的平等权利。全俄国家电视和无线电公司保证给予各党同等的活动报道数量。3. 降低政党在司法部的最低登记人数。2010年—2012年，新建政党党员人数最低标准降低到4.5万人，在全部俄罗斯联邦主体中半数以上的地区组织的党员人数最低标准由500人降低到450人，其余地方组织党员人数仍为不少于200人；2012年开始，新建政党党员人数最低标准再次降低至4万人，在全部俄罗斯联邦主体中半数以上地区组织的党员人数最低标准降至400人，在其余地方组织党员人数最低标准降至150人。4. 允许得票率在5%至7%之间的党获得1至2个议席，从而可进入杜马议会。

2000年，俄罗斯开始着手制定《政党法》，2001年7月普京签署并颁布了这一法律，之后2002年3月21日公布的第31号联邦法、2002年7月25日第112号联邦法、2003年6月23日第85号联邦法和2003年12月8日第169号联邦法都对《政党法》相继作了若干修正。[①] 2001年7月颁布的《俄罗斯联邦政党法》规范政党活动、为政党竞争提供法律基础，共十章四十八条，主要包括以下内容：

1. 政党的性质。政党是俄罗斯联邦公民的自愿联合组织，其目的在于通过表达公民政治意愿来参加社会政治生活，参加国家代表权力机构和地方自治代表机构的选举，并在这些机构中代表公民的利益。

2. 政党组织。合法政党应当拥有1万名以上党员，在45个以上联邦主体中拥有分部，其中每个分部的党员人数不得少于100人，在其他地区分部中，每个分部党员不得少于50人。

3. 政党的权利和义务。政党有自由发布信息、宣传自己的观点的权利，有依法参加国家政权机关和地方自治机关决议的制定的权利，政党有发展基层组织、举行集会、示威、游行、静坐和其他公开活动

---

① 刘淑春等：《当代俄罗斯政党》，中央编译出版社2006年版，第58页。

的权利。每个政党有权利和义务参加选举,一个政党如果一个党在5年内没有提出自己的候选人名单参加竞选,将失去登记资格。任何党员在当选为总统后,应立即中止自己的党员资格。在国家杜马选举中得票率超过3%的政党,有权根据其得票数的比例获得国家拨款。

4. 政党的登记。任何政党要想获得登记,必须由其组委会向俄联邦司法部提交党的纲领和章程,经司法部进行审查通过。如发现其有不符合现行法律之处,司法部有权不予登记。该法案只允许建立全俄联邦范围的政党,而不承认地区性政党。

5. 俄罗斯禁止成立其目的和活动旨在用暴力改变宪法制度原则、破坏俄罗斯联邦完整、危害国家安全、建立武装组织、煽动民族和种族敌视和仇恨的政党。不允许按职业、社会、种族、民族和宗教属性建立政党。[①]

2004年,俄罗斯对《政党法》进行修改,规定每个政党拥有的党员人数不应少于5万人,在半数以上联邦主体中拥有的地区分布党员人数不得少于500人,在其他地区分部中,每个分部的党员不得少于250人。修改后的《政党法》还规定,不允许根据职业、种族、民族或宗教属性特征建立政党。据此,俄罗斯东正教党、俄罗斯全民族联盟和俄罗斯基督教民主党三个政党的注册要求被司法部拒绝,并被宪法法院驳回了上诉请求,因而没能成为合法政党。

2006年1月,普京又签署了关于修改《联邦主体立法机关和执行机关组织总原则》和《政党法》的法案,该法案规定,在地区议会选举中获胜的政党有权提名该地区行政长官候选人。2008年,俄罗斯修改《政党法》,提高国家向政党提供财政补助的标准,取消了参选政党保证金制度,使得政党财政状况有较大改善。

2012年4月,俄罗斯再次修改《政党法》,新修改的内容规定,

---

① 李兴耕:《普京执政后的俄罗斯政党制度改革》,载《当代世界与社会主义》,2001年第2期,第86—87页。

从 2013 年开始，俄罗斯政党的建党人数减少至 500 人，每个政党应该在全国一半及以上的联邦主体建立政党的地区分支机构（不再对地区分支机构的党员人数做出规定）。同时，政党提交党员数量信息和财务统计的程序简化，且将每年申报改为每三年申报。《政党法》实施后，俄罗斯政党登记数量快速增加，到 2012 年 8 月获准登记的政党已经达到 37 个。

二、波兰宪制架构的变迁

波兰宪制架构的形成是在经历了几次重要的变动之后，逐渐稳定下来的。

第一次修改宪法

圆桌会议结束后的第三天，波兰议会通过宪法修正案、工会法修正案、议会选举法、参议院选举法等法案，以法律的形式将圆桌会议协议的内容加以确认。宪法修正案规定了增设参议院、恢复两院制、建立总统制取代国务委员会制度。

1989 年半自由选举产生的议会于当年 12 月 29 日通过修改宪法的决定，确定波兰为民主法治国家，取消了关于统一工人党领导地位、社会主义制度的规定，并修改了国名和国徽。这些为实行多党制打下法律基础。

1990 年 9 月 27 日，议会通过了《总统选举法》，规定总统由普遍、直接、秘密、和平方式选举产生，总统任期为 5 年，凡年满 35 岁、获得 10 万公民签名支持的公民都可参选。选举方法使用绝对多数决，超过 50% 得票率者胜选，若没有一人胜出则进行第二轮投票，得票多者获胜。这一修改将总统选举方式由参议院和众议院两院议员选举产生改为由全民直选产生，这样便赋予总统更多的合法性。在 12 月举行的总统选举中，团结工会领导人瓦文萨当选为总统。在瓦文萨担任总统期间，总统与议会之间经常发生冲突和僵持状况，瓦文萨提出扩大总统权力的宪法草案，遭到议会的强烈反对。

第二次修改宪法

1992年8月,波兰议会和参议院通过小宪法,10月经总统瓦文萨签署生效。小宪法确定议会(众议院)议员名额为460名,参议院名额为100名,任期均为4年;总统由普选产生,任期5年;总统领导国家的安全、国防和外交事务,有任免政府总理和根据总理的建议任命各部部长的权力,有权宣布战时状态和紧急状态,有权解散议会和行使立法否决权;议会否决总统提出的否决权必须有2/3以上的到会议员统一;议会和参议院如果在政府提交财政预算草案三个月内不通过,总统有权解散议会和参议院。这部小宪法是瓦文萨主张的总统制与民主左翼联盟、波兰农民党、民主联盟等党派主张的议会制妥协的结果,它使总统、议会和政府的权力相互平衡,从法律上明确规定了波兰的政治制度是总统—议会制。[①]

第三次修改宪法

1997年4月,波兰全国对重新修改过的波兰共和国宪法进行全民公投,有42.86%的波兰公民参加投票,其中赞成票占52.71%。经克瓦希涅夫总统签署,10月起,新宪法生效,该宪法共有13章243条,是战后波兰最详细的一部宪法。这部宪法规定了"波兰共和国制度建立在立法权、行政权和司法权分立和均衡的基础上。立法权由议会和参议院行使。行政权由波兰共和国总统和部长会议行使,司法权由法院和法庭行使"。新宪法再次确认了《小宪法》中规定的议会和参议院议员组成名额、选举办法、任期,以及总统的权力、产生办法等项内容。其中规定取消了总统对内政、国防和外交三个部部长人选的同意权,政府人事任免权完全由总理掌握;只有当总理人选无法依法产生,或无法得到议会信任时,总统才能解散议会。[②]

1997年新宪法特别规定,只有政党以及由选举委员会组织的公民

---

① 刘祖熙:《波兰通史》,商务印书馆2006年版,第574页。
② 关于1997年波兰共和国宪法的主要内容,可参见刘祖熙:《波兰通史》,商务印书馆2006年版,第588—592页。

团体可以参加选举,这样就取消了参加过1991年和1993年选举的包括团结工会在内的许多工会组织、压力集团、地方和地区性组织以及特殊公民团体的参选资格。[①] 1997年波兰登记在册的合法政党共有362个,其中有很多是只有几十个党员的"沙发党"。

根据1997年4月2日通过的《波兰共和国宪法》,波兰是一个实行社会公正原则的民主法治国家。波兰政治制度的依据为立法权、执法权及司法权三权分立、地位平等。众议院和参议院拥有立法权,波兰共和国总统和部长会议拥有执法权,法院和国务法庭行使司法权。共和国总统由全民通过普遍、平等、直接方式选举产生,采用不记名投票方式。共和国总统任期为五年,只能连任一次。议会由众议院和参议院组成。众议院议席为460席,由普遍、平等、直接和按比例方式选举产生,投票方式为不记名投票;参议院议席为100席,由全民按直接方式选举产生,投票方式为不记名投票。众议院和参议院的任期为四年。本届议会于2007年11月成立,共有四个政党或联盟进入议会,分别是公民纲领党、法律与公正党、左翼与民主者联盟、农民党。

《波兰共和国宪法》规定,波兰保障政党成立和活动的自由。公民在自愿和平等的原则下加入政党,其目的是以民主的方式对国家政策的形成施加影响。波兰共和国保障工会、农民社会职业机构、协会、公民运动、其他自愿联盟以及基金会享有成立与开展活动的自由。禁止有以下行为的政党和机构存在:在其纲领中宣扬种族主义、法西斯主义、共产主义的极权主义方式和活动实践;把种族和民族仇视作为其目标或宣扬种族和民族仇视;采用暴力以达到夺权或对国家政策施加影响的目的,隐秘其机构和成员资格。

根据波兰宪法的规定,波兰总统可以任命总理和政府,但是该总

[①] Frances Millard, Poland:"Parties without Party System, 1991 – 2008", *Politics & Policy*, 2009 Aug., pp. 784 – 785.

理人选必须在十四日内获得色姆议会的同意。如果议会未能通过总理人选信任案，则要在十四日内提出自己的总理和政府组成人选，总统则必须任命该名单。如果议会无法提出新的人选，则总统可再度任命总理，并根据总理的建议任命政府成员组成，之后新政府组成在十四日内向议会要求给予信任。如果议会仍然不能通过该信任案，则总统就要解散议会。相比较而言，色姆议会在波兰政党政治中的作用远大于杜马在俄罗斯政党政治中的作用。议会不但拥有提名政府总理和成员的权力，而且可以迫使总统接受该名单，对总统提名的人选，议会则有两次否决信任案的权力。波兰总统的组阁权力较小，而其解散议会的权力也受到很大限制，可见，波兰宪政体制转变成总理—总统的半总统制。

波兰在转型之初，就制定了《政党法》，并多次修改。

1990年7月28日，议会通过了《政党法》，其中规定，建立合法政党的要求为：能够征集到15个年满18岁具有完全法律行为能力的波兰公民的签名，有合法的注册地址，向法院申请登记建党。政党注册时不需要提供党章、党纲，党的领导机构也不要求必须通过民主选举产生。《政党法》还规定，政党不得以武力推翻现政权，不得在工作地点开展活动，不得享受国家补贴，不得直接从事经济活动，但可以获得国内外人士的捐赠。

1997年6月，波兰议会对《政党法》进行了修改。《政党法》对许多重要原则作了重新规定，例如，政党登记至少需要1000人签名支持。党的领导机构必须通过民主方式、以少数服从多数的原则选举产生。任何政党不得从事经济活动。政党收入来源只能是银行账户和存款利息收入，国债和国库券交易收入，出售党产的收入，以及销售党章或党纲、党的标志物、宣传党的目标和活动的出版物的收入，利用现有办公设备为第三者从事有偿的、但不构成经济活动的小规模服务收入。政党可以享受国家补贴。议会内政党享受补贴的标准取决于该党所获议席的多少。因得票率不足5%而未进入议会，但获得2%以上选票的政党也可以享受国家补贴，补贴按议会任期分4年发放（第一年发40%，以后3年每年发20%）。

该《政党法》重申确保政党建立和活动的自由，但是第13条明确规定不准建立共产党，"波兰共和国禁止那些在其纲领中主张采用极端办法和种族主义、法西斯主义、共产主义活动方式的政党和团体的存在，也禁止那些在纲领中和活动中规定或允许种族仇视和民族仇视的党派存在，禁止采用暴力夺取政权或对国家政策施加影响的政党团体的存在，以及禁止那些机构保密或成员保密的政党团体的存在。"[①] 这种将共产主义与种族主义、法西斯主义相提并论并明确禁止共产党存在的法律是一些中东欧国家转型时期政党法的独特之处。

通过对"宪制架构"变量的分析可见，俄罗斯与波兰都在政治转型中选择了介于总统制和议会制之间的"半总统制"，但俄罗斯是总统主导的"总统—议会式半总统制"，并几乎演化为总统制；而波兰则是议会主导的"总理—总统式半总统制"，且权力结构已倾向于总理，在这样的宪政架构之下，两国都颁布了《政党法》来进一步规范政党竞争。

第二节 制度相关性变量：选举规则的变化

选举规则是指在竞争性选举中将选民的偏好转化为选票，并进而将选票转化为议席的制度规则。选举规则是对政党的政治实践行为选择影响最大的制度安排，也是构成政党制度的重要变量。政党会为了最大限度实现政治利益而尽力形塑选举规则，同时，选举规则也必然对政党之间相互关系结构产生影响，二者相互交织，互为因果。选举规则内容包括选举公式、选区规模、议会规模、选举门槛、选票结构

---

① 郭增麟：《波兰制度剧变的特点及现行制度的运行机制》，载《当代世界社会主义问题》，1999年第1期，第6页。

等，其中最重要的是选举公式和选区规模。选举规则基本分为多数决制、比例代表制和混合制。单人选区多数决制是"赢者通吃"的选举规则，而比例代表制是"按比例分配权力"的，其余各种混合制是介于此二者之间。

关于选举规则影响政党制度的规律，研究界有很多成果，最早的是"迪韦尔热定律"。迪韦尔热认为，单轮多数投票制通常容易产生两党制；比例代表制倾向于多元的、严密的、独立的政党制度；两轮投票制倾向于产生多元的、灵活的、非独立的政党制度。[①] 迪韦尔热定律的提出证明选举规则对政党制度具有决定性影响作用。其后，赖克、李帕特等许多学者在详细分析世界各国选举实践和深入剖析选举过程之后也都提出了各自对选举规则影响政党制度这一问题的不同观点，产生了相当丰富的研究成果。主要观点有：所有的选举规则都有利于大党，不利于小党，即所有的选举规则都倾向于比例性偏差，不过偏差程度不同；[②] 所有选举规则天然有利于两党制或倾向于产生两党制；选举规则对政党制度的影响受宪政体制、选区规模和议席规模等中间变量的影响。[③]

选举规则具有规范政党竞争的功能，在成熟的民主国家，政党的发展是选举规则实施的结果，政党间对选举规则有较强的共识，但在民主转型国家，政党往往参与了选举规则的制定和修改，代表不同利益群体的政党之间利益冲突明显，对选举规则的认识差别较大，从而导致选举规则常常随着政党竞争结构的变化而变化。

---

① 胡伟、张向奥：《选举与民主：制度设计的工程学》，载《复旦学报（社会科学版）》，2009年第4期，第119—120页。
② 道格拉斯·雷曾提出，所有的选举制度都会产生非比例性的结果；所有选举制度都倾向于减少有效议会政党的数目；所有选举制度都可能将未获半数以上选民支持的政党制造成议会多数党。[美] 阿伦·李帕特著：《民主的模式：36个国家的政府行使和政府绩效》，陈崎译，北京大学出版社2006年版，第119页。
③ 周建勇：《选举制度对政党制度的影响》，载《日本研究集林》，2009年上半年刊，总第32期。

一、俄罗斯选举规则的变化

俄罗斯选举规则的法律基础主要来自于《俄罗斯联邦宪法》、《俄罗斯联邦联邦会议国家杜马选举法》以及《俄罗斯联邦公民选举权和参加全民公决权基本保障法》，这三个法案多次修改，逐渐改变和完善了俄罗斯的议会选举规则。关于《俄罗斯联邦宪法》的内容，在前文中已有论述，以下主要对《选举法》中关于选举规则的内容进行分析。

1992年初，俄罗斯联邦人民代表大会开始草拟有关选举制度的法案，当时有单一选区相对多数决与混合单一选区制加比例代表制两种备选方案。在1993年十月事件之后，叶利钦下令颁布了《1993年俄罗斯联邦联邦会议国家杜马代表选举条例》。该条例确立了杜马选举的基本原则：

1. 普选权。凡是年满21岁并有选举权的公民都有权当选为国家杜马代表，凡是年满18岁的公民都有权参加国家杜马的选举；

2. 人人平等。每个选民只有一次投票权，选民都在平等的基础上参加竞选；

3. 公民直选。国家杜马议员只由具有选举权的公民直接选出，而不经过任何其他的中间团体或国家机关；

4. 无记名投票。国家杜马共设议员名额450人，其中225个席位按照单一选区相对多数制选举产生，即在全国的225个单一席次选区中，由选民以相对多数制的方式选出，其余225个席位则在全国范围内按照政党名单比例代表制选举产生，只有在全国的得票率超过5%，才能按比例参与分配这部分席位。

这一选举制度的产生是叶利钦面对当时紧张的政治形势，在明显的意识形态对立冲突状况下做出的选择。当时，在决定选举制度时，在俄罗斯不可能像波兰那样，交由不同立场的政治精英们通过圆桌会议的形式政治协商决定，而正相反，是单方面由总统与议会冲突的获胜者叶利钦来决定，因此，在选择选举规则时，俄罗斯的反对派根本没有商量余地。①

此后,俄罗斯又于 1995 年和 1999 年,颁布和修改了《1995 年俄罗斯联邦会议和国家杜马代表选举法》和《1999 年俄罗斯联邦会议国家杜马代表选举法》,这两个选举法对选举的具体程序进行了修改和补充。

2002 年 12 月,普京总统签署了新的《俄罗斯联邦联邦会议国家杜马代表选举法》。该选举法对国家杜马代表选举制度作了一些改革。

1. 关于杜马议员候选人的提名权。国家杜马代表候选人可以直接提出或列入全联邦选区候选人名单;直接提出可以采取自我提名或由政党、选举联盟提名的方式;只有按照 2001 年 7 月 11 日颁布的《俄罗斯政党法》有权参加选举并提出候选人名单的政党以及选举联盟才可以提出全联邦选区的候选人名单。

2. 关于有权参加国家杜马席位分配的政党在选举中的最低得票率。2003 年国家杜马选举中有权参加议席分配的政党得票率的界限仍然为 5%,但 2003 年以后举行的议会选举,得票率门槛被改为 7%。得票率达到或超过这个界限的政党,除了有权参加国家杜马席位的分配外,以后还可以在联邦、地区和地方范围的选举中提出自己的候选人,而不必事先征集签名和保证金。在选举中得票率超过 3% 界限的政党可以按比例在四年任期内从联邦预算中获得拨款。在杜马选举中得票率没有达到 2% 的政党虽然可以继续参加以后的选举,但是必须偿还在国家传媒上进行宣传的费用。国家不再直接提供竞选资助,只有得票率达到 3% 的政党,才能够在选举之后得到国家资助。

3. 关于政党的"选举基金"。政党为了开展选举活动,可以建立"选举基金"。基金的来源是法人和自然人的捐款,关于基金来源和使用的情况必须公之于众。每个政党(选举联盟)的"选举基金"开支

---

① Robert Moser and Frank Thames, "Compromise Amidst Political Conflict", *Mixed-Member Electoral Systems: The Best of Both Worlds*?, US: Oxford University Press, 2001.

额度可由最多4000万卢布提高到2.5亿卢布,在单名制选区中每个候选人的选举基金额度由最多80万卢布提高到600万卢布。若选举基金的开支超过了规定的额度10%,或者除了选举基金外,还使用了其他超过规定额度10%的开支,就应撤销该候选人或该党整个被列入选举名单的人的当选资格。选举委员会必须向选民如实公布候选人的收入、财产、银行储蓄、股票等情况。如果发现有隐瞒,就取消该候选人资格。

4. 在2003年以后的杜马选举中,获准参加议席分配的各政党所得选票的总数不得少于参加选举的选民总数50%,而且政党的数量不得少于3个;在2003年选举中参加国家杜马席位分配的政党不得少于4个。如果在2003年以后的国家杜马选举中出现2个党,或在2003年选举中出现3个党,就应当增加一个得票率排下一位的党。①

新选举法还对地区议会选举做出规定,即在举行地区议会选举时,要有不少于一半的议员名额按照政党得票比例进行分配。俄罗斯联邦除少数几个地区采用了混合选举制外,大多数联邦主体的地方议会选举都是按照单席位选区制进行,即获得最多选票的候选人被认为当选。

2005年4月,俄罗斯再次修改《俄罗斯联邦联邦会议国家杜马代表选举法》。其中规定:

1. 从2007年起,俄罗斯的议会选举将完全转到按政党名单进行表决的比例代表制,废除原先的单一选区相对多数制与比例代表制结合的混合选举制;

2. 只有在2006年1月1日之前获准登记的政党有权参加杜马选举;

3. 在每个政党提出的候选人名单中,应包括不超过50%的非党人士,以保障非党人士的宪法权利;

---

① 李兴耕:《俄罗斯国家杜马选举制度改革及其影响》,载《当代世界与社会主义》,2003年第2期,第65页。

4. 政党进入杜马的得票率界限由原来的5%提高到7%；

5. 如果得票率达到7%的政党所得的选票总数低于60%，则应依次补充其他政党，直到进入杜马的各政党所得选票达到60%；

6. 在竞选过程中，政党可以拒绝参加与其他政党的电视辩论；

7. 各政党的选举基金最高数额为4亿卢布。①

2006年，普京正式签署法令，规定废除议会选举选票上的"反对所有候选人"选项，因此，凡参加投票的公民必须选择支持某一个政党或者候选人。2008年，梅德韦杰夫签署法令，降低政党参加选举必须征集到的居民签名数。根据法律，在第六届杜马选举中，政党参加选举必须征集到的居民签名数从20万降低到15万，到第七届杜马选举时，则再降低到12万。②

二、波兰选举规则的变化

1989年6月，波兰第一次自由竞争性选举的色姆议会议员数量，65%分配给以波兰统一工人党为首的"执政联盟"，具体人选须经选举得以确认；其余35%议员由全国选民普选产生。参议员依照选取划分名额普选产生，参议院的100个席位在全国49个省进行分配，每省2个席位，其中华沙省和卡托维兹省各3个席位。

1991年议会选举时，采用的选举规则是，将众议院460个席位中的391个分别从37个选区中选举产生，每个选区选出7—17个席位，席位分配采用Hare-Niemeyer公式，并且没有门槛限制。其余69个席位列为全国名单，只有当在至少5个选区的每个选区都至少获得5000个选民签名或在全国获得50000个选民签名的政党，才有资格提出全国名单。若政党的候选人在至少5个选区当选，或在全国获得选票超过5%，才有资格参与分配69个席位。参议院选举则采用相对多数，

---

① 刘淑春等：《当代俄罗斯政党》，中央编译出版社2006年版，第74页。

② 高晓惠：《俄罗斯政党发展的新变化》，载《国外理论动态》，2010年第8期，第42页。

取消两轮选举。

1993年5月新修订的《选举法》设定了政党和政党联盟进入议会的最低得票率,即政党进入色姆议会的门槛是在全国获得超过5%的有效选票,政党联盟进入议会下院的门槛是获得超过8%的有效选票。众议院的391个席位由重新划分出的52个选区选举产生,其余69个全国名单议席由获得7%以上选票的政党参与分配。该选举法还规定,波兰在总体实行比例代表制的基础上,采取顿特公式(d'Hondt)[①]来计算议席的分配。

1997年6月,波兰在新修改的《选举法》中将建立政党的最低人数限制从15人提高到1000人。

2001年4月,波兰议会通过新修改的《选举法》,与之前的选举规则相比,该选举法的主要变化在于,将原有的选举计算方法顿特公式(d'Hondt)改为圣拉各公式(St. Lague),而且还取消了全国名单的69个席位。这种选举方法更有利于中小型政党。

2001年4月12日开始生效的《波兰共和国色姆议会和参议院选举法》中关于选举规则的内容有:

1. 色姆议会选举是普遍、平等、直选和无记名投票。选举当天满18周岁的波兰公民均有选举权,年满21周岁的有选举权的公民可以被选举进入色姆议会。

2. 全国选举委员会负责议会选举的组织和实施,并有权监督选举的合法性,该委员会为常设机构,由国家总统任命的九位成员组成,包括三名宪法法院法官、三名最高法院法官和三名最高行政法院法官。

3. 议员候选人可以由政党竞选委员会或选民提名,比例选举原则要求必须提出候选人名单。15名以上的选民可以成立竞选委员会,收集到1000名以上公民或竞选委员会支持的签名后必须向全国选举委员

---

① "顿特公式……是最不具有比例代表性的,而且它制度性地偏袒大党。"见[美]阿伦·李帕特:《选举制度与政党制度》,谢岳译,上海世纪出版集团2008年版,第21页。

会提出申请。经全国选举委员会批准后，竞选委员会可组织选举活动。政党竞选委员会职能由政党授权的独立机构履行。每一个选区都应向选区选举委员会提出候选人名单。每个选区的名单必须收集到5000个以上本选区选民签名支持。

4.《选举法》保障政党参与竞选竞争的自由。但用于选举宣传的资料不得含有虚假信息。任何色姆议会议员候选人或竞选代理机构可向地区法院提出执行申请，该申请应在短期内受理。

5.《选举法》保障各竞选委员会平等使用广播和电视的权力，可免费播出选举节目，各竞选委员会均有权播出选举广告。

6. 各竞选委员会参加选举的费用自筹，政党竞选委员会的资金可由政党选举基金出资，但选举基金的资金来源只限于波兰公民。选举日之后三个月之内，各竞选委员会需要拟定财政报告并提交给国家选举委员会，国家官方刊物将该报告公布。

7. 选举需在非工作日举行，投票在选区选举委员会的投票站进行。全国选举委员会负责统计全国投票结果并确定超过选举门槛（政党5%，政党联盟8%）的竞选委员会名单。

8. 选举结束后，由全国选举委员会按比例分配选区名单，位列名单内的候选人按照其得票多少获得议席。[①]

"选举规则"变量的分析可以呈现出转型国家政党制度变迁的一个重要特征，即选举规则和制度的变动性极大，从议席分配、选区划定、选举公式选择到议会规模、选举门槛、选票结构等都经历了很大的变动。两国的选举规则都从混合制向比例代表制转变，而单轮多数投票制在俄罗斯并未产生两党制，而比例代表制则在波兰产生了更倾向于两党轮流的多党制。

---

① 波兰色姆议会网站 http://www.sejm.gov.pl/english/sejm/pos.htm。

第三节 制度相关性变量：党内规章的变动

从广义上讲，俄罗斯与波兰的政党内部制度有关系政党发展大局的宏观制度，如党章、党纲和党的竞选纲领等，也有一些涉及政党具体活动的规章制度，如决策制度、选举制度、经费筹集制度、纪律维护制度、党员联系活动制度等。

政党党章主要规定了党的基本任务、党的职责、基本主张以及党员资格、党的基层组织和中央组织等各级组织结构等内容。一些政党的基本纲领被写入党章，作为党章的一部分体现出来，也有一些政党的纲领是独立成文的，体现在几个决议或文件中。例如，波兰民主左翼联盟党在1999年第一次全国代表大会上通过了题为《我们的传统和价值观》的纲领性宣言。

俄罗斯与波兰的多数政党会在议会选举之前召开党的代表大会，会上制定并通过新的竞选纲领，其目的是最大限度地争取政权。在议会政治条件下，对于以掌握政权为主要目标的政党来说，竞选纲领是多数政党最重视的一种党内制度。一方面，竞选纲领集中体现了政党对国家政治、经济、社会等各个领域的发展规划，另一方面，竞选纲领也是对内统一全党思想，巩固和提升组织凝聚力的政治纲领，是指引政党选举工作的路线图。

党章、党纲和竞选纲领等，一般是由党内常设机构的某个工作小组或委员会负责起草，在全党代表大会上审议、修改并得到通过。有的政党会在发生分裂或遇到其他特殊情况时，举行特别代表大会，通过新的纲领。多数政党的全国中央组织负责制定政策和领导全党工作，地方基层机构负责组织党员按照党内制度的要求进行政治活动、行使权利及履行义务。

俄罗斯与波兰主要政党的全国代表大会每四年或两年举行一次。在苏东剧变之初，陆续成立的新党大多在第一或第二次全国代表大会上制定并通过党章、党纲。在之后的历届全党代表大会上，几乎都会对党章进行不同程度的修改，修改党章的目的往往是为了更好适应形势发展需要，在即将到来的选举中赢得胜利。同时，有的政党也存在党纲和党章修改较为频繁的现象，甚至有政党通过修改党纲而改变其在本国政党光谱中的定位。为了保障和监督党章等党内制度的执行情况，一些政党专门设立了党内监督和仲裁部门。例如，波兰民主左翼联盟党设立有全国监察委员会、全国党的法庭和党的道德委员会；波兰农民党设有最高监察委员会和最高党员仲裁机构；波兰法律与公正党内有全国监察委员会和党员纪律仲裁机构。

涉及政党相关内容的国家层面的宪法和法律主要有《宪法》、《政党法》、《选举法》以及一些国家的《清查法》等，这些法律构成影响国内政党活动的宪政框架的基本要素，是各国政党参与政治活动的制度基础，政党内部制度受到现有宪政架构的约束，同时，各国政党也通过各种路径尽力争取将本党的政策主张上升为国家意志，构建能够使自身利益最大化实现的制度环境。

《宪法》一般都有涉及政党和政党制度的条款，基本内容有：国家是独立、民主的法治国家，实行多党民主议会制，公民享有言论和集会结社的自由和权力，政党可自由开展活动。以《宪法》为基础，俄罗斯与波兰仿照西方政治模式和三权分立原则建立起了一整套宪政体制，立法权属于议会，行政权属于总统或总理，司法权由法院行使，中东欧国家基本实行以政党政治为运作基础的议会制，议会由全民选举产生，议会享有立法权，政府一般由议会内占多数的政党或政党联盟组建，总理需向议会负责，失去议会多数信任的政府必须辞职。各国《宪法》对总统掌握的权力和地位有不同规定，俄罗斯与波兰实行的是半总统制。

俄罗斯与波兰都制定了适用于国内所有政党的《政党法》，主要目的是为了对本国国内的政党活动进行规范。《政党法》普遍规定了政党的地位、作用、党员；建党的目的、条件、申报程序、活动原则；政党经费来源，收入和支出报告制度；违宪或违法后的惩处限制和取缔原则等。《政党法》是对国内政党的政治活动和组织结构的法律控制，其共同的基本原则为任何政党不得危害国家体制和政治秩序，只能在宪法原则的范围内活动，尊重民主和自由原则。选举规则主要有总统选举制、议会选举制、地方选举制和欧洲议会议员选举制度等种类，主要内容包括选举公式、选区规模、议会规模、选举门槛、选票结构等。俄罗斯与波兰的选举制度是均以比例代表制为主。

首先，国家层面涉及政党的宪法法律从根本上规范和限制着政党党内制度的制定和实施。这些构成国家宪政架构的主要宪法法律，既规定了政党制定党内制度时必须覆盖的领域和内容，例如政党章程中需要明确遵守宪法、政党资金的来源和支出等；又限制了政党党内制度制定的边界和范围，例如政党活动不得损害国家主权、民主原则和社会制度，不得违宪；同时，还明确了政党违宪的情况和惩罚方式，例如波兰《政党法》规定，政党的目标或活动若违反宪法，由宪法法院进行判决。

国家各项具体选举规则影响用以规范政党现实活动的党内制度，如政党的竞选纲领、党内候选人提名制度、党的地方基层组织活动规范等。俄罗斯与波兰在政党制度转型过程中，经常在选举前对政党法和选举规则进行修改，政党为了适应新规则往往也要对党内相关制度进行相应修订和调整。无论政党的立场和定位有何差异，无论是执政党还是反对党，为了进入议会、分享政权，政党必然以本国具体选举规则为基本依据和重要参照。在转型之初，曾经存在一些反对多党议会制的反体制政党，它们在制定党内制度时遵照完全另类的逻辑和规则，但近几年这类反体制政党几乎已经销声匿迹了。

其次，国家层面涉及政党的宪法法律全面形塑本国政党制度的生态结构。与具备较成熟政党制度的西欧民主国家不同，正处于民主化转型进程中的国家，政党制度发展早期具有政党数量众多、政党组织散乱、各类小党林立、政党分化组合频繁、民众政党认同率低等特点，为典型的"粉碎型政党制"。近年来在制定和修改政党法律时,主要目的是为了减少参与选举和进入议会的政党数量,同时促进形成全国性大党,各国的政策制定者都在朝这一方向努力。在这种情况下,政党必须选择合理的生存方式,以保持其竞争力。目前,波兰虽然政党登记数量较多,但真正能够进入议会、参与执政、对国家政治产生影响的政党或政党联盟的数量一般只有4至6个,形成了温和政党制,国家政党法律对本国政党生态的影响作用可见一斑。

波兰在其《政党法》或《选举法》中明确禁止共产主义政党的存在,国内政党在党内制度中不能出现相关表述,共产主义政党类极左翼政党的地位游离于政党生态结构的边缘和非法政党之间。波兰《政党法》规定,禁止那些在其纲领中主张采用极端办法和种族主义、法西斯主义、共产主义活动方式的政党和组织存在,也禁止那些在纲领或活动中规定或允许种族仇视和民族仇视的党派存在,禁止采用暴力夺取政权或对国家政策施加影响的团体存在,以及禁止那些机构保密或成员保密的政党和组织存在。

第三,政党尽量将本党主张上升为国家意志,制定和选择更有利于自身发展的国家层面法律规定。利益整合和表达诉求是政党的主要任务,转型国家政党将其所代表的群体利益在党内制度中整合表述出来,并且努力利用各种途径将本党的政策主张上升为国家意志,从而为自身利益最大化寻求法律政策环境和支持。波兰现执政党公民纲领党在意识形态上兼具保守自由主义、新自由主义和基督教民主主义,其主要纲领为发展教育和经济、与贪污腐败作斗争、使国家非政治化及对农村进行结构改造。该党曾明确提出要修改《选举法》和现行的国家制度,将众议院现有的460个席位减少为230个,取消参议院,改行一院制;还提出要取消国家、政府主要领导人、议员等司法豁免权;并且要求就议会议员等额选举进行全民公决,并征集70万个赞同签名;更提出对乡、县、市长进行直选,对国家行政和自治委员会公务员进行公开招聘。这些主张是该党纲领的具体体现,也有明显有利于掌握着大量现有政治资源大党的倾向。若这些主张得以在议会或政府通过，将对政治力量薄弱的小党产生更严重的打击。

俄罗斯与波兰的政党在制定党内制度时，一般对党内制度与国家宪政法律之间的关系有较为清晰的认识。党内制度必须遵守国家宪政法律的一切规定和限制；党内制度的覆盖范围仅限于自愿加入该党的党员，而国家宪政法律适用于国境内所有公民；党内制度对党员有规范和约束作用，其制度实施主要通过组织动员、宣传教育等方式，由党员自愿遵循，并不具有强制性，但国家宪政法律具有强制性，任何人和组织均不得违宪；对于违反党内规章制度的行为进行的党内处分和惩戒仅限于在政党内部执行，而且必须以遵守国家宪法等法律规定，而违反宪法法律的行为则要受到国家司法机构的追究和惩罚。

但同时，俄罗斯与波兰的多数政党在制定党内制度时，对涉及选举的竞选纲领等制度较为看重，而在长期的组织制度建设方面努力不足，从而造成政党本身稳定性不强，对选民的持续吸引力较弱，导致民众对政党失去兴趣，政治活动参与率与选举投票率持续保持较低水平，民众的利益诉求难以得到长期、合理和稳定的表达。

第六章 俄罗斯与波兰政党制度变迁中的政党变革①

俄罗斯与波兰的政党制度是由剧变前的一党制或一党执政多党联合的政党制度转变为多党制度，其国内政党也随之进行了政党变革。经过20多年的发展，政党发展态势差别很大，有的政党发展势头强劲，有的政党已经完全消亡，有的政党历尽变幻得以生存。根据各政党在本国政治舞台上的地位不同，可分为主流政党和非主流政党两类。②

第一节 主流政党的变革与发展

一、俄罗斯主流政党的变革

（一）政权党

政权党是俄罗斯政党制度中的一个特殊现象。在俄罗斯杜马中没

---

① 本章论述中需要翻译一些政党公开发布的党纲、党章及其他文件，除特别注明之外，文字表述主要参考中共中央对外联络部审定的译稿。在王家瑞主编《当代国外政党概览》（当代世界出版社2009年版）、刘洪才主编《当代世界共产党党章党纲选编》（当代世界出版社2009年版）和于洪君主编《当代世界政党文献》（党建读物出版社2012年版）等公开出版物中涉及了相关政党党纲、党章的部分主要内容，遗憾的是此类文献中并未明确标注出相应注释和资料来源。

② 关于主流政党与非主流政党的分野是有待深入论证的问题，为方便研究，本论文暂且借用了这种分类法。在本研究中，主流政党主要是指那些代表主流价值观念、政治特色明显且保持了连续性、支持结构稳定、具有被认可的执政能力或潜力的政党；非主流政党是指，在既有政治结构中不具有领导地位、但却能够在连续多次选举中通过合法的竞争机制进入国家议会的政党。该定义参考林德山：《西欧国家政党格局及变化》，载《当代世界研究文选》，党建读物出版社2012年版，第288—290页。

有执政党,根据俄罗斯宪法规定,在杜马议会选举中获得最高票数的政党并没有进行政府组阁的权力。但在俄罗斯杜马中有政权党,与执政党不同,政权党是由当权派自上而下建立起来并得到政府大力支持的党,是当权派的依靠力量,但本身并不直接执掌政权,其作用是通过其议员在议会中的表决使总统的决定合法化,并在其他政权机关中通过自己党员的活动贯彻当权者的意志。① 政权党的出现是俄罗斯探索多党制下政党和政权新型关系的产物。普京曾指出,"政府应该依靠议会多数,这不是什么新鲜事。根据俄罗斯宪法,政府总理应该由国家杜马批准,但是如果总理候选人得不到相应的多数,就无法获得国家杜马的批准。"② 以议会多数派为依托的政府,即得到了议会多数票通过并批准的政府,这与议会多数党政府是有区别的,后者是指由在议会占多数席位的政党或政党联盟推举的人选组成的政府。在俄罗斯,议会多数党并不是执政党,而只是政府的依靠力量,或者说政府以议会多数党为依托。③ 因而,在有俄罗斯特色的政党政治舞台上,担任政权党角色的政党必然占据着主流地位。一般被认为承担过政权党任务的政党有俄罗斯民主选择、我们的家园—俄罗斯、团结党和统一俄罗斯党。

1. 演变历程

"俄罗斯民主选择"是在 1993 年杜马选举前最被看好的主流自由民主派政党,也是叶利钦争夺国家权力建立西方式民主制度过程中的有力支持者。该党由俄罗斯激进改革的主导人物、副总理盖达尔领导,其成员有副总理舒梅科和丘拜斯、副总理兼财长费奥多罗夫、外长科济列夫、社会保障部长潘菲洛娃、总统办公厅主任菲拉托夫及叶利钦

---

① 李兴耕:《普京时代俄罗斯政党制度的基本特征》,载《中共天津市委党校学报》,2005 年第 4 期,第 83 页。
② 2003 年 6 月 20 日,普京在记者招待会上答记者问时所言。载 Независимаяказета,2003 年 6 月 21 日。
③ 刘淑春等:《当代俄罗斯政党》,中央编译出版社 2006 年版,第 45 页。

的私人顾问布尔布利斯等政府高级官员,还有约五十个地区的行政长官①,而且,得到了总统叶利钦的直接支持。俄罗斯民主选择被视为最早的"政权党"②,在第一届杜马选举中获得15.5%的选票和70个议席,成为议员数量最多的杜马第一大党。1995年,由于盖达尔不同意叶利钦在农业改革等问题上的政策并坚决反对车臣战争,"俄罗斯民主选择"内部发生分裂,最终失去了"政权党"地位,支持率大降,在第二届杜马选举中没能进入议会,只在地区选举中有9个党员被选为议员。

"我们的家园—俄罗斯"是在1995年第二届杜马选举之前的春夏,叶利钦支持时任总理的切尔诺梅尔金成立的中右派政党。叶利钦主导成立该党的目的是为了在即将举行的杜马选举中"形成可靠的议会多数派"、建立"总统的坚强支柱('两条腿')",③以此遏止左翼和右翼反对派势力,并使之在政治上边缘化,减少对叶利钦领导权的威胁。有了叶利钦的支持和切尔诺梅尔金的领导,"我们的家园—俄罗斯"享有巨大的政治和行政资源,在某种程度上起着"政权党"的作用。④然而,在1995年杜马选举中,该党所得议席仅有55个,远远落后于第一大党俄罗斯共产党,在杜马中的力量明显不及左翼反对派,差距明显。在1998年政府危机中,切尔诺梅尔金被解除总理职务,"我们的家园—俄罗斯"也逐渐瓦解,失去了政权党功能。

团结党是在1999年10月第三届杜马选举之前,总统叶利钦和新任总理普京支持下成立的中派竞选联盟,2000年5月正式成立为政党。该联盟领导人是时任紧急情况部部长的绍伊古。成立之初的团结联盟,

---

① 王秋文:《浅析俄罗斯的"政权党"现象》,载《当代世界与社会主义》,2003年第3期,第89—90页。
② 也有观点认为,俄罗斯民主选择并不能算做是完全意义上的政权党。见范建中:《俄罗斯政权党能否成为执政党——基于制度环境和政情发展的分析》,载《江苏行政学院学报》,2007年第1期。
③ [俄]格·萨塔洛夫等:《叶利钦时代》,东方出版社2002年版,第661页。
④ 刘淑春等:《当代俄罗斯政党》,中央编译出版社2006年版,第24页。

主要任务是与选举势头强劲的"祖国—全俄罗斯"党竞争,以期获得更多的杜马议席从而给予新上任的普京以有力的权力支持。得到叶利钦和普京支持的团结联盟获得大量行政和媒体资源用于开展竞选活动和攻击"祖国—全俄罗斯",选举结果显示,团结联盟获得23.3%的选票和总共73个议席,超过"祖国—全俄罗斯",成为仅次于俄罗斯共产党的杜马第二大党,从而承担起新一任"政权党"任务。

统一俄罗斯党是于2001年12月,由团结党、"祖国"运动和"全俄罗斯"运动合并而成。2002年10月,俄罗斯联邦内务部长格雷兹洛夫出任统一俄罗斯党最高委员会主席。2003年3月,统一俄罗斯党确定了党的主要任务,提出了党在即将举行的国家杜马选举中的竞选策略。9月,统一俄罗斯党通过了党的竞选纲领,公开宣布该党是总统的支持者和总统政策的执行者。

在2003年12月举行的第四届杜马选举中,该党获得了37.57%的选票和总共226个杜马席位,成为在杜马具有超过绝对多数席位的第一大党,格雷兹洛夫被推举为杜马主席。2004年3月,该党在俄罗斯总统选举中推举普京为总统候选人,普京在2004年3月连任总统后,该党在中央和地方各级政权机关中的影响进一步加强。2004年11月,统一俄罗斯党修改党章,选举国家杜马主席格雷兹洛夫担任党的主席,撤销中央政治委员会,其职能转给总委员会;研究党关于加强俄罗斯社会的统一和团结的纲领;讨论党在即将举行的地方选举中的任务。2005年11月,统一俄罗斯党针对党内关于党纲和其他重大问题出现意见分歧,格雷兹洛夫强调要维护党的团结,否认党内存在"左翼"和"右翼"的分野,表示要坚持把有效的市场经济和积极的社会政策结合起来,必须制定国家长期发展战略,其核心是从财政稳定转向经济发展,并提出加快西伯利亚和远东地区的发展问题。2006年12月,统一俄罗斯党通过了纲领性声明，正式提出将"主权民主"①作为党的思想基础，并提出了今后十年复兴俄罗斯的战略。②该党还提出解决人口危机、加大反腐力度、建立创新型经济三大任务，并将地区发展作为党工作的重点。

统一俄罗斯党在2007年12月举行的第五届国家杜马选举中，继续保持并扩大了在杜马中的绝对优势，获得64.3%的选票和315个议席，占据了七成杜马议席。2008年4月，统一俄罗斯党提出"2020战略"，宣布俄罗斯2020年前的社会经济发展战略。2008年，统一俄罗斯党支持普京选定的时任总理的梅德韦杰夫参选俄罗斯总统。4月，该党邀请普京担任党的主席，5月普京正式成为统一俄罗斯党主席，次日普京就任俄罗斯总理。2009年11月，统一俄罗斯党发布纲领性文件，首次正式宣布党的意识形态为"俄罗斯保守主义"。

2011年12月举行的第六届国家杜马选举中，统一俄罗斯党获得29.29%的选票和238个议席，所占议席超过总席位数量一半，虽议席数量较上一届减少，但仍为在杜马占有超过绝对多数席位的第一大党，对其他三个议会政党的领先优势明显。2011年9月，总统梅德韦杰夫于统一俄罗斯党代表大会上，提议由总理普京参加于2012年3月举行的总统选举。2012年总统选举中，在统一俄罗斯党支持下，普京再次当选总统，梅德韦杰夫担任总理，并接替普京担任统一俄罗斯党主席。

2. 意识形态变化

叶利钦时期的政权党"俄罗斯民主选择"和"我们的家园—俄罗斯"都是主张自由民主的右翼政党。最早被看做是政权党的"俄罗斯

---

① 在该党纲领中对"主权民主"含义的解释为，人民根据自己的传统和法律作出自己选择的权利；有效地参加公正的世界秩序的形成的可能性；国家的外部和内部安全是同义词；国家历史竞争力的条件，也就是公开地表达和捍卫自己的民族国家利益的权利；无条件地承认民主的普遍价值；在实现这些价值时必须考虑到民族模式的多样性。参见李兴耕：《第五届国家杜马选举前的俄罗斯政党基本态势》，载《俄罗斯研究》，2007年第2期。

② 参见http://www.ed inros.ru /02.12.2006.，转引自李兴耕：《统一俄罗斯党的意识形态——俄罗斯保守主义》，载《当代世界与社会主义》，2010年第1期。

民主选择"党是典型的激进民主派政党,其前身"俄罗斯选择"并无长远的建党纲领和目标,他们的竞选纲领高举"民主""自由"的旗帜,该党领导人盖达尔是俄罗斯经济激进改革"休克疗法"的设计师和实践者。该党声称其主要任务是"在俄罗斯建立文明发达的资本主义",盖达尔提出"俄罗斯不走向资本主义,就不可能前进"。

"我们的家园—俄罗斯"明确提出在意识形态上要将爱国主义、巩固国家制度和完善生产秩序结合起来,发展民族产业,振兴民族经济;在经济政策方面,宣布将修改"自由主义改革阶段"的政策,要把稳定财政和发展生产、实行开放和巩固民族产业基础结合起来,大力发展民族经济,并提出其社会基础是所有"有产者"阶层。①

团结党的前身团结联盟在参加1999年杜马选举时并没有明确的意识形态定位,没有明确的理论纲领和政治主张,也没有严密的组织系统和骨干队伍,比较分散,其提出的竞选口号是"支持政府、维护稳定、发展经济"。② 选举结束后,团结党2000年5月正式成立时,提出了一个具有中派色彩的纲领性声明,宣称"党视俄罗斯人民为自己的支柱,党的全部活动就是实现人民的需要、宿愿和期望"。团结党的政治信条是"彻底的人民政治(民主),不接受任何激进主义、极端主义、沙文主义和民族主义"。③ 团结党定位于执政者的建设性合作政党,是介于左翼和右翼之间的中间派政党。

2009年11月,统一俄罗斯党召开大会,通过了纲领性文件,正式宣布党的意识形态是"俄罗斯保守主义"。统一俄罗斯党自2001年12月1日成立以来,先后将"中派主义"、"政治中派主义"、"实用主义"、"保守主义"等提法作为党的意识形态,此后又陆续把"主权民

---

① 田永祥:《俄罗斯政党与金融企业集团的关系》,载《东欧中亚研究》,1998年第2期,第9页。
② 刘淑春等:《当代俄罗斯政党》,中央编译出版社2006年版,第88页。
③ 孙凌齐:《全俄"团结党"纲领性声明》,载《俄罗斯研究信息》,2000年第3期。

主"、"普京计划"和"2020战略"作为党的指导思想和发展战略基础,① 以至于很多观点认为,统一俄罗斯党是一个缺乏明确意识形态的党。

统一俄罗斯党的意识形态是保守主义,"党的意识形态是俄罗斯保守主义。这是稳定和发展的意识形态——在不发生停滞和革命的情况下进行富有成果的社会更新。这是汲取人民成就的意识形态——在俄罗斯自身历史、文化、精神价值基础上的继承与现代化。同时,这种意识形态要将国家从慢性社会疾病中解救出来,克服实现创新和取得新成果过程中的障碍。其目标是在共同的价值观和利益基础上建设崭新、自由、繁荣和强大的俄罗斯。其价值观是热爱祖国、建立稳固家庭、培养健康生活方式、树立专业精神和实现公民团结。"②

3. 纲领章程及政策主张的变革

"俄罗斯民主选择"党前身"俄罗斯选择"在参加1993年杜马选举时的竞选纲领中提出,该党在政治上主张自由价值观,实行公民社会,支持叶利钦建立总统制国家;经济上主张自由市场经济和全面私有化(包括土地私有化)和"休克疗法",土地可自由买卖;外交政策上主张向西方一边倒,欲使俄罗斯"全面融入西方文明社会"。③

"我们的家园—俄罗斯"在政治上主张维护现行"民主"政治体制,支持总统叶利钦,在经济上则主张修正盖达尔政府的激进改革政策,加强国家对经济的宏观调控,稳定财政,控制通货膨胀,促进经济增长以支持"现实经济"和"民族蓄积量"。有材料显示,该党的主张更偏向保守主义,与俄罗斯共产党的主张颇有类似。

团结党在2000年发布的纲领中宣称,团结党的全部活动就是以实现人民的需要、宿愿和期望为目标,党将俄罗斯人民视为党的支柱,

---

① 转引自李兴耕:《统一俄罗斯党的意识形态——俄罗斯保守主义》,载《当代世界与社会主义》,2010年第1期,第109页。

② http://www.edinros.ru/tex.t shtm? l10/9535,110030.

③ 张月明、姜琦:《政坛10年风云——俄罗斯与东欧国家政党研究》,上海社会科学院出版社2005年版,第26页。

党主张实行有利于国内经济发展的法律和经济机制。这些机制应当能够使经济真正开放,但要理智地、有充分依据地保护国内生产者,保护消费者不受劣质产品的困扰。该党还主张,支持多种所有制形式在俄罗斯同时存在。① 团结党将支持总统普京作为其主要任务,希望在普京的领导下实现俄罗斯的复兴。团结党提出该党代表俄罗斯公民的利益,同时要促进俄罗斯建立具有权威性、廉洁和爱国的国家政权。该党主张保护私有财产,但反对掠夺式的私有化。

统一俄罗斯党2003年通过党章,之后又经历次大会修订。该党党章规定,统一俄罗斯党是根据俄罗斯宪法、法律、党章和遵循自愿、平等、自治、法制和公开性原则创建的政党。其宗旨是为使俄罗斯公民通过形成和表达他们的政治意愿参与社会政治活动、选举和全民公决,以及在国家机关和地方自治机关中代表公民的利益。②

统一俄罗斯党提出党的基本目标是,确保联邦国家机关和联邦主体通过的国家政策和各项决议符合大多数公民的利益;形成与党纲条例相符的社会舆论,表达公民在社会生活问题上的意见,并将这些意见送达社会各领域和国家机关;教育公民,对他们在选举和全民公决投票中所表达的政治意愿施加影响;提出本党进入国家机关和地方自治机关的候选人;推举本党参加竞选总统的候选人;提出本党进入联邦和联邦主体立法(代表)机关以及地方自治代表机关的候选人。③ 为实现上述目标,党将研究、分析和综合俄罗斯联邦公民的利益、需求和倾向,通过提出新法律草案和国家机关的决议建议的方式寻找实现大多数居民利益的形式;对民众进行宣传工作,向民众通报党的目标、任务、纲领和当前活动,为参加选举的本党候选人组织选前宣传,并就联邦和联邦各主体的全民公决提出的问题,依照俄罗斯联邦法律

---

① 孙凌齐:《全俄"团结党"纲领性声明》,载《俄罗斯研究信息》,2000年第3期。
② УСТАВВсероссийской политической партии «ЕДИНАЯ РОССИЯ» 2012,见http://er. ru/party/rules.
③ УСТАВВсероссийской политической партии «ЕДИНАЯ РОССИЯ» 2012,见http://er. ru/party/rules.

规定宣传自己的观点和主张；参加联邦和联邦主体的选举，推举竞选总统、国家杜马和联邦委员会以及联邦其他机关、联邦主体和地方自治机关的候选人；依照法律规定参加筹备和举行联邦和联邦主体的全民公决；依照法律规定参加各级法律和执行机关的工作；建立和培养党的干部后备力量，以参加国家机关和地方自治机关选举，对党的干部、积极分子和党员进行培训；协助担任其他国家机关和地方自治代表机关职务的本党党员的工作，指导青年工作，吸引青年参与实施党的青年政策，培养拥护党的意识形态、具有政治积极性的年轻接班人。①

统一俄罗斯党在政治上主张建立强有力的国家政权体系，推行"主权民主"。② 党纲指出："我们希望俄罗斯成为这样一个国家：宪法得到严格遵守、法制得到维护、拥有强有力的和负责任的政权和司法机关、拥有有效运转的国家机器。"③ 为此，主张推行行政改革，完善国家管理体系和优化权力机关的职能，建立高效的垂直权力体系，维护总统制，加强中央集权；规范政党制度，加强对非政府组织监管，建立公民社会，引导公民参与国家政治进程；俄罗斯应根据本国历史传统和具体国情选择自己的民主发展道路。在经济上，主张建立宏观调控基础上的市场经济体制，加强对经济命脉的控制，尤其是对最重要的能源和矿产资源的控制；实现经济发展战略和增长方式的转变，由原料经济向高科技经济和知识经济过渡，由粗放型经济向集约型经济过渡；大力发展农业和基础设施建设，实现经济部门平衡发展；制定有效的地区政策，发挥各地区的内部潜力，解决区域发展不平衡问题。在社会领域，主张公平公正，改善民生。该党党纲还提出，经济

---

① УСТАВВсероссийской политической партии «ЕДИНАЯ РОССИЯ» 2012，见 http：//er. ru/party/rules.

② 政策主张主要内容参考《国家富强之路——"统一俄罗斯"党宣言》，载刘淑春等：《当代俄罗斯政党》，中央编译出版社 2006 年版，431—445 页。

③ УСТАВВсероссийской политической партии «ЕДИНАЯ РОССИЯ» 2012，见 http：//er. ru/party/rules.

发展的目的是保障俄罗斯及其各地区繁荣昌盛，保障全体人民丰衣足食。为此，应实行有效的社会政策调节社会分配与再分配，缩小贫富差距，确保社会公正和稳定；实行积极的人口政策，将解决人口危机问题视为对俄罗斯未来繁荣具有决定意义的首要任务；发展教育，使俄罗斯在教育质量方面处于世界领先地位。对外政策上，该党支持普京推行的多边务实路线，主张外交为国家经济和国家安全服务，积极恢复俄罗斯大国地位，形成和支持能够提高俄罗斯国际地位的国际政策；发展对俄有利的国际经济关系；促进国际关系民主化，反对"双重标准"；积极参加国际集体安全体系，使世界免受恐怖主义和极端主义威胁；保护俄罗斯公民和海外同胞的权利和利益。①

4. 组织资源变化

"俄罗斯民主选择"由十个民主派组织和政党组成，盖达尔曾担任俄罗斯副总理和代总理，其主要成员有俄罗斯中央政府政要，如副总理、外交部长、财政部长、总统办公厅主任等；还有一半以上成员为金融企业届人士，如"奥尔皮"集团总裁勃伊科曾当选为该党执委会主席。该党声称，其组织资源的支柱就是企业家和知识分子，该党活动经费主要依靠金融企业集团提供，同时党在地方的基层组织也为企业开展经营活动提供支持。

"我们的家园—俄罗斯"的成员主要来自中央和地方的行政或议会领导人，还有许多企业家加入其中，当时俄罗斯著名的八大金融集团就以集体身份加入了该党。该党从众多企业获得大量资金支持，并掌握着大量媒体资源。但是，该党缺乏群众基础，内部结构比较松散，与地方基层关系不够紧密，党内团结力不足，发生了分裂和退党现象。

团结党正式成立为政党时，共有党员12.8万人，分别来自"团结"运动、"我们的家园—俄罗斯"、"俄罗斯统一和谐党"、"俄罗斯

---

① УСТАВ Всероссийской политической партии «ЕДИНАЯ РОССИЯ» 2012，见http://er.ru/party/rules.

社会党"和"俄罗斯人民党"等政党组织。

统一俄罗斯党设有最高委员会、党代表大会、中央政治委员会、总委员会、中央执行委员会、中央监察委员会等中央机构，在地方上设有党的地区分部、地方分部和基层支部。统一俄罗斯党现有党员 200 万人，在 85 个联邦主体中都设有分支机构，拥有 2595 个地方组织和 82631 个基层组织，① 是俄罗斯第一大党。该党党员中有联邦主体行政长官约 70 人，地方各级行政机关首脑约 5000 人。该党在 50 多个联邦主体议会中占有一半以上席位，在 30 多个联邦主体议会中拥有相对多数。

（二）俄罗斯联邦共产党

1. 发展历程

1990 年 6 月，俄罗斯联邦共产党作为苏共在俄罗斯苏维埃联邦社会主义共和国的分部成立，是苏联共产党的一个分部。1991 年"8·19"事件后，叶利钦颁布"禁共令"，俄罗斯共产党被当局禁止活动，组织被解散，财产被没收。1992 年，通过向宪法法院起诉，俄罗斯共产党取得了合法地位。1993 年 2 月，俄罗斯共产党在莫斯科召开第二次非常（重建）代表大会，大会宣布俄罗斯共产党重建，选举出中央执行委员会，久加诺夫当选为执委会主席，通过了"政治宣言"的纲领性声明，批准了党的章程及一系列决议。这次大会具有里程碑的意义，它标志着由执政党转为在野党的俄罗斯共产党开始了谋求生存和斗争的艰苦历程。②

1993 年 3 月，俄罗斯共产党在联邦司法部获准登记，成为合法政党。1995 年 1 月，俄罗斯共产党在莫斯科制定和通过党的纲领和章程，规定俄罗斯共产党主要目标是建立人民政权，用和平手段进行社会变革。在 1995 年杜马选举中，俄罗斯共产党高举社会公正、国家主义、

---

① 统一俄罗斯党官方网页：http://er.ru/party/today/
② 刘淑春等：《当代俄罗斯政党》，中央编译出版社 2006 年版，第 133 页。

爱国主义旗帜，提出"俄罗斯、劳动、人民政权、社会主义"等口号，团结了许多人民爱国力量，取得了选举胜利，获得22.3%的选票和共157个议席，成为杜马第一大党，也成为最大的杜马反对党。在1999年杜马选举中，俄罗斯共产党获得114个议席，保持了杜马第一大党的领先位置。90年代中后期，俄罗斯共产党的强国思想、爱国主义、社会取向的市场经济等在俄罗斯得到更多人认同。

普京执政后，俄罗斯共产党宣称该党为"负责任的、不妥协的、建设性的反对派"，希望普京能够支持其提出的改革方案，但到2002年1月，俄罗斯共产党于普京在改革方向上发生原则性分歧，因而提出俄罗斯共产党主要政治任务是"同新一轮自由化改革进行毫不妥协的斗争"。2003年，以俄罗斯共产党为核心的左翼爱国力量内部发生严重分歧，党内坚持社会民主主义的右翼派别在谢列兹尼奥夫的领导下从俄罗斯共产党内分裂出去，组建"未来全俄罗斯共产党"。

在2003年杜马选举中，俄罗斯共产党由于没能组成有规模的左翼竞选联盟且选举策略和竞选组织工作不利，导致支持率在几个月之内直线下降，最终仅获得52个议席，已无力与新组建的统一俄罗斯党竞争。竞选失败后，俄罗斯共产党内部再次发生分裂，组织规模和党员人数大大缩减，党的工作重心也从议会内斗争转向在议会外发动和组织民众进行抗议活动。2005年10月，久加诺夫在题为《关于当前形势和党的主要任务》的报告中，阐述了俄罗斯共产党当前面临的困境与挑战及应对措施，明确提出要改变现行制度。他提出，党要反映群众的现实要求，站在抗议运动的前列，共产党人的任务不是在不改变所有制关系和政治制度的情况下仅仅为人民讨要一点小恩小惠，而是要夺取政权和争取劳动人民的所有权。[①] 2007年9月，俄罗斯共产党发布了题为《共产党人的胜利——人民的胜利！》的报告，阐述了俄罗斯共

---

① Г. А. Зюганов, *Народный подъем в России и задачи партии. Доклад ЦК КПРФ XI съезду партии*. http://www.cprf.ru.

产党参加第五届国家杜马选举的竞选纲领，提出俄罗斯共产党的主要任务是争取那些受当局宣传误导对本党持怀疑态度的选民。俄罗斯共产党在2007年12月国家杜马选举中仍然保持了远远落后于统一俄罗斯党的态势，仅获得57个议席。此后，俄罗斯共产党内部斗争不断，给该党带来许多负面影响，削弱了党的凝聚力，加重了党的组织危机。

久加诺夫在俄罗斯共产党第十四次非常代表大会上做了《多数人的政策——取得胜利的方针！》报告，提出要建立人民信任的政府，保障国家安全，摆脱经济衰退、走向加速发展，消除贫困和克服社会衰落，还提出了具体实施计划。在2011年举行的第六届国家杜马选举中，俄罗斯共产党获得了92个议席，比上一届有所增加，并且还获得了杜马第一副主席和六个杜马委员会主席的职位。

2. 意识形态

在俄罗斯共产党1993年2月通过、2005年10月修订的党章中，俄罗斯共产党将该党的意识形态表述为"俄罗斯共产党是建立在创造性的发展马克思列宁主义的基础上，其主要目标是建立社会主义，在集体主义、自由与平等的基础上建立公正的社会"。"俄罗斯共产党坚持共产主义理想，捍卫工人阶级、农民、知识分子和全体劳动人民的利益。"[①] 该党"从分析社会政治实践出发，遵循马克思列宁主义学说并对其进行创造性的发展，依靠俄国和世界科学、文化的经验和成就，来确定党的纲领性的目的和任务、战略和策略"。该党是从俄国社会民主工党、俄国社会民主工党（布）、俄罗斯共产党（布）、苏联共产党（布）、苏联共产党、俄罗斯苏维埃联邦社会主义共和国共产党发展而来的，是他们在俄罗斯联邦范围内的合法继承者，是彻底捍卫雇佣劳动者权利、捍卫民族国家利益的唯一的政治组织。纲领指出，资本主义已经在俄罗斯复辟，党的战略目标是在俄罗斯建立"更新了的社会

---

① 刘洪才主编：《当代世界共产党党章党纲选编》，当代世界出版社2009年版，第456页。

主义——21世纪社会主义"。①

3. 纲领章程与政策主张

俄罗斯共产党的纲领在1995年召开的第三次代表大会上通过,之后在1997年、2002年、2004年、2005年和2008年都进行了修改。

俄罗斯共产党的党章规定,"在当前条件下,俄罗斯联邦共产党认为自己的任务是把社会阶级运动和民族解放运动联合成为统一的人民阵线,使之具有目标明确的性质。党为争取国家的统一、完整和独立,重建苏联各民族兄弟联盟,公民的福祉和安全、精神和身体健康而奋斗。"② 当代工人阶级、劳动阶级和阶层是俄罗斯共产党人主要的社会基础。俄罗斯共产党主张和平过渡到社会主义。

"俄罗斯共产党要创造条件去进行各级权力机关的诚实选举",以"建立以俄罗斯联邦共产党为首的劳动人民和广大人民爱国力量的民主政权",并把"有关完全恢复国家政权的苏维埃制度问题交付全民公决"。俄罗斯联邦共产党还要"采取必要的措施,最大限度地保证劳动者越来越广泛地参与国家的管理",最终"形成社会主义的社会关系,保证按其自身原则稳定发展社会主义制度"。

俄罗斯联邦共产党主张,在政治上建立劳动人民、人民爱国力量的政权;反对选举舞弊;建立独立司法系统;精简国家机构和官员数量。经济上主张将俄罗斯的自然资源、经济战略部门国有化;将国家财政储备转回俄罗斯;消除贫困,修改法律以保护国家自然资源;解决住房问题,恢复公租房;发展知识密集型经济,保证国家的粮食和生态安全,确定内债对外债的优先权,实行累进税制,降低税赋,鼓励发展中小企业坚决遏制腐败和犯罪,防止强行侵占并吞企业。军事上主张巩固国家的国防力量,禁止使用武装力量反对人民,禁止建立

---

① 李兴耕:《俄罗斯四大议会政党的意识形态比较研究》,载《中共天津市委学报》,2010年第5期,第86页。
② 《俄罗斯联邦共产党纲领》,戴隆斌译,载《当代世界与社会主义》,2009年第2期,第85页。

资本家捍卫者的雇佣军，扩大军人及其护法机关工作人员的社会保障。社会政策上主张鼓励多子女家庭，保障年轻家庭住房。文化上主张增加科研投入，提高教育水平，保护俄罗斯和各民族的民族文化，尊重历史，各政治力量能够平等使用大众媒体资源，保证文化福利人人都可享受，杜绝文化商业化，并将它作为俄国多民族精神统一的基础。对外政策上保证俄罗斯的领土完整，保护国外侨胞，实行国家和民族相互尊重原则上的对外政策，促进联盟国家的自愿恢复。

4. 组织资源

俄罗斯共产党是杜马第二大党和最大的反对党。现有党员15万多，2010年党员平均年龄为58岁，在各级立法机构中有一万名俄罗斯共产党议员。[①] 俄罗斯共产党最高权力机构为全国代表大会，大会闭会期间由中央委员会代行代表大会职权。中央委员会由127名中央委员和55名候补委员组成，下设15人组成的主席团、协商委员会、国家杜马俄罗斯共产党议员团、主席团干部委员会和中央书记处。中央委员会下设经济政策、社会政策及同社会组织联络、农业、国际政策等十个委员会（部），俄罗斯共产党在80个联邦主体设有分支机构。

二、波兰主流政党的变革

（一）"团结工会系"政党[②]

1. 演变历程

团结工会，全名独立自治团结工会，1980年波兰格但斯克列宁造船厂工人罢工活动中成立的工会组织，主席为罢工领导人瓦文萨。20

---

① 李兴耕:《2007年以来俄共的党内斗争评析》，载《当代世界与社会主义》，2011年第4期，第71页。
② 虽然团结工会并不是严格意义上的政党组织，但团结工会登上波兰政治舞台可以看成是波兰政党制度变迁的起点，团结工会以及由其分化组合演变而来的政党是讨论波兰政党时不可略过的部分，因而本研究暂且以"团结工会系"政党来指代上述政党中至少进入一届议会并参与组阁、在团结工会变革中较有代表性的政党。

世纪80年代，团结工会在波兰组织并掀起了强大的反对共产主义、反对波兰统一工人党的社会运动，直接推动了圆桌会议谈判的举行。按照圆桌会议谈判的结果，1989年波兰举行了"半自由"议会选举，选举过程中，受到教会和西方势力支持的团结工会制定了选举纲领，宣布其目的是"利用议会斗争的合法活动"，争取"民族主权和国家的独立，整顿共和国"①，还创办了《选举日报》，进行选举宣传，最终在选举中击败了波兰统一工人党。1989年8月，团结工会组成东欧社会主义国家中首个非共产党人领导的政府，原团结工会刊物《团结周刊》主编马佐维耶茨基出任总理。团结工会政府领导下的波兰，在政治上实行议会民主制改造，在经济上进行"休克疗法"改革。但是休克疗法带来的巨大社会成本引发了一系列社会危机和经济危机，进而催化了团结工会内部的矛盾冲突。

团结工会原本便是结构松散、成分复杂且派别林立的社会组织，掌权后，其内部围绕着瓦文萨与马佐维耶茨基之间的矛盾出现了不同派别，团结工会分裂为"中间派协会"、民主权力论坛和民主社会运动。坚决支持瓦文萨的主要是1990年5月卡钦斯基成立的"中间派协会"，其成员包括部分团结工会议员、地方公民委员会的代表、工会组织以及许多中右小党派代表。支持马佐维耶茨基的是民主权力论坛和民主社会运动，这两个政党在选举中联合组成民主同盟竞选联盟，之后成为"民主同盟"党。在1990年总统选举中，团结工会公开分裂为支持瓦文萨与支持马佐维耶茨基的两个阵营，最终，瓦文萨当选总统，并宣布退出团结工会，成为无党派总统。随着瓦文萨与团结工会新领导层之间的分歧日益加深，团结工会不再支持他，转而批评政府。团结工会经过几次分裂后，基本演化为纯工会组织，并逐步衰落。在1991年举行的议会选举中，得票率仅为5.05%，勉强进入议会，在

---

① 张月明、姜琦：《政坛10年风云——俄罗斯与东欧国家政党研究》，上海社会科学出版社2005年版，第47页。

1993 年的议会选举中，仅获得 4.9% 的选票，未能迈过 5% 的门槛进入色姆议会。

此后，团结工会的主张更右倾、更激进，并开始着手与其他右翼政党进行联合。1996 年，团结工会联合中间派协会、基督教民族统一党、一百运动、波兰农民党、瓦文萨研究所等 33 个党派，组成"团结选举运动"（AWS）右翼政党联盟，1997 年正式成立团结选举运动党。在 1997 年的议会选举中，团结选举运动获得 33.8% 的得票率和 43.7% 的议席，成为议会第一大党，该党联合自由联盟组成政府。但由于在关于国内改革、是否加入北约、是否加入欧盟等问题上存在较大争议，团结选举运动再次发生分裂。

2001 年 1 月，从团结选举运动脱离出来的总统候选人奥莱霍夫斯基和众议院议长普瓦任斯基与来自自由联盟①的参议院副议长图斯克联合，成立"公民纲领派竞选联盟"，其主要成员来自原团结选举联盟、自由联盟、人民保守党、现实政治党、"团结"选举党及"为了共和国公民党"的活动家。该联盟在当年举行的议会选举中获得 12.68% 的选票，成为议会第二大党。同年，雅·卡钦斯基与其孪生兄弟莱·卡钦斯基脱离团结选举运动，组成"法律与公正党"，莱·卡钦斯基担任党的主席。该党参加 2001 年议会选举，获得 9.5% 选票，成功进入议会。此后，公民纲领党和法律与公正党在 2005 年、2007 年和 2011 年三届议会选举中，成为中右翼政党的主要代表。

2002 年，波兰共和国公民纲领党正式注册为政党，图斯克任该党主席及议员团主席。2003 年 6 月，公民纲领党召开第一次全国代表大会，图斯克以唯一候选人身份连任主席职务，该党全国委员会通过了主席图斯克提交的该党领导候选人名单，选举吉罗夫斯卡为党的副主席，奥莱霍夫斯基为党的纲领委员会主席，皮斯科尔斯基为党的总书

---

① 自由联盟，成立于 1994 年，由民主联盟中支持马佐维耶茨基派和自由—民主大会党合并而成，1997 年议会选举后，自由联盟与团结选举运动组成联合政府。

记，罗基塔为议员团主席。2005年波兰议会选举，该党获得24.14%的选票及133个议席，继续维持第二大党地位，次于保守主义政党法律与公正党。2006年5月召开的党的全国代表会议再次选举图斯克为主席，并通过了对党章的修改。① 2007年议会选举中，公民纲领党获得41.51%的选票，成为议会第一大党，与波兰人民党组成执政联盟，图斯克出任政府总理。该党副主席、众议院议长科莫罗夫斯基在2010年举行的总统选举中当选总统。

法律与公正党在2005年议会选举中成为议会第一大党，获得众议院26.99%的选票和155个议席，雅·卡钦斯基就任政府总理。在同年举行的总统选举中，莱·卡钦斯基当选为总统，开创了波兰历史上兄弟二人共同执政的历史。2007年议会选举中该党以32.11%的得票率败给公民纲领党，退居议会第二大党。2010年4月10日，时任波兰总统的莱·卡钦斯基和夫人以及多名军政要人在飞机事故中遇难，总统和多位著名政治家瞬间同时离世，党主席由雅·卡钦斯基接任。

2. 意识形态变革

团结工会成立之初提出了"要社会主义、不要社会主义的歪曲"，但当时作为一个人数众多的组织，并没有清晰的政治倾向，在意识形态方面是波兰社会各种思潮的混合体，其中，较有代表性的是民主社会主义思潮和基督教民主主义思潮。② 由团结工会中分裂而来的"中间派协会"则是带有民粹主义倾向的基督教民主性质政党。

公民纲领党在意识形态上是崇尚新自由主义的中右政党，奉行自由保守主义、基督教民主主义和亲欧主义。公民纲领党在政治上重视与天主教传统价值的渊源，强调教皇保罗二世保守主义的价值、圣谕是党的思想路线的基础，"戒律是西方文明的基础"，主张在思想战线上开展持久的"为道德而斗争"；认为人的创造力和精神世界是社会财

---

① http://www.platforma.org/pl/platforma/o-nas/historia-partii/
② 张文红：《团结工会的兴与衰》，中国社会出版社2008年版，第50—51页。

富的源泉,自由市场是达到最有效利用资源及满足人们需求目标的手段;主张将西方文明作为波兰文明的基础。

法律与公正党主张天主教保守主义、民族保守主义、社会保守主义和国家教权主义。法律与公正党的目标是:"使所有人都得到公正待遇",所有人都必须从经济增长中获得好处。认为只有强大、诚实、高效的国家才能解决波兰人的基本问题并消除其面临的威胁。该党主张保持国家独立,并确保公民安全。该党全盘否定人民波兰时期的成果,主张实行"非共化",并致力于建立"波兰第四共和国"。

3. 政策主张的变化

团结工会1981年举行的一大上通过了《活动纲领》,主张在社会政治、经济和文化等方面实行"多元化原则",推行"企业职工自治"、"社会区域自治",最终把波兰变成"自治共和国"。1990年4月,团结工会在二大上通过的纲领决议中提出,波兰经济应坚持走向市场经济,国有成分是发展市场经济的根本障碍;要求保护职工的权力、尊严和利益;工会是自治的、并独立于雇主、国家及地方行政机关和政党。

中间派协会主张对前共产党人进行清算,要求所有前统一工人党党员退出所有领导岗位。在该党1990年发表的《加速纲领》中,为配合瓦文萨的政治改革主张而提出,在政治上要完全排除原共产党干部,选举新议会,要实现真正的多党制;在经济上要使私营成分占80%,实行现代化的资本主义市场经济;对外主张波兰尽早推出华约和经互会。在该党1991年成立大会上通过的《纲领宣言》中,提出在波兰实行"非共产主义化",从法律上宪制波兰社会民主党等左派组织的活动,尽快举行议会的"民主普选",实行市场经济和全面私有化。党的根本宗旨是要"建立民主体制和实行市场经济"。①

---

① 杨元恪、陈刚主编:《1989年以来东欧、中亚政党嬗变》,中共中央党校出版社1993年版,第264—265页。

民主同盟在1991年的成立大会上通过了纲领性文件《波兰公约》，其中主张，在政治上建立稳定的民主和多元化体制；经济上主张重点发展经济生产，建立资本主义模式的社会市场经济；在上层和不同层次上通过对话和会谈解决冲突，签订"社会协议"。该党的宗旨是"动员工人阶级为建设资本主义服务"①。

公民纲领党致力于国家民主法制建设和经济与文明的发展；参与波兰共和国的公众活动；通过民主的方式对国家的活动施加影响；推举候选人在中央和地方自治政府机关中任职。公民纲领党在经济上奉行自由保守主义，主张对国有经济部门实施私有化，进行劳动法改革；在社会和民族政策上持保守主义观点，反对堕胎、同性婚姻、软性毒品合法化、安乐死及试管受精；在政治上主张直接选举市长和地区长官，改革选举制度，用简单多数票制取代比例代表制，中央向地方分权；在对外政策上主张凸显现实国家利益，亲近欧盟，改善与两大邻国俄罗斯和德国关系。在经济上，主张推行自由市场经济，按照自由主义的主张发展经济，加快欧洲一体化进程，并强调这些主张与教皇保罗二世在圣谕中对自由市场经济的看法是完全一致的；主张确立国家银行在货币政策中的主导地位；健全国家财政，反对由国家财政资助政党；加快农业现代化和结构改造步伐；关注和解决社会弱势群体的问题，建立社会政策及社会救助体系，通过资助贫困家庭子女上学、再就业培训以及提高最低生活保障标准等手段使其脱贫致富；完善税收政策，降低税收负担，实行单一的15%的个人所得税率；修改劳动法，使其有利于企业主雇佣职工；取消所有不利于企业特别是中小企业发展的条条框框；削减政府审批权，减少办事环节，设立一个办事窗口；加强与犯罪作斗争，设立与犯罪作斗争基金，资助见义勇为者和受害者。在对外关系上，认为对外关系不应只限于搞好与各国领导

---

① 杨元恪、陈刚主编：《1989年以来东欧、中亚政党嬗变》，中共中央党校出版社1993年版，第270页。

人的关系，认为波兰最近几年所做的外交努力没有收到任何成效。在与欧盟的关系上，主张波兰加入欧洲一体化进程，争取在欧盟内实现民族、文化特性的全部权利；捍卫宗教、家庭权利；保护企业家、职工和农民的经济利益；加强统一的欧洲与美国在政治和经济上的团结。①

与同样由团结工会派演化而来的公民纲领党相比，法律与公正党有更多民粹主义的主张。该党在经济上支持建立国家最低保障下社会安全网，主张国家在市场经济范围内对经济活动进行干预；在政治上该党坚决支持"清洗法"（Lustration），要求公开社会主义时期为国家安全部门秘密工作的人员名单，追究其历史罪责，主张对宪法进行改革，加强总统权力，缩减议会议员数量；在外交事务中，该党在欧盟内部坚持维护本国利益，对欧盟政治一体化进程持很强的怀疑态度，反对欧盟成为具有超国家主权的联邦，同时在政治和军事上完全依赖美国；社会政策上，法律与公正党反对堕胎、安乐死、同性婚姻，坚决捍卫天主教的地位，维护公民家庭权力。法律与公正党政治上主张改善国家和社会秩序，恢复执行宪法的监督体系和行政机构的政治负责制，主张对自治委员会的工作进行监督；修改国家民法，根据政治标准确定担任行政领导职务人员的权限标准，通过《行政机构内部监督法》，加强行政机构纪律；改革警察机构，改革安全部门、司法及检察体制；修改自治机构区域划分办法和整顿公共财政，取消"特权区"；主张与政治领袖的病态、腐败作斗争；割断政治家与黑社会的联系，确立新型道德秩序，恢复国家法律准则；对国家各级政权机构进行全面清查，实行政治家财产公开制度，建立具有广泛权限的反腐败机构；同犯罪现象作斗争，严惩犯罪分子，甚至主张临时恢复死刑；严格限制国家工作人员从事经商活动，就修改宪法进行全民公决。在经济上主张建立强有力的经济权力中心，削弱中央银行和货币政策委

---

① 公民纲领党官网：http://www.platforma.org/pl/platforma/o-nas/

员会的权力；主张保持城乡生活和文明水平均衡发展，建立农户一体化申报体系；签订国家、自治机构和企业主农村投资条件协议，发展地区农业市场；通过减免税收大力发展农村和小城镇生产、服务配套设施；提倡环保经济，增加对教育、科技投入。在社会政策上主张实行向家庭倾斜政策，制定《公共医疗卫生法》；提出发展住宅建设纲领，成立发放住宅贷款的住宅建设基金；消除失业，重点解决大学毕业生失业问题；修改劳动法，简化中小企业雇工手续，保护雇佣工人的权利。在对外政策上主张捍卫民族利益，认为加强与美国的盟友关系是波对外政策的基石。主张加强本国在欧洲委员会和欧洲议会中的强势地位，要求在欧洲宪法条约中写入基督教价值观的条款；反对欧洲议会发挥联邦议会的作用和拥有欧盟执行机构的权限；认为加入欧盟有利于迅速提高本国经济文明水平，为在本地区建设一个具有强大地位的国家提供了机遇；主张在中东欧地区实行积极的对外政策，保持与俄罗斯联邦友好睦邻关系。①

4. 组织资源变化

团结工会成立时具有相当大的群众基础，特别是在工人聚居区，团结工会影响力巨大，具有一呼百应的号召力，据统计，1981 年团结工会的成员总数达到 950 万。团结工会最高决策机构为全国协商委员会，下设主席团、社会工会事务中心、出版和其他办事机构。总部设在格但斯克，下设 50 多个地区性组织，包括 49 个省级组织和若干地区组织。其基层组织是有各工厂企业、机关团体的会员代表大会选举产生的基层委员会，基层委员会设有主席团和主席。② 1989 年议会大选前后，团结工会成员达到 200 万人，1991 年时成员人数为 230 万。

团结工会分裂出的中间派协会 1991 年时约有成员 3.5 万人，在全国 35 个省建立了基层组织，最高政治委员会为最高权力机构，雅·卡

---

① 法律与公正党官网 http：//www.pis.org.pl/unit.php? o = partia
② 张文红：《团结工会的兴与衰》，中国社会出版社 2008 年版，第 51 页。

钦斯基是党主席,最高理事会是最高执行机构,主席是雅·马加尔斯基。民主联盟1992年是有成员约1.2万人,大多是原团结工会的顾问和社会名流,马佐维耶茨基是民主联盟主席。民主联盟的最高领导机构是80人组成的最高委员会。

公民纲领党党员人数约为2.8万人,目前在下议院有207个议席,在上议院有63个议席,在欧洲议会有25个议席。为波兰主要执政党。党的活动原则旨在加深选民对公民纲领党的信任;党的活动须符合法律、党章及党的领导层的决议;以民主的方式决策;在党的机构中任职者应承担政治责任。国家应有意识地对家庭提供资助,倡导用传统道德标准来发展和稳定家庭。保护人的生命,禁止基因转换,限制遗传基因的研究;主张修改选举法和现行的国家制度,将众议院现有的460个席位减少为230个,取消参议院,改行一院制,取消国家、政府主要领导人、议员等司法豁免权。就议会议员等额选举进行全民公决,并征集70万个赞同签名;对乡、县、市长进行直选;对国家行政和自治委员会公务员进行公开招聘。

法律与公正党现有党员人数1.3万人,目前该党为议会第一大反对党,在众参两院分别占有136席和29席,在欧洲议会拥有7席,属民族欧洲联盟党团。党的高层权力机构为:全国代表大会、党的主席、政治会议(由160人组成)、政治委员会最高理事会(由12人组成,主席由党的主席兼任)、全国监察委员会和党员纪律仲裁机构。

2010年的空难对法律与公正党造成严重损失。除了已故总统莱赫·卡钦斯基,该党还失去了许多重要政治家和多名坚定的支持者,之前几个月,他们还战斗在与公民纲领党竞争的第一线。其中主要有:多次在公开演说中批评现政府社会政策的法律与公正党核心领导格拉日娜·杰西卡(Grażyna Gęsicka);众议院副议长克里斯托夫·普特拉(Krzysztof Putra);法律与公正党成立以来所有地方组织的主要协调人,被公认为是卡钦斯基兄弟"阵营"参谋长的法律与公正党副主席、众议员普舍梅斯拉夫·古谢夫斯基(Przemysław Gosiewski);尖锐批评现政府财政政策的该党副主席、众议员亚力山德拉·娜塔莉-斯维特（Aleksandra Natalli-Świat）；在议会负责调查公民纲领党涉嫌为赌场老板非法游说的委员会中，作为法律与公正党主要代言人的兹比格涅夫·瓦斯谢尔曼（Wassermann）；参议员斯坦尼斯瓦夫·扎恰格（Stanisław Zając）和参议员亚宁娜·费特林斯卡娅（Janina Fetlińska）。同时，遇难的国家纪念所（IPN）所长亚努什·库尔特卡（Janusz Kurtyka）也与法律与公正党交往甚密；中央银行行长斯拉沃米尔·斯克希佩克（Sławomir Skrzypek）亦是卡钦斯基的强有力支持者。①

（二）波兰民主左翼联盟党

1. 发展历程

1990年1月，波兰统一工人党宣布停止活动后，该党的改革派代表成立了"波兰共和国社会民主党"，克瓦希涅夫斯基当选为最高委员会主席，米莱尔为中央执行委员会总书记。1991年议会大选前夕，波兰社会民主党联合20多个政党和团体组成了"民主左翼联盟"竞选联盟，其中最大的两个党派和组织是波兰社会民主党和全波工会协议会，在选举中获得11.98%的选票，成为议会第二大党。1993年议会选举中，民主左翼联盟东山再起，获得171个议席，成为议会第一大党，与波兰农民党成功组阁，重掌政权。在1995年总统选举中，社会民主党领导人克瓦希涅夫斯基击败瓦文萨，当选波兰总统，从而在波兰政坛上形成了议会、总理、总统均为左翼政党执掌的所谓"红色三角"。1997年议会选举前，加入民主左翼联盟的政党和社团增加到33个，但在选举中败给团结选举运动，失去执政权。

1999年6月，波兰共和国社会民主党宣告解散，并同时宣布成立波兰民主左翼联盟党，米莱尔当选为党的主席，从而民主左翼联盟被改组为组织统一、纲领明确、步调一致的单一政党，得到民众更广泛

---

① 刘敏茹：《危机后波兰政党格局调整与总统选举》，载《俄罗斯研究信息》，2010年第5期。

的支持。1999年12月，该党通过纲领性宣言《我们的传统和价值》，主张彻底否定原社会主义制度，谴责"集权主义罪行"，提出党的奋斗目标是把波兰建设成为符合我们愿望的国家，即公正和持久发展的国家，建立民主的法治国家和社会市场经济。2000年，克瓦希涅夫斯基在总统竞选中获得连任。2001年议会选举前，民主左翼联盟党与劳动联盟结成选举联盟，在选举中获胜，得到216个议席，选举后民主左翼联盟—劳动联盟联合中间派政党——波兰农民党组成多数联合政府，米莱尔出任总理。

2003年6月，民主左翼联盟党召开第二次全国代表大会，米莱尔向大会提交的工作报告总结了该党成立四年来及政府执政20个月的工作情况，提出了今后四年党的奋斗目标。2004年3月民主左翼联盟发生分裂，色姆议会主席马雷克·博罗夫斯基带领33名下议院议员脱离民主左翼联盟决策层并成立新党——波兰社会民主党（SdPl），自称为"革新左翼"。米莱尔辞去党主席职务，该党议员团主席雅尼克当选为党的主席，迪杜赫留任总书记一职。2004年12月，民左联党召开第三次代表大会，选举产生了新一届领导集体。众议院议长奥莱克西当选为党主席，迪杜赫蝉联总书记。2005年1月，奥莱克西因清查院判决其是所谓人民共和国期间公安部门情报员而被迫辞去众议长职务。同年5月，以奥莱克西为主席的中央领导班子集体辞职，同月29日在该党召开的全国大会上，时任政府农业部长的奥莱伊尼查克当选为党主席，党的副主席纳别拉尔斯基当选为总书记。民主左翼联盟在2005年选举中仅获得11.41%的选票，远远落后于法律与公正党和公民纲领党，完全失去优势。之后，民主左翼联盟党与波兰社会民主党、民主党和劳动联盟组成了"左翼与民主者联盟"（LiD），联合参加2007年议会竞选，但仅获得13.15%的选票，成绩并不理想，仍为议会第三大党，无权组阁，2008年4月该联盟解散。2011年议会选举中，民主左翼联盟党未能挽回颓势，得票率一路下滑，仅为8.24%，几乎成为议会内规模最小的政党。

2. 意识形态和纲领主张变化

波兰社会民主党成立后,发表了《波兰共和国社会民主党宣言》,宣称"波兰是我们的最高价值",希望建设民主社会主义认为波兰的"前途与民主社会主义紧密相连"①。波兰社会民主党不再是共产主义政党,在思想和组织上都"一劳永逸的现实社会主义告别,与前制度一刀两断"②。1991年,社会民主党发表了社会政治纲领《民主与公正》,阐明了其基本政策主张。该党主张推行议会民主和多党制,建设法治国家和公民社会;经济上主张所有制形式的多元化,支持经济领域向国外资本开放;对外政策上主张加入北约、欧洲联合,并主张同东方保持良好关系。波兰社会民主党不赞成实行资本主义制度,主张探索适合波兰的"第三条道路",把资本主义经济的高效率与社会主义的社会公正原则结合起来。

民主左翼联盟党继承了波兰共和国社会民主党的意识形态,奉行社会民主主义。民左联党在1999年发布的题为《我们的传统和价值观》的宣言中,表示继承波兰和欧洲最优秀的社会主义运动和社会民主主义运动的传统。党的奋斗目标是把波兰建设成为公正、平等、持久和平衡发展的国家。党章规定,党的基本任务是实现"人的尊严、社会公正、劳动人民大团结"。党的职责是"巩固国家独立、维护国家主权,在欧洲民族大家庭中维护法制秩序"。主张建设民主福利国家,保障公民切实的个体和社会安全。认为就业权利是劳动者的基本尊严和欧洲构建民主福利国家思想的基础。理想的欧洲是一个福利的、团结互助的共同体,是依赖于其所有成员国的发展和成果的政治共同体。③

民主左翼联盟党反对新自由主义思想,奉行信仰自由,国家不介入意识形态领域,保持国家的世俗特性。该党在经济上主张建立社会市场

---

① 张文红:《团结工会的兴与衰》,中国社会出版社2008年版,第164页。
② 张月明、姜琦:《政坛10年风云——俄罗斯与东欧国家政党研究》,上海社会科学出版社2005年版,第74页。
③ 民主左翼联盟党官网http://www.sld.org.pl/strony/4-o_nas.html.

经济，实现市场经济同国家干预相结合、经济效益与社会公正相结合的平衡发展。在社会领域，强调效率优先、公平兼顾的原则，努力在资本分配与劳动分配之间找到新的结合点。主张实现现代化教育及国家信息化，崇尚分配公正公平，主张精简机构，加强对权力机关的社会和政治监督。在外交方面，主张波兰在有利条件下加入欧盟，强调对外政策的主要目标是实现欧盟一体化，保持与所有邻国的良好关系。

3. 组织资源变化

波兰社会民主党成立时，原统一工人党210万党员中只有4.7万人参加了该党，但社会民主党继承了统一工人党完备有效的组织结构，虽然在生产单位、军队、国家机关等的基层组织遭到清除，但其在社区的基层组织却得到了进一步的巩固和发展，形成了遍及全国的网络。[①]

民主左翼联盟党现有党员8万名，该党是社会党国际成员，属欧洲社会党党团。该党的最高领导机构为每四年召开一次的全国代表大会。党的其他中央领导机构包括全国委员会、全国理事会、全国执行委员会、全国监察委员会、全国党的法庭和党的道德委员会等。党的基层组织分区域建立并开展活动，省级代表大会每四年召开一次，县级代表大会每两年召开一次。

第二节 非主流政党的变革与发展

一、俄罗斯非主流政党的变革

（一）公正俄罗斯党

1. 发展历程

2006年，俄罗斯祖国党、退休者党、生活党合并成立"公正俄罗

---

① 张月明、姜琦：《政坛10年风云——俄罗斯与东欧国家政党研究》，上海社会科学出版社2005年版，第72页。

斯：祖国/退休者/生活党"，简称"公正俄罗斯党"，11月正式登记注册。先后与俄罗斯企业发展党、人民党、立宪民主党、社会统一党合并，影响逐步扩大，并力争在"公正"的旗号下，联合包括俄罗斯共产党在内的所有左翼政党。

2006年10月，公正俄罗斯党选举米罗诺夫为党主席，巴巴科夫为中央委员会主席团书记，佐托夫为中央委员会书记，确定中央委员会由祖国党、退休者党、生活党各推选55名代表组成。米罗诺夫在大会发言中指出，公正俄罗斯党将支持社会民主主义思想，是"多数人的政党，将捍卫劳动人民的利益"。2007年2月，公正俄罗斯党在圣彼得堡召开第一次全国代表大会，罗诺夫做了题为《关于国内政治形势及公正俄罗斯党在俄政党政治中地位》的报告。大会讨论并通过了党的政治行动纲领，将党定位为具有社会民主主义取向的中左翼爱国政党，提出要以"新社会主义——21世纪社会主义"作为理论指导，回答俄罗斯和世界面临的威胁和挑战。大会还通过了尽快完成党纲、党章起草工作的决议，补选了中央委员和中央监察委员。2007年9月，公正俄罗斯党通过了参加国家杜马选举的竞选纲领，提出了党近期迎接选举的具体任务，选举出参加议会选举候选人名单。2008年4月，公正俄罗斯党通过了关于修改党纲和党章的决议，决定将新党纲和党章草案交付全党和社会讨论后，在党的四大上正式通过。大会改选了党的中央领导机构，米罗诺夫连任党主席，同时兼任党的中央委员会主席团及其常务局主席。巴巴科夫当选中央委员会第一书记。

2. 意识形态

公正俄罗斯党是一个社会民主主义政党，从成立之初公正俄罗斯党即定位为"现实左翼力量"联盟，是"统一俄罗斯党的反对派"。公正俄罗斯党的纲领宣称，"无论从整个世界的发展趋势考虑，还是从我们民族的精神传统出发，未来俄罗斯只能选择社会主义的方案，即新的21世纪社会主义。我们的纲领是以现代社会主义世界观的价值为基础的。这就是公正、自由和团结。"纲领强调，党的目标是现实的、民主的和高效率的社会主义。社会主义需要解决的迫切现实问题是社会经济生活实现人道主义化，保证对地球自然资源潜力的利用进行社会监督，尊重公民的权利和自由，为当代人和后代人改善生活。社会主义所依靠的是人类巨大的文化和历史经验、每个国家的民族历史和精神遗产、人民的社会首创精神。①

3. 纲领章程与政策主张

公正俄罗斯党党章规定，党的性质是社会民主主义政党，代表和捍卫社会各阶层大多数人的利益，特别是退休者、贫困家庭和残疾人的利益。党的指导思想是21世纪的社会主义。党的奋斗目标是推进落实国家战略发展任务，为俄罗斯公民创造体面的生活，建立强大、社会取向的国家；保障公民法定的权利与自由；在民主基础上推动俄公民社会及制度建设；推动建立保障人民生活、安全、权利，并能履行法律职责的国家权力体系。党的组织原则是自愿、平等、自治、法制、公开。党在不违反联邦法律的前提下，拥有确立机构设置、目标及工作方式方法的自由。②

为实现上述目标，党的基本任务是开展广泛深入的宣传和解释工作，介绍党章确立的任务、目标及政策主张；加强党务工作与社会的协作；广泛参与社会政治生活，实现真正的人民政权；建设强大国家；建立和发展社会伙伴关系，维护每个公民利益；促进各种社会力量团结，维护宪法赋予公民体面生活的权利；推动国家在经济、医疗、教育、文化、体育等领域的法制建设。③

公正俄罗斯党自称，该党与其他政党的不同之处在于有明确的意识形态，以建立新型社会主义国家为指针。公正俄罗斯党主张在充分

---

① УСТАВПолитической партии СПРАВЕДЛИВАЯ РОССИЯ 2011，见 http://www.spravedlivo.ru/information/section_11/ustav2011/.

② УСТАВПолитической партии СПРАВЕДЛИВАЯ РОССИЯ 2011，见 http://www.spravedlivo.ru/information/section_11/ustav2011/.

③ УСТАВПолитической партии СПРАВЕДЛИВАЯ РОССИЯ 2011，见 http://www.spravedlivo.ru/information/section_11/ustav2011/.

借鉴历史经验基础上,赋予俄罗斯社会主义思想新内涵,建立一种不同于苏维埃社会主义和西欧社会主义的第三版社会主义。第三版社会主义是一种新的社会模式,没有被压迫的阶级,能够提供最好的条件,保障人的自我实现,俄罗斯未来的发展道路除此别无选择。"21世纪新社会主义"奉行公正、自由、团结、社会安全、权利和机会平等等基本价值观,强调"21世纪新社会主义"符合人类精神文化传统和世界发展潮流,只有社会主义才是俄罗斯的未来方向,党的任务就是要基于历史文化传统,适应21世纪的新要求,不断赋予社会主义思想新内涵,争取俄罗斯在智力、文化、经济等领域的世界领先地位。

公正俄罗斯党主张捍卫和维护俄的传统文化和价值观;消除贫困和两极分化,建立社会保障体系,实现社会公正;改善国家经济结构,实现国民经济向知识型和社会需求型转变;提高政府工作效率和透明度,严惩贪污腐败;制定对外政策新构想,发挥俄大国作用,保障国家利益,实现强国目标。在政治上主张在民主监督和人民信任的基础上,建立强大、公开、负责的和为公民利益服务的国家政权;地方各级政府财政公开;实行多党制,各党派公平竞争,在国家建设进程中发挥作用;恢复国家杜马混合选举制,取消议员特权,全民选举联邦委员会委员。在经济上主张实行多种所有制,保持国家对市场经济的调节;改变产业结构,实行以社会为取向的创新型经济;制定积极有效的长期发展规划,加强国家对军工企业及战略部门的管理;保护中小企业发展,提高其在国民经济中所占比重;分担农民风险,加大对农业的投入。在社会政策方面主张维护社会团结与公正,消除贫困,提高工资和退休金;消除贫富差距,公正有效地分配国家财富和资源收入,实行累进制税率并征收奢侈品税;恢复传统家庭观,倡导健康生活方式;通过法律确保国民享有免费的医疗救助和现代医疗服务;创建良好的生态环境及生态保险基金,推广环境保护创新技术;采取切实有效措施提高社会和个人的"免疫力",严厉打击吸毒、酗酒;加强对国家机关及公务人员管理,严惩腐败;维护社会秩序,打击犯罪。

在文化教育方面主张俄罗斯文化属于国家财富,应为广大俄罗斯人民所接受并代代传承;国家要满足俄罗斯公民的文化需求,文化教育应当成为国家一项重要工作;教育是国家的未来,国家应增加教育及智力资本投资,争创世界一流的教育体制,保持国家优良传统和智力领先优势。在军事国防领域主张以强大有效、符合21世纪强国要求的现代化军队保卫国家安全,恢复军人的尊严,保证军人体面的生活。外交政策上奉行积极的全方位外交政策,维护国家的主权及领土完整,巩固俄罗斯的大国地位;在民主、平等及互相尊重基础上发展同各国的伙伴关系,优先发展与独联体及近邻的关系,注重对独联体各国在社会政治经济文化上的影响;加强发展与中国、印度的战略关系,反对北约东扩,反对单极世界,反对建立与国际关系准则相悖的国际新秩序;在对俄有利的条件下加入世贸组织。①

4. 组织资源

公正俄罗斯党在2007年成立时,有党员37.6万人,在81个联邦主体建立了分部,有1398个地方分部和2635个基层支部。② 到2008年4月时,公正俄罗斯党已有党员40.7万,82个地区组织和6757个基层党组织。党的常设领导机构由中央委员会、中央委员会主席团及其常务局组成,党主席米罗诺夫兼任中央委员会主席团及其常务局主席,巴巴科夫任中央委员会第一书记。公正俄罗斯党主要通过议会两院——国家杜马和联邦委员会参与国内政治进程。

(二)俄罗斯自由民主党

1. 发展历程

俄罗斯自由民主党产生于苏联后期,原称苏联自由民主党,成立于1989年12月,是当时苏共准许成立的第一个反对党。该党带有强烈的俄罗斯民族主义色彩,实际上是一个右翼民族主义政党。该党的

---

① 具体内容参考路彪:《公正俄罗斯党纲领》,载《当代世界与社会主义》,2009年第6期。

② http://www.mironov.ru/27.02.2007.

影响力主要来自于党的领导人日里诺夫斯基个人，他在党内实行家长制领导，使得该党成为一个典型的"领袖型政党"。

1990年3月，俄罗斯自由民主党在莫斯科召开大会，确定了党的名称，选举日里诺夫斯基为党主席，通过了党纲、党章和党的领导机关。1991年4月在苏联司法部登记。1991年，该党领导人日里诺夫斯基参加竞选俄罗斯总统，扩大了其个人影响。1992年5月，该党通过了党的纲领性文件《自由民主党基本原则》，决定改称俄罗斯自由民主党。1993年取得杜马选举得票率第一的竞选佳绩之后，俄罗斯自由民主党将工作重心转向杜马。不仅在国家杜马中进行议会工作，而且还积极参加地区选举，在多个地区突破得票率门槛，进入地区议会。俄罗斯自由民主党2001年通过了新党纲、党章，2005年12月修订了党纲、党章。2007年9月，该党发布了《俄罗斯人好——所有人都好》竞选纲领和参加年底举行的国家杜马选举竞选名单。在2007年和2011年两次杜马选举中，自由民主党都顺利进入议会，虽力量不强，但其代表了相当一部分具有民族主义情绪的俄罗斯人。

2. 意识形态

2010年，俄罗斯自由民主党发表了《俄罗斯自由民主党的意识形态》，其中提出了具有浓厚俄罗斯民族主义色彩的主张。该党宣称党的意识形态目标是："联合俄罗斯国家的所有爱国主义力量，以实现国家的民族复兴，防止俄罗斯蜕变为西方的半殖民地，恢复俄罗斯的伟大强国地位。"党的基本理想是："爱国主义、自由主义、民主主义、公正和法制"，这些基本理想的总和构成了党的意识形态。[①]

3. 纲领章程及政策主张

俄罗斯自由民主党党章规定，俄罗斯自由民主党是"为俄联邦公民通过表达政治意愿参与社会政治生活、参加选举和全民公决以及为在国家权力和地方自治机关代表公民利益的自愿的社会政治组织"，其

[①] 李兴耕：《俄罗斯自由民主党的意识形态》，载《国外理论动态》，2010年第7期。

活动基础为自愿、平等、自治、法治和公开性。① 党纲还明确规定,俄罗斯自由民主党是中派政党,主要目标为：建立强大的俄罗斯、联合原苏联空间、法治和法律至上、建立社会取向的社会以及为所有俄罗斯公民创造良好的稳定生活条件。自由、法律、秩序为党的口号。党的基本原则是：既反对视之为乌托邦的共产主义思想,也反对建立反人民的寡头统治；个人享有不可损害他人利益的充分自由；只有通过国家利益优先的方法实现全社会福祉,个人才能幸福。②

俄罗斯自由民主党党纲提出了该党在政治、经济、社会、文化和对外政策等领域的具体政策主张。在政治上坚持国家爱国主义立场,主张加强中央政权,建立极权制国家,对外国人和少数民族持排斥立场,主张实行总统制,对宪法进行改革,将现行的联邦制国家改为单一制国家,主张解散联邦委员会,只保留杜马实行一院制。在经济上,主张建成有多种经济成分和保障实现公民的权力和自由的一个法制的、以社会福利化为方针的国家,提出加强国家对经济的管理,强调国民经济中指令性计划机制,实行国家对原料和能源对外贸易的垄断,加强对银行的监管,扶持中小型企业,实行累进税。在文化上,主张宣传积极健康的思想,强调国家对媒体的控制,引导社会健康发展。在社会政策上,主张提高工资和退休金,简化独联体和波罗的海沿岸国家讲俄语居民获得俄罗斯国籍的手续,帮助其在俄罗斯安家落户。对外政策上主张恢复俄罗斯的伟大强国地位,在原苏联版图上重建俄罗斯,优先发展同独联体和波罗的海各国的关系,反对北约东扩,认为金砖四国的合作可以成为与北约相抗衡的力量。③

---

① УСТАВ Политической партии «ЛИБЕРАЛЬНО-ДЕМОКРАТИЧЕСКАЯ ПАРТИЯ РОССИИ». 见 http：//www. ldpr. ru/#party/ustav.

② УСТАВ Политической партии «ЛИБЕРАЛЬНО-ДЕМОКРАТИЧЕСКАЯ ПАРТИЯ РОССИИ». 见 http：//www. ldpr. ru/#party/ustav.

③ УСТАВПолитической партии «ЛИБЕРАЛЬНО-ДЕМОКРАТИЧЕСКАЯ ПАРТИЯ РОССИИ». 见 http：//www. ldpr. ru/#party/ustav.

4. 组织资源

俄罗斯自由民主党在1994年修改的党章中规定，党主席拥有全权，且期限为十年，党的一切领导机关及其领导均由党的主席任命，实际上形成了日里诺夫斯基在党内的一言堂。2005年根据联邦选举法的规定，该党修改党章，确定了俄罗斯自由民主党的最高领导机构为全国代表大会，下设最高委员会，最高委员会下设党主席，党主席领导自由民主党议会党团、书记处、中央机关和中央监察委员会。全国代表大会至少四年召开一次，代表大会选举任期为四年的党主席、最高委员会和中央监察委员会，决定推举参加总统选举和国家杜马选举的候选人及其名单等。代表大会闭会期间由最高委员会负责党的日常领导工作。20世纪90年代末，俄罗斯自由民主党宣称该党有80万名党员，2006年初宣称有50万名。实际，该党现有党员18.5万人，在全国85个联邦主体拥有1650个地方组织。俄罗斯自由民主党成立以来党主席一直由日里诺夫斯基担任，其子列别杰夫自1999年以来担任国家杜马俄罗斯自由民主党议员团主席。

二、波兰非主流政党的变革

（一）波兰农民党

1. 发展历程

波兰农民党（简称农民党）成立于1895年，迄今有100多年的历史，是社会主义波兰时期与波兰统一工人党联合执政的政党之一。该党具有悠久的农民运动历史，其前身是1893年出现的农业联合会，1895年成立为农民党。第二次世界大战期间，在民主党领导人威陶斯和拉塔伊以及驻伦敦波兰流亡政府总理米科瓦伊契克的领导下，农民党"运动"和农民营抵抗队伍积极参加反对德国法西斯运动。1945年，部分农民政党、团体、组织联合成立了波兰农民党，1949年改称统一农民党，是人民波兰时期与波兰统一工人党联合执政的政党之一。

1989年6月波兰大选后，该党转而支持团结工会，从而结束了与波兰统一工人党45年的结盟关系。①

1990年5月，波兰农民党"复兴"与波兰统一农民党部分成员联合举行统一代表大会，恢复波兰农民党的名称，并选举帕夫拉克为党的主席。1997年10月该党召开最高委员会会议，帕夫拉克因党在议会大选中得票率低于期望而被解除党主席职务，由卡利诺夫斯基出任党的主席，并对党的领导机构进行了改组。2000年3月，卡利诺夫斯基再次当选农民党主席。2003年3月，该党产生了新的领导机构，众议院副议长沃依切霍夫斯基当选为党主席，原主席卡利诺夫斯基当选为全国委员会主席，帕夫拉克当选为议员团主席。沃依切霍夫斯基表示将致力于发展农村经济，提高农民的生活水平，在欧盟内捍卫本民族利益。2004年10月，该党在讨论党在下一阶段的发展方向问题时，党主席沃依切霍夫斯基与该党全国委员会主席卡利诺夫斯基在是否联合右翼的问题上意见相左，2005年1月，沃依切霍夫斯基因违反该党九大所制定的思想和组织路线，坚持将农民党建设成"中右翼基督教农民党"而辞去党主席职务。会议选举前总理帕夫拉克再次出任党主席。②

2. 政策主张

农民党主张维护农民利益，实行社会主义市场经济，反对"休克疗法"，主张政府对农业进行扶持和保护，自称是代表社会各阶层利益的"中间派党"。对内主张实行多党制、议会民主及私有制经济，对外赞同波兰回归欧洲和加入欧盟，但强调加入欧盟后必须维护本国主权。

该党的奋斗目标是保持国家社会经济的持续发展，保障公民的富裕生活、国家的安全及本国在政治和经济上的自主权；保持政治、经济和社会的完全民主，尊重和捍卫公民的个人发展权和有尊严的生活；

---

① http://www.psl.org.pl/historia_w_latach_1895-1939/, http://www.psl.org.pl/historia_w_latach_1939-1949/, http://www.psl.org.pl/historia_w_latach_1949-1989/

② http://www.psl.org.pl/historia_w_latach_1989-2002/.

在尊重必要的国家作用的同时，社会生活应在自治的原则下运作；把自然环境和文化景点作为民族平衡发展的条件和民族的特性加以保护。①

农民党主张建立完整的民主机制，确保公民享有选举、接受文化教育和获得工作的权利；提供合理改造社会结构的条件，适应科学技术迅猛发展、高等教育日益普及以及信息革命不断深化的需要。该党强调突出社会政策的作用，通过国家干预调节市场的"无形之手"对社会经济战略的形成施加根本影响。主张尊重工会和"三方委员会"对社会政策形成和实施的影响。主张改变以往经济运行机制的模式，支持以改善经济主体、行业和部门运行效益为先决条件，逐步改变经济所有制和组织结构。主张积极利用税收制度实现社会和经济目标，主张免征最贫困阶层的税收，降低低于平均收入水准阶层的所得税，并主张维持对农民的特殊征税制度。认为出口是加速经济增长的重要因素和实现经济现代化的基础，有助于创造新的劳动岗位和解决失业问题。出口政策既要兼顾宏观经济构想和工农业政策，同时又要引导资金扶持出口。认为要限制投机资本流入波兰金融市场，限制波兰国内企业向境外银行直接贷款。在对外政策上主张推行积极的外交政策，创造和谐的国际关系，尊重波兰的国家利益及历史经验，建立多边的长期伙伴关系，确保国家的长久发展。波兰必须在法律体系和社会经济范畴内，与欧洲一体化进程接轨。认为波兰外交政策的目标是提高本国的国际地位及国际威望。②

3. 组织资源

农民党在1990年合并之初有党员18万人，现有党员约17万余名，是波兰人数最多的政党。全国代表大会是党的最高领导机构，下设全

---

① 波兰农业党纲领 STATUTPOLSKIEGOSTRONNICTWALUDOWEGO，见 http://www.psl.org.pl/dokumenty/

② STATUT POLSKIE GOSTRONNIC TWALUDOWEGO，见 http://www.psl.org.pl/dokumenty/.

国委员会、最高监察委员会、最高党员仲裁机构。全国代表大会由以下人员组成：县级代表大会推选的代表、省级代表大会推选的代表、党主席及党的全国委员会主席、省级理事会主席、党的名誉主席、全国委员会成员、最高监察委员会成员、最高党员仲裁机构成员以及党的全国纪律发言人以及本党的参众议员。

（二）波兰自卫党

1. 发展历程

1992年，在议会大厦外举行游行示威的一群农民组成了波兰自卫党，莱佩尔当选首任主席。成立初期，该党活动范围主要集中在农村地区，提出捍卫农民利益和保护贫困阶层的政策主张，主要得到农村选民的拥护和支持。1997年起，自卫党在全国各地频频组织抗议示威活动，反对"团结选举运动联盟——自由联盟"右翼政府的农业政策，随着自卫党实力不断壮大，其社会支持率逐渐上升。2001年和2005年议会选举中，自卫党成功进入议会，并成为议会第三大党。2002年4月和2003年5月，莱佩尔两次连任当选党主席。2003年12月，该党通过了《自卫党选举宣言》等六项决议，并决定推举主席莱佩尔为该党总统候选人参加2005年总统大选。2006年5月，该党同法律与公正党和波兰家庭联盟组成联合政府，党主席莱佩尔出任政府副总理兼农业部长。同年9月，因在财政预算案中同法律与公正党发生矛盾，莱佩尔被免除副总理兼农业部长的职务，该党亦退出执政联盟。2007年7月，莱佩尔因腐败丑闻再次被解职，执政联盟宣告解体。①

2. 意识形态和政策主张

波兰自卫党属于极端农民党，具有浓厚的民粹主义色彩。致力于从经济和道德上复兴波兰，是具有农民—民族性质的政党，意识形态上主张奉行既非资本主义、也非社会主义的"第三条道路"，强调恢复

---

① 波兰自卫党党章 StatutPartii - "SAMOOBRONA" 见 http://www.samoobrona.org.pl/pages/02. Partia/07. Statut.

基督教的人文主义价值观,建立人与自然和谐的社会。

自卫党政治上主张实行一院制,要求严格划分立法与行政机构权限,精简政府机构。主张按照教皇保罗二世确定的天主教社会模式,建立"人、家庭、工作、尊严的生活"和"以人为本"的国家政权体制,并主张恢复死刑。经济上主张建立国营、私营和集体所有并重的混合所有制形式,由国家控制矿山、军工、能源、铁路运输、银行以及社会保险等关系国计民生的骨干企业。社会政策上主张政府在实施社会市场经济纲领的同时,必须顾及社会经济发展现状,必须保障宪法规定的社会权益不受侵犯。对外政策上主张拥护建立大欧洲的设想,在欧盟内保护本民族利益,认为欧洲国家在全球化及建立欧洲共同防务问题上应协调立场。反对波兰加强同美国的政治、军事合作,批评美发动伊拉克战争及美对伊的政策。①

3. 组织资源

波兰自卫党约有党员9万名,现为议会外政党。该党在欧洲议会占6席,属民族欧洲联盟党团。最高领导机构为每4年召开一次的全国代表大会,中央领导机构为全国委员会、全国党员仲裁机构和全国监督监察委员会。党的基层组织为乡、县、地区党组织。

(三)波兰家庭联盟

1. 发展历程

2001年4月,波兰民族民主党(SND)和波兰民族党(SN)合并成立波兰家庭联盟。同年5月,波兰家庭联盟召开一大,选举科特里诺夫斯基为该党最高理事会主席,同时成立选举委员会,并吸收重建波兰运动、天主教民族运动、波兰协议会、波兰同盟等部分极右翼政党参加该选举委员会。

---

① 波兰自卫党党章 StatutPartii - "SAMOOBRONA"见 http://www.samoobrona.org.pl/pages/02.Partia/07.Statut.

2. 意识形态和政策主张

波兰家庭联盟是民族和天主教性质的政党。在意识形态上主张遵循基督教价值观和民族传统，拥戴罗马教皇，秉承波兰天主教教义，强调上帝——天主教价值源泉是制定所有法律的基本原则。要求对波兰进行深刻的制度变革，主张维护国家政治、经济主权。

波兰家庭联盟政治上主张彻底推翻制度转轨以来所形成的波兰第三共和国的社会、政治、经济体制，主张打破"圆桌会议"所形成的左、中、右政治力量对比，建立第四共和国。主张实行美国模式，建立民选总统、副总统、参议院议长三驾马车领导体制。主张通过《民主左派联盟党非法化法》，彻底将左翼阵营赶下政治舞台，并对波兰社会各个领域，包括政权机构、政党、媒体进行全面甄别清理，清算人民波兰时期共产党的领导干部、安全情报部门情报员及其合作者的"罪行"，清算左翼人士"偷窃私有化的罪行"。经济政策上主张以私有经济为主、公有经济为辅的多种所有制，国家控制对国计民生具有重大战略意义的铁路、矿山、能源、军工以及高速公路等骨干企业和重要经济部门。坚持重点发展农业，限制媒体、银行、国家战略部门的外资介入等，保障国有土地掌握在波兰人手中。社会政策上主张从经济和法律层面上扶植家庭，建立资助多子女家庭体系，实行"有益家庭"的税收体制，建立养老敬老体制。反对同性恋建立家庭和领养孩子，反对堕胎、实行安乐死及培育试管婴儿。对外政策上强调北约是国家安全的保障，主张依靠自身力量建设国家，维护国家政治和经济主权。波兰加入欧盟之后，反对欧洲一体化进程，反对波兰加入欧元区和任何形式的"欧洲宪法条约"，反对欧盟国家法律中规定的一切违反基督教教义的生活方式和道德准则。[①]

---

① 波兰家庭联盟章程 StatutLigiPolskichRodzin，见 http：//lpr.pl/? sr = ! czytaj&dz = statut&id = 6515。

3. 组织资源

波兰家庭联盟现有党员 9000 人。党的组织结构分为中央、省、县三级。全国代表大会是党的最高领导机构和决策机构，党的其他领导机构包括政治会议、最高理事会、最高理事会主席团、最高监察委员会、纲领委员会。全国代表大会由地区代表大会选出的代表、地区理事会主席和副主席以及政治委员会成员组成。党的基层组织为省和县两级地方组织。[1]

---

[1] http://lpr.pl

结　语

本书比较研究了俄罗斯与波兰政党制度变迁的历史与现实，结构上主要有四个部分的内容。

建立理论分析框架是比较研究的起点，本研究努力探索一种分析政党制度的合理方法，试图为之后的比较分析奠定基础。通过对国内外政党制度理论概念的解析，本书提出了政党制度概念，即政党之间相互作用的结构。其内涵的核心是政党与政党之间的相互作用，竞争与合作均属其中，本质是一种处于变化发展中的结构，并不是固定的、不变的；其外延为政党所处的制度环境以及政党之间的互动与国家、社会之间的关系等。因而本文的讨论着重关注政党之间相互作用的结构和政党所处制度环境两方面内容。接着，在详尽梳理了政党制度分类理论的基础上，本书提出政党制度的两类共六个变量，即政党的数量和规模、政党的意识形态分布、政党对社会渗透程度三个政党相关性要素，以及宪制架构、选举规则和非正式规则三个制度相关性要素，并对这六个变量的内容加以界定和说明。在此基础上，进一步讨论政党制度变迁的概念，稳定或停滞、渐进式变迁、激进式变迁三种制度变迁形态以及政党制度变迁的经济、社会分化、政治结构、政治文化与观念、国际影响因素等解释性要素。

在对俄罗斯与波兰历史上的政党制度比较研究中，主要讨论俄罗斯与波兰早期和社会主义时期政党制度发展状况。"俄罗斯与波兰政党制度的起源及早期政党制度"和"俄罗斯与波兰政党制度变迁的历史条件"是第二部分。16世纪，俄罗斯与波兰就分别出现了最早的波雅尔杜马和腊多姆议会，19世纪五六十年代，波兰历史上出现最早的政党雏形，即一个由革命民主主义者领导的政治团体——"红党"，19世纪六七十年代，俄罗斯历史上也出现最早的民粹派小组组成的秘密团体——"土地和自由社"，到19世纪末20世纪初，俄罗斯与波兰的早期政党发展起来。1905—1917年间，俄国召开了国家杜马，进行四次杜马选举，形成了与现代意义很相近的多党制。1917年十月革命后，俄国经历了短暂的多党合作的政党制度，之后彻底转为一党制。一战结束后的波兰也开始出现多党制的政党制度，当时波兰议会中有右、中、左三个派别、多个政党，合法政党在国民议会的参议院、众议院选举以及总统选举中展开竞争或合作，争夺立法和行政权力。经过二战的洗礼，苏联一党制的政党制度已经高度集中并逐渐固化为斯大林模式，波兰也建立起了由波兰统一工人党一党领导、统一农民党和民主党两党联合的政党制度。到20世纪80年代，波兰团结工会运动风起云涌，导致了波兰在"圆桌会议"谈判之后进行了多党选举，结束了波兰一党制。波兰的剧变风潮与苏联的戈尔巴乔夫改革，最终也推动了苏联一党制的结束，俄罗斯与波兰开启了民主化转型的进程。

对苏东剧变以来俄罗斯与波兰政党制度变迁的进程分析主要集中在"政党相关性变量分析"和"制度相关性变量分析"两章，这也是本书第三部分的内容。在"政党数量和规模"变量的分析当中，讨论主要依据俄罗斯与波兰各次议会选举的数据展开。从1989年至2011年，俄罗斯与波兰都出现了相关政党数量由多到少，政党规模由小到大变化过程，但俄罗斯的政党间竞争，是由粉碎型政党制度下以极端分裂为特征的离心性竞争发展到由政权党一党主导占优势的有限多党制，而波兰则是由极端分裂的离心性竞争向温和多党制下的有限分裂的向心性竞争变化。"政党意识形态分布"变量的分析主要依据两国政党在国内政党光谱上坐标位置的变化，俄罗斯亲总统的政权党占据意识形态主导地位，而坚定的左翼反对派和由盛转弱的右翼力量则游走在政党光谱的边缘位置；波兰则是由左翼和右翼政党轮流坐庄上台执政，实力此消彼长，在政党光谱上出现左右拉锯式的变化。在对两国"政党对社会渗透程度"变量分析后可见，俄罗斯民众对政党和投票的热情一直保持相对较高的热情，但对民主化的兴趣却不大；与其相比，波兰民众对政党政治的热情在经历了剧变之初的短暂高潮之后立即回落，民众对政党选举的态度逐渐归于平静甚至冷淡。

通过对"宪制架构"变量的分析可见，俄罗斯与波兰都在政治转型中选择了介于总统制和议会制之间的"半总统制"，但俄罗斯是总统主导的"总统—议会式半总统制"，而波兰则是议会主导的"总理—总统式半总统制"，在这样的宪政架构之下，两国都颁布了《政党法》来进一步规范政党竞争。"选举规则"变量的分析可以呈现出转型国家政党制度变迁的一个重要特征，即选举规则和制度的变动性极大，从议席分配、选区划定、选举公式选择到议会规模、选举门槛、选票结构等都经历了很大的变动。两国的选举规则都从混合制向比例代表制转变，而单轮多数投票制在俄罗斯并未产生两党制，而比例代表制则在波兰产生了更倾向于两党轮流的多党制。对"非正式规则"的讨论在本书中仅以党内规章代表，两国政党党内的规章制度不仅受到国家政党制度的影响，也反过来对本国政党制度的发展产生影响。

最后一部分"俄罗斯与波兰政党制度变迁中政党变革"，主要根据各政党在本国政治舞台上的地位不同，对俄罗斯与波兰国内的主流政党和非主流政党的基本发展历程和基本情况进行了梳理和总结。包括俄罗斯主流政党——统一俄罗斯党等政权党、俄罗斯共产党，非主流政党——公正俄罗斯、俄罗斯自由民主党；波兰主流政党——公民纲领党、法律与公正党、波兰民主左派联盟，非主流政党——波兰农民党、波兰自卫党和波兰家庭联盟。

从俄罗斯与波兰的政党发展历史上看，两国都曾在封建农奴制时期出现过主要由贵族及其他阶层组成的类议会式组织——缙绅会议与腊多姆议会，其组成成员主要来自于贵族阶层和宗教领袖，都曾参与了本国宪法性法律的制定和国家部分重要决策。但是，沙皇俄国实行中央集权的君主制政体，波雅尔杜马和缙绅会议都是在沙皇操控下运转的。而波兰封建主义贵族共和制下实行"国王当政但不统治"的贵族民主制、"自由选举国王"制和"自由否决"制，波兰这种强贵族与弱国王的政体制度被看做是现代民主、君主立宪制和联邦制的先驱①。

在沙皇俄国的各边疆区中，波兰俄占区的资本主义发展水平相对较高，产业工人数量较大，因而波兰很容易受到西方社会主义思潮的影响，同时波兰本身具有民族解放斗争的悠久传统，所以俄国最早的民族社会主义组织产生于波兰。1917年十月革命后，俄国经历了短暂的多党合作的政党制度，之后彻底转为一党制。

俄罗斯与波兰两个转型国家的政党制度具有明显的动态跳跃式演变特征。俄罗斯与波兰在民主化进程中的差异性，很重要一部分原因源于它们在社会主义时期之前的政党和政党制度发展历史。同时，这些差异也可以用其独特的政体类型或对宪制框架和选举规则的选择来加以解释。

从地缘上看，俄罗斯与波兰是近邻，波兰始终处在德国和俄罗斯的左右夹缝之中；从历史上看，俄罗斯曾多次参与瓜分波兰，俄罗斯最早的民族政党便成立于波兰俄占区，而波兰早期左翼政党的建立者正是来自俄国；从社会主义发展过程来看，苏联和波兰都属于社会主义阵营成员，苏联向波兰等东欧国家输出其僵化的政治模式并对其内政进行干预，波兰的社会主义政治发展过程中，几乎每十年就要受到苏联的干涉；从苏联解体和东欧剧变的过程看，苏联和波兰的转变进程是相互影响的，波兰团结工会运动启发了戈尔巴乔夫的改革新思维，

---

① George Sanford, *Democratic Government in Poland: Constitutional Politics Since 1989*, NK: Palgrave Macmillan, 2002, p. 11.］。

戈尔巴乔夫宣布的不干涉决定又反过来推动了波兰国内剧变走向高潮；从经济改革的进程看，波兰变革成功后，在经济自由化过程中采取的休克疗法又被解体之初的俄罗斯所仿照，但俄罗斯收到了与波兰完全不同的成效，休克疗法在波兰发挥了重整经济的作用，在俄罗斯却造成经济和社会的动荡，激起人民不满情绪，亦开启了俄罗斯总统与议会的斗争，甚至影响了俄罗斯转型之初政治精英对政党选举规则的选择，进而影响了俄罗斯的政党政治格局和走向；从俄罗斯与波兰两国政治转型的现实状况来看，俄罗斯被看做是典型的威权制国家，波兰是原苏东国家中民主化转型较为成功的代表，两国在政党政治发展过程中，既有相似也有不同，俄罗斯与波兰是第三波民主化浪潮中，民主转型两种不同类型的代表。

参考文献

中文著作（除经典著作外，按作者姓氏音序排列）

1. 《列宁全集》第 1、4、8 卷，人民出版社 1995 年版。
2. ［波］格泽戈尔兹·W. 科勒德克：《从休克到治疗——后社会主义转轨的政治经济》，上海远东出版社 2000 年版。
3. ［波］科沃德科：《全球化与后社会主义国家大预测》，世界知识出版社 2003 年版。
4. ［丹］奥勒·诺格德：《经济制度与民主改革——原苏东国家的转型比较分析》，上海世纪出版集团 2007 年版。
5. ［美］阿伦·李帕特：《选举制度与政党制度》，上海世纪出版集团 2008 年版。
6. ［美］阿伦·李帕特：《民主的模式：36 个国家的政府行使和政府绩效》，陈崎译，北京大学出版社 2006 年版。
7. ［美］亨廷顿：《变化社会中的政治秩序》，生活·读书·新知三联书店 1989 年版。
8. ［美］杰万诺夫斯基：《波兰共产党历史概要》，杨绿洲译，人民出版社 1990 年版。
9. ［美］迈克尔·罗斯金等：《政治科学》，华夏出版社 2001 年版。
10. ［美］亚当·普沃斯基：《民主与市场——东欧与拉丁美洲的政治

经济》，北京大学出版社 2005 年版。

11. ［意］G. 萨托利：《政党与政党体制》，商务印书馆 2006 年版。

12. 曹沛霖主编：《比较政治制度》，高等教育出版社 2005 年版。

13. 陈国富：《契约的演进与制度变迁》，经济科学出版社 2002 年版。

14. 高德平编：《波兰》，社会科学文献出版社 2005 年版。

15. 高歌：《东欧国家的政治转轨》，世界知识出版社 2003 年版。

16. 高歌：《东欧两国议会》，中国财政经济出版社 2005 年版。

17. 顾俊礼主编：《欧洲政党执政经验研究》，经济管理出版社 2005 年版。

18. 郭增麟：《波兰独立之路》，北京图书馆出版社 1998 年版。

19. 郝宇青：《苏联政治生活中的非制度化现象研究》，华东师范大学出版社 2008 年版。

20. 胡安·林茨、阿尔弗莱德·斯泰潘：《民主转型与巩固的问题：南欧、南美和后共产主义欧洲》，浙江人民出版社 2008 年版。

21. 姜跃：《政党多棱镜》，台海出版社 2003 年版。

22. 金雁、秦晖：《十年沧桑东欧诸国的经济社会转轨与思想变迁》，上海三联书店 2004 年版。

23. 景跃进、张小劲主编：《政治学原理》，人民大学出版社 2006 年版。

24. 李步云：《宪法比较研究》，法律出版社 1998 年版。

25. 李静杰总主编：《十年巨变——中东欧卷》，中共党史出版社 2004 年版。

26. 李永全：《俄国政党史——权力金字塔的形成》，中央编译出版社 2006 年版。

27. 梁琴、钟德涛：《中外政党制度比较》，商务印书馆 2000 年版。

28. 刘开寿：《现代世界政党和政党制度比较研究》，重庆出版社 2001 年版。

29. 刘显忠：《近代俄国国家杜马：设立及实践》，社会科学文献出社 2007 年版。

30. 刘祖熙：《波兰通史》，商务印书馆 2006 年版。
31. 陆南泉等主编：《苏联兴亡史论》，人民出版社 2004 年版。
32. 孙敬亭：《转轨与入盟——中东欧政党政治剖析》，中国文史出版社 2006 年版。
33. 唐君、辛易主编：《国外政党执政镜鉴》，浙江人民出版社 2005 年版。
34. 王邦佐、李惠康主编：《西方政党制度社会生态分析》，学林出版社 1997 年版。
35. 王庆兵：《发展中国家政党认同比较研究》，中国经济出版社 2007 年版。
36. 王逸舟、苏绍智：《波兰危机》，四川人民出版社 1988 年版。
37. 王瑜：《东欧共产党——倒下的"多米诺骨牌"》，红旗出版社 2005 年版。
38. 王长江：《世界政党比较概论》，中央党校出版社 2003 年版。
39. 王长江：《政党的危机：国外政党运行机制研究》，改革出版社 1996 年版。
40. 王长江：《政党论》，人民出版社 2009 年版。
41. 王长江：《政党现代化》，江苏人民出版社，2004 年版。
42. 向文华主编：《冷战后社会党研究》，中央编译出版社 2006 年版。
43. 肖太福：《政党法制比较研究》，中国人民大学博士学位论文 2006 年版。
44. 邢广程、潘德礼：《俄罗斯议会》，华夏出版社 2002 年版。
45. 许和隆：《冲突与互动：转型社会政治发展中的制度与文化》，中山大学出版社 2007 年版。
46. 薛君度主编：《转轨中的中东欧》，人民出版社 2002 年版。
47. 薛晓源、陈家刚：《全球化与新制度主义》，社会科学文献出版社 2004 年版。

48. 杨光斌：《政治学导论》，中国人民大学出版社 2004 年版。
49. 杨友孙：《波兰演变的美国因素探析》，中国文史出版社 2005 年版。
50. 杨元恪、陈刚主编：《1989 年以来东欧、中亚政党嬗变》，中共中央党校出版社 1993 年版。
51. 叶扬主编：《欧洲社会主义国家政治体制的理论与实践》，中共中央党校出版社 1989 年版。
52. 苑洁：《后社会主义》，中央编译出版社 2007 年版。
53. 张文红：《团结工会兴与衰》，中国社会出版社 2008 年版。
54. 张月明、姜琦：《政坛 10 年风云——俄罗斯与东欧国家政党研究》，上海社会科学院出版社 2005 年版。
55. 周淑真：《政党和政党制度比较研究》，人民出版社 2001 年版。
56. 周叶中：《代议制度比较研究》，武汉大学出版社 2005 年版。
57. 朱晓中：《中东欧与欧洲一体化》，社会科学文献出版社 2002 年版。

中文论文（按作者姓氏音序排列）

58. 陈新明：《20 世纪俄罗斯两次社会大转折中的多党制》，载《东欧中亚研究》，1999 年第 6 期。
59. 陈新明：《俄罗斯政党发展的制约因素及原因分析》，载《俄罗斯中亚东欧研究》，2006 年第 1 期。
60. 陈新明：《转型时期的俄罗斯政党发展》，载《中国社会科学院研究生院学报》，2004 年第 6 期。
61. 陈尧：《政治研究中的庇护主义——一个分析的范式》，载《江苏社会科学》，2007 年第 3 期。
62. 高奇琦：《选举技术作为西方政党意识形态的兴起及其评析》，载《社会主义研究》，2009 年第 3 期。
63. 关贵海：《俄罗斯主要政党状况评析》，载《国际政治研究》，1998

年第 4 期。
64. 郭增麟:《波兰制度剧变的特点及现行制度的运行机制》,载《当代世界社会主义问题》,1999 年第 1 期。
65. 胡昊:《俄主要政党:心态迥异,各有打算》,载《当代世界》,2004 年第 3 期。
66. 胡昊:《风头正劲的俄罗斯统一俄罗斯党》,载《当代世界》,2003 年第 5 期。
67. 胡伟、张向奥:《选举与民主:制度设计的工程学》,载《复旦学报(社会科学版)》,2009 年第 4 期。
68. 孔田平:《制度变迁与经济转轨——对原苏联和东欧 10 年经济转轨的思考》,载《东欧中亚研究》,2001 年第 1 期。
69. 李兴耕:《俄罗斯四大议会政党的意识形态比较研究》,载《中共天津市委党校学报》,2010 年第 5 期。
70. 李兴耕:《统一俄罗斯党的意识形态——"俄罗斯保守主义"》,载《当代世界与社会主义》,2010 年第 1 期。
71. 刘克明:《论苏联共产党的官僚特权阶层》,载《俄罗斯中亚东欧研究》,2003 年第 3 期。
72. 刘彦顺:《波兰统一工人党是怎样由盛而衰的》,载《俄罗斯研究》,2002 年第 1 期。
73. 田斌文:《波兰的社会主义多党联合执政》,载《中央社会主义学院学报》,1988 年第 1 期。
74. 田永祥、杨鸿玺:《欧亚左翼力量现状及其前景》,载《国际问题论坛》,2008 年秋季号。
75. 王韶兴:《政党政治与政党制度论》,载《政治学研究》,2000 年第 4 期。
76. 王志连、姬文刚:《波兰议会大选与左翼政党的浮沉》,载《当代世界与社会主义》,2005 年第 6 期。
77. 王志连、姬文刚:《波兰左翼政党发展演变探析》,载《当代世界与社会主义》，2006年第6期。

78. 王志连、姬文刚：《从社民党到民左联党：波兰左翼政治力量演变的基本轨迹》，载《当代世界社会主义问题》，2006年第4期。

79. 王志连：《波兰式道路及其历史命运》，载《东欧中亚研究》，1997年第3期。

80. 张海波：《2007年波兰议会大选分析》，载《当代世界》，2007年第12期。

81. 周建勇：《选举制度对政党制度的影响》，载《日本研究集林》，2009年上半年刊，总第32期。

82. 周淑真：《宪政体制与政党政治的关系分析》，载《中国人民大学学报》，2010年第5期。

英文著作（按作者姓名首字母顺序排列）

83. Alan Ware, *Political Parties and Party Systems*, NY: Oxford University Press, 1999.

84. Aleks Szczerbiak and Sean Hanley (eds), *Centre-right parties in post-communist East-Central Europe*, Routledge, 2006.

85. Andrey A. Meleshevich, *Party systems in post-Soviet countries: a comparative study of political institutionalization in the Baltic States, Russia, and Ukraine*, New York: Palgrave, 2007.

86. Attila ágh, *The End of the Beginning: the Partial Consolidation of East Central European Parties and Party Systems*, Budapest Pap, Democr (ransit), 156, 1996.

87. Berenson, Marc Phineas, *Re-creating the state: Governance and power in Poland and Russia*, Princeton University, 2006.

88. Carles Biox & Susan C. Stokes (eds.), *The Oxford Hand Books of Comparative Politics*, Oxford: Oxford University Press, 2007.

89. Clemens Spiess, *Democracy and party systems in developing countries: a*

comparative study of India and South Africa, New York : Routledge, 2008.

90. Dalton R. J. , *Citizen Politics: Public Opinion and Political Parties in Advanced Industrial Democracies*. NY: L. , 2000.

91. Dalton R. J. , Wattenberg M. P. (eds.), *Parties without Partisans. Political Change inAdvanced Industrial Democracies*, Oxford University Press, 2000.

92. Diamond L. , Gunther R. (eds.), *Political Parties and Democracy*, Baltimore and London : The Johns HopkinsUniversity Press, 2001.

93. Douglas W. Rae, *Political Consequences of Electoral Laws*, Yale University Press, 1972.

94. F. J. Sorauf, *Party Politics in America*, Boston: Little, Brown, 1964.

95. Giovanni Sartori, *Parties and Party Systems: A Framework for Analysis*, Cambridge University Press, 1976.

96. Ingrid van Biezen, *Political parties in new democracies : party organization in Southern and East-Central Europe*, Basingstoke, Hampshire ; New York : Palgrave Macmillan, 2003.

97. Jan-Erik Lane and Svante Ersson, *Politics and Society in Western Europe*, London: Sage, 1994.

98. John Kenneth White, Philip John Davies, *Political parties and the collapse of the old orders*, Albany, NY : State University of New York Press, 1998.

99. K. Waltz, *Theory of International Politics*, Mass: Addison-Wesley, 1979.

100. Klaus von Beyme, *Political Parties in Western Democracies*, Aldershot: Gower, 1985.

101. Lipset S. M. and Rokkan S. (eds), *Party Systems and Voter Alignment: Cross-national Perspective*, NY: Free Press; London: Collier-Macmillan, 1967.

102. Melvin C. wren, *The Course of Russian History (Fourth Edition)*,

Waveland Press, 1989.

103. Paul G. Lewis (ed.), *Party development and democratic change in post-communist Europe : the first decade*, London; Portland, OR: Frank Cass, 2001

104. Paul Pennings & Jan-Erik Lane, *Comparing Party System Change*, NY: Routledge, 1997.

105. Peter Mair, *Party System Change: Approaches and Interpretations*, NY: Oxford University Press, 1997.

106. Richard Rose and Neil Munro, *Elections and parties in new European democracies*, Washington D. C. : CQ Press, A Division of Congressional Quarterly, 2003.

107. Richard S. Katz and Peter Maireds, *How parties organize: change and adaptation in party organizations in Western democracies*, London: Thousand Oaks; Calif: Sage Publications, 1994.

108. Robert G. Moser, *Unexpected outcomes : electoral systems, political parties, and representation in Russia*, University of Pittsburgh Press, 2001

109. Römmele A. , *Cleavage Structure and Party Systems in East and Central Europe, Cleavages, Parties and Voters: Studies from Bulgaria, the Czech Republic, Hungary, Poland and Romania*, Westport, 1999.

110. Rozumilowicz, *Organizational structures and programmatic stances: the development of the political party system in Poland, 1989-1997*, UK: University of Oxford, 1999.

111. Scott P. Mainwaring, *Rethinking party systems in the Third Wave of democratization : the case of Brazil*, Stanford, California : Stanford University Press, 1999.

112. Sefano Bartolini and Peter Mair, *Identity, Competition and Electoral Availability: The Stabilisation of European Electorates, 1885-1985*, Cambridge: Cambridge University Press, 1990.

113. Siaroff A. , *Comparative European Party Systems. An Analysis of Parliamentary Electionssince 1945*, New York and London: Garland Publishing, 2000.

114. Sten Berglund, Jan Ake Dellenbrant, *The New Democracies in Eastern Europe: Party Systems and Political Cleavages*, England: Edward Elgar Publishing Limited, 1991.

115. Stephen White, Judy Batt and Paul G. Lewis (eds.), *Developments in Central and East European Politics 4*, NK: Palgrave Macmillan, 2007.

116. Sula P. , Post-communist parties in Poland after 1989, in Uwe Backes, Patrick Moreau (eds.), *Communist and Post-Communist Parties in Europe*, Göttingen, 2008.

117. Tatu Vanhanen, *Democratization: a comparative analysis of 170 countries*, London ; New York : Routledge, 2003.

118. Thomas Carothers, *Confronting the weakest link: aiding political parties in new democracies*, Washington D. C. : Carnegie Endowment for International Peace, 2006.

119. Tomáš Kostelecky, *Political Parties after Communism: Developments in East-Central Europe*, Washington: Woodrow Wilson Center Press, 2002.

俄文著作（按作者姓名首字母顺序排列）

120. А. И. Зевелев, *Политические партии России: история и современность*, М: РОССПЭН, 2000.

121. В. В. Шелохаев, *Политические партии России: Конец XIX - первая треть XX века*, М: Энциклопедия, 1996.

122. Голосов Г. В. , Мелешкина Е. Ю. , *Политические партии и выборы*. СПб. , 2001.

123. Дюверже М. , *Политические партии*. М. , 2000.

124. Зевелев А. И. , Свириденко Ю. П. , *Политические партии России:*

история и современность, М: РОССПЭН, 2000.

125. Кабытова Н. Н. , *Политические партии в российских революциях в начале ХХ века.* М: Наука, 2005.

126. Коргунюк Ю. Г. , *Становление партийной системы в современной России*, М: Фонд ИНДЕМ, МГПУ, 2007.

127. Леонов М. И. , *Партия социалистов-революционеров в 1905 – 1907 гг.* М: РОССПЭН, 1997.

128. Пушкарёва И. М. , *Рабочие и партии России в канун революции 1905 – 1907 годов*, Политические партии в российских революциях в начале ХХ века, М: Наука, 2005.

129. Сморгунов Л. , *Сравнительная политология: Теория и методы измерения демократии.* СПб, 1999.

130. Степанов С. А. , *Черносотенные союзы и организации*, Политические партии России: история и современность, М: РОССПЭН, 2000.

131. Тютюкин С. В. *Меньшевики Политические партии России: история и современность.* М: РОССПЭН, 2000.

132. Тютюкин С. В. , *Шелохаев В. В. Марксизм и русская революция.* , М: РОССПЭН, 1996.

133. Щербак А. , *Коалиционная политика российских партий*, М. , 2002.

134. Н. В. Куликова, *Страны Центральной и Восточной Европы на пути в Европейский Союз*, М: Рос. акад. наук. Ин-т междунар. экон. и полит. исслед. , 2002.

135. *Россия и Центрально-Восточная Европа: взаимоотношения в 2004 – 2005 гг.* . Институт экономики РАН 2006.

136. *Восточная европа после версаля.* Алетейя 2007.

英文论文（按作者姓名首字母顺序排列）

137. ArendLijphart, TypologiesofDemocraticSystems, *ComparativePoliticalS-*

tudies, 1968 (1).

138. D. Rostow, Transitionsto Democracy, *Comparative Politics*, 1970, vol. 2.

139. Donnorummo Robert, Poland's Political and Economic Transition, *East European Quarterly*, 1994 June.

140. Frances Millard, Poland: Parties without Party System, 1991 – 2008, *Politics & Policy*, 2009 Aug.

141. Kurcrewski J., Poland's seven middle classes, *Social Research* 61 (2), 1994.

142. Peter Mair and Cas Mudde, The Party Family and Its Study, *Annual Review of Political Science*, 1998. 1.

143. Radoslaw Markowski, Party System Institutionalization and Democratic Consolidation, Janina Frentzel-Zagorska, Jacek Wasilewski (ed.), *The Second Generation of Democratic Elites in Central and Eastern Europe*.

144. Millard Frances, Poland : Parties without a Party System, 1991 – 2008, in *Politics & Policy*, Vol. 37, Number 4, August 2009, pp. 781 – 798.

145. Steven B. Wolinetz, Party system change: The catch-all thesis revisited, *West European Politics*, Volume 14, Issue 1 January 1991, pages 113 – 128.

146. Sula P., Party system and media in Poland after 1989, *Central European Journal ofCommunication*, Vol. 1, No. 1, Wroclaw : Polish Communication Association, 2008.

147. Katz R., Mair P., Changing Models of Party Organization and Party Democracy: The Emergence of the Cartel Party, *Party Politics*, 1995. No. 1.

148. Mair P., Party Systems and a Structure of Competition, in Thousand Oaks et al., Comparing Democracies: Election and Voting in Global

Perspective, 1996.

149. Hirata T. , The Emergence of the Party System and Electoral Volatility in Central Europe, in *Central European Political Science Review*. Vol. 1. No. 2. 2000.

俄文论文（按作者姓名首字母顺序排列）

150. В. В. Шелохаев, Многопартийность «висевшаяввоздухе», *Полис*, 1993, № 6.

151. Ю. Г. Коргунюк, С. Е. Заславский, Российская многопартийность: становление, функционирование, развитие. Фонд ИНДЕМ, 1996. http: //www. partinform. ru/ros_ mn/rm_ 2. htm.

152. Шмачкова Т. , Мир политических партий, *Полис*. 1992. No. 1 – 2.

153. Пшизова С. Н. , Финансирование политического рынка: теоретические аспекты практических проблем, *Полис*. 2002. No. 1 – 2.

154. Педерсен М. , Электоральная неустойчивость в Западной Европе, 1948 – 1977, Анохина Н. В. , Мелешкина Е. Ю. , *Партии и выборы*: Хрестоматия. Ред. и сост. М, 2003.

155. Шмачкова Т. , Теории коалиций и становление российской многопартийности (методики рационализации политического процесса), *Полис*. 1996. No. 5.

156. Голосов Г. В. , Форматы партийных систем в новых демократиях: институциональные факторы неустойчивости и фрагментации, *Полис*. 1998. No. 1.

157. Ишияма Дж. , Партии-преемницы коммунистических и организационное развитие партий в постокммунистической политике, *Полис*. 1999. No. 4.

158. Голосов Г. , Политические партии на региональном уровне,

Политическая социология и современная российская политика: Сборник учебных материалов. СПб., 2000.

互联网资源（按照字母音序排列）

波兰法律与公正党：www. pis. org. pl
波兰公民纲领党：www. platforma. org
波兰国家选举委员会：www. pkw. gov. pl
波兰家庭联盟：www. lpr. pl
波兰民主左翼联盟党：www. sld. org. pl
波兰农民党：www. psl. org. pl
波兰自卫党：www. samoobrona. org. pl
俄罗斯公正俄罗斯党：www. spravedlivo. ru
俄罗斯联邦共产党：www. cprf. ru
俄罗斯联邦中央选举委员会：www. cikf. ru
俄罗斯统一俄罗斯党：www. er. ru
俄罗斯亚博卢联合民主党：www. yabloko. ru
俄罗斯右翼力量联盟党：www. cpc. ru
俄罗斯自由民主党：www. ldpr. ru

图书在版编目(CIP)数据

转型国家的政党制度变迁——俄罗斯与波兰的比较分析/刘敏茹著.
—北京:中央编译出版社,2013.11
ISBN 978-7-5117-1748-1

Ⅰ. ①转…
Ⅱ. ①刘…
Ⅲ. ①政党 - 政治制度 - 对比研究 - 俄罗斯、波兰
Ⅳ. ①D751.2 ②D751.3

中国版本图书馆 CIP 数据核字(2013)第 194145 号

转型国家的政党制度变迁——俄罗斯与波兰的比较分析

出 版 人	刘明清
出版统筹	薛晓源
责任编辑	李媛媛
责任印制	尹 珺
出版发行	中央编译出版社
地 址	北京西城区车公庄大街乙 5 号鸿儒大厦 B 座(100044)
电 话	(010)52612345(总编室) (010)52612335(编辑室) (010)66161011(团购部) (010)52612332(网络销售) (010)66130345(发行部) (010)66509618(读者服务部)
网 址	www.cctphome.com
经 销	全国新华书店
印 刷	北京金瀑印刷有限责任公司
开 本	787 毫米×960 毫米 1/16
字 数	200 千字
印 张	15
版 次	2013 年 11 月第 1 版第 1 次印刷
定 价	60.00 元

本社常年法律顾问:北京市吴栾赵阎律师事务所律师 闫军 梁勤
凡有印装质量问题,本社负责调换,电话:(010)66509618